U0504966

主编／黄彩虹　史　锐　邓先友

会计案例分析

UAIJI Anli Fenxi

全国百佳图书出版单位

时代出版传媒股份有限公司

安徽人民出版社

前　　言

　　会计学是一门技术性较强的应用型学科,旨在培养具有会计理论知识和实际操作技能的应用型会计人才。在对学生进行会计理论教学的同时,必须理论与实际相结合,培养学生的会计实践能力。会计案例教学无疑是理论性和实践性的契合点。学生通过对生动、翔实的会计案例的学习、思考,对各项经济交易和事项的核算和管理有了直观的认识,能够加深对所学会计理论知识的理解和掌握。案例教学使得会计教学由空泛无味变得鲜活、生动,有利于激发学生学习会计专业知识的求知欲和积极性,同时能够培养学生发现问题、分析问题、解决问题的能力和创新思维能力。

　　为了使会计案例能够反映最新的经济发展和会计实践,我们在广泛查阅国内外会计案例书籍的基础上,对会计实践中的一些重大典型事件进行提炼和总结,精心选取了12个典型会计案例,编写了这本《会计案例分析》教材。全书共分为12章,其内容围绕会计六大要素:资产、负债、所有者权益、收入、费用和利润的核算和管理,以及对财务报表的编制与分析展开论述,条理清晰,逻辑严谨。为了便于学生学习,每章内容由三部分组成:知识准备、案例介绍、案例分析。"知识准备"为学生提供与案例相关的理论知识;"案例介绍"详尽交代了每一个典型案例的来龙去脉;"案例分析"则总结了这些典型案例的成功经验、失败教训及其启示,为读者提供较为规范的分析思路,以启发学生深入探究和思考。

　　本书由长期从事会计理论与实践教学的教师集体编写,内容分工如下(按章节顺序排列):史锐(第一章)、黄彩虹(第二、六章)、李圣荣(第三章)、孙文明(第四章)、段友林(第五章)、邓先友(第七章)、杨业中(第八章)、彭洁流(第九章)、冯晶(第十章)、吴保薇(第十一章)、顾玮(第十二章)。全书由黄彩虹、史锐、邓先友统稿定稿。

　　本书可以作为高等院校财务会计案例教材,同时,对于会计理论工作者和会计实务工作者也具有一定的参考价值。

　　本书的编写,得到了国家开放大学经济管理学院艾大力院长、王秀萍教授的关心和支持,在此深表谢意。在本书编写过程中,我们参阅了大量的文献资料,在此,对这些文献的作者表示诚挚的谢意。

　　由于诸多条件和因素的限制,书中难免有不足甚或谬误之处,恳请专家、同仁和读者予以指正。

编　著　者

二〇一三年十二月

CONTENT 目录

第一章
建立和完善货币资金管理制度
——北京贪污社保金第一案的思考

教学内容与目标

本章首先介绍了货币资金的内部控制制度以及现金和银行存款的管理;其次,介绍了北京昌平区财政局贪污社保金第一案的基本情况;最后在货币资金管理有关理论的基础上,对北京昌平区财政局贪污社保金第一案进行了分析。

通过本章的学习,要求学员能够了解货币资金的性质,掌握货币资金内部会计控制制度、现金和银行存款管理的主要内容,并能够对"北京贪污社保金第一案"这一案例进行思考,提出自己的认识和看法。

第一节　知识准备

货币资金是指企业和单位在经营过程中存在于货币形态的那部分资产。主要包括现金、银行存款和其他货币资金。其中其他货币资金是指企业除现金、银行存款以外的其他各种货币资金,包括外埠存款、银行汇票存款、银行本票存款、信用卡存款、信用证保证金存款和存出投资款等,它们是存放地点、用途均与现金和银行存款不同的货币资金。

一、货币资金的内部控制制度

货币资金是企业和单位资产的重要组成部分,具有流动性强、涉及面广、应用广泛的特点,极容易发生被盗窃、挪用、短缺或其他舞弊行为。因此,为了保证企业和单位货币资金的安全、完整,杜绝挪用、滥用、盗用或侵吞等不法行为的发生,在企业和单位内部特别是财会部门内部,必须建立健全货币资金的内部控制制度。

货币资金的内部控制制度是指企业和单位为了提高会计信息质量,保护货币资金的安全、完整,确保有关法律法规和规章制度的贯彻执行而制定和实施的一系列控制方法、措施和程序。其主要包括:

(一)岗位责任制度

企业和单位应当建立货币资金业务的岗位责任制,明确相关部门和岗位的职责权限,确保办理货币资金业务的不相容岗位相互分离、制约和监督。

出纳人员不得兼任稽核、会计档案保管和收入、支出、费用、债权债务账目的登记工作。

企业和单位不得由一人办理货币资金业务的全过程,应当配备合格的人员,并根据单位具体情况进行岗位轮换。

(二)授权批准制度

企业和单位应当对货币资金业务建立严格的授权批准制度,明确审批人对货币资金业务的授权批准方式、权限、程序、责任和相关控制措施,规定经办人办理货币资金业务的职责范围和工作要求。

审批人应当根据货币资金授权批准制度的规定,在授权范围内进行审批,不得超越审批权限。经办人应当在职责范围内,按照审批人的批准意见办理货币资金业务。对于审批人超越授权范围审批的货币资金业务,经办人员有权拒绝办理,并及时向审批人的上级授权部门报告。

(三)责任追究制度

企业和单位应当按照规定的程序办理货币资金支付业务。对于重要货币资金支付业务,应当实行集体决策和审批,并建立责任追究制度,防范贪污、侵占、挪用货币资金等行为。

严禁未经授权的机构或人员办理货币资金业务或直接接触货币资金。

(四)内部记录和核对制度

所有货币资金的经济业务必须按会计制度规定进行记录。货币资金的账面数字和实际数字应定期核对相符。

(五)监督检查制度

企业和单位应当建立对货币资金业务的监督检查制度,明确监督检查机构或人员的职责权限,定期和不定期地进行检查。

对监督检查过程中发现的货币资金内部控制中的薄弱环节,应当及时采取措施,加以纠正和完善。

货币资金监督检查的内容主要包括:

1.货币资金业务相关岗位及人员的设置情况。重点检查是否存在货币资金业务不相容、职务混岗的现象。

2.货币资金授权批准制度的执行情况。重点检查货币资金支出的授权批准手续是否健全,是否存在越权审批行为。

3.支付款项印章的保管情况。重点检查是否存在办理付款业务所需的全部印章交由一人保管的现象。

4.票据的保管情况。重点检查票据的购买、领用、保管手续是否健全,票据保管是否存在漏洞。

二、现金管理

现金又称库存现金,是指存放在企业和单位并由出纳人员保管的货币,它是企业和单位流动性最强的资产,可以随时用以购买所需物资,支付日常零星开支,偿还债务等。现金从理论上讲有广义与狭义之分。广义现金包括库存现款和视同现金的各种银行存款、流通证券等。狭义现金是指企业和单位所拥有的硬币、纸币,即由企业和单位出纳员保管作为零星业务开支之用的库存现款。我国所采用的是狭义的现金概念。

(一)现金管理的内容

依据国务院颁布的《现金管理条例》规定,现金管理的内容是:

1.现金使用范围。企业和单位可以在下列范围使用现金:支付给职工的工资、津贴;个人劳务报酬;根据国家规定颁发给个人的各种奖金;各种劳保、福利费用以及国家规定的对个人的其他支出;对个人支付的债券本息、入股分红;向个人收购农副产品和其他物资的价款;出差人员必须随身携带的差旅费;开户单位转账结算起点(5000元)以下的零星支付;中国人民银行确定的需要支付现金的其他支出。

2.库存现金限额。库存现金限额是指企业和单位用于零星开支允许留存现金的最高数额。开户银行对在本行开立基本存款账户的开户单位,根据其行业特点和日常用现情况逐户核定库存现金限额。核定标准为开户单位可以保留三至五天日常零星开支所需的现金量,边远地区和交通不便地区的开户单位可以保留十五天以下的日常零星开支所需的现金量。凡超过库存现金限额的现金,必须及时送存银行。

库存现金限额每年核定一次,一经核定,开户单位必须严格执行。年度内确因经济活动变化需要调整库存现金限额的,开户单位应提出申请,由开户银行审核后调整。

3.不准坐支现金。开户单位支付现金,可以支用库存现金或从开户银行提取,但不得从其现金收入中直接支付(即坐支)。确因特殊原因须坐支现金的,应当事先报经开户银行审查批准,由开户银行核定坐支范围和限额,并报当地中国人民银行备案。坐支单位要定期向开户银行报送坐支金额和使用情况。

4.其他规定。不准携带现金到外地采购;不准拒收有效转账结算凭证;不准用转账凭证套取现金,或未如实反映现金收支来源和用途;不准编造用途套取现金,或未如实反映现金收支来源和用途;不准用不符合财务会计制度的凭证顶替库存现金;不准对现金结算比转账结算在价格等方面给予优惠;不准向中国人民银行或开户银行的检查人员提供虚假资料和情况;不准将单位资金以个人名义开立账户存储的或将资金转入个人信用卡账户;不准没有建立现金收支账目或涂改现金账目;不准印制、运输、保管、使用代币券。

银行对于违反上述规定的企业和单位,将按照规定责令改正,予以通报批评,并视情节轻重,处以一定金额的罚款。

(二)现金管理中常见的错弊行为

1.涂改凭证金额。会计人员利用原始凭证管理上存在的漏洞或业务上的便利条件,使用"退字灵"、"修正液"等化学药剂,乘机更改发票或收据上的金额,把现金收入原始凭证上的金额改小或将现金支出原始凭证上的金额放大,从而达到贪污的目的。其主要原因是会计主管人员或指定人员未认真审查原始凭证。

2.错记金额,贪污现金。出纳人员在登记现金日记账时故意记错金额或将其合计数加错,表现为少计收入、多计支出,从而将多余的库存现金据为己有。其主要原因是会计分工、会计牵制出了问题,出纳人员除登记日记账外,还兼登记明细账和总账。

3.票据"头尾"不一。票据出票时往往需要套写。出纳员或经办员在套写时将复写纸的下面放置废纸,利用假复写的方法,使票据凭证联和存根联金额不一致,造成收多报少或支少报多,贪污差额款。其主要原因是填制收付款原始凭证与收付款职责未分开,单位内部牵制制度失效。

4.撕毁票据或盗用凭证。会计人员或出纳人员对收入现金的票据,乘机撕毁,将现金据为己有;或用盗取的发票、收据等凭证向客户开票,隐匿现金,达到贪污的目的。其主要原因是单位票据管理方面存在漏洞,未能有效地控制票据的数量和编号;对于收入款项的监督不力。

5.虚开发票,虚构内容。会计人员或有关人员与外部人员串通,在购物时虚开发票,或在做账时虚列工资、奖金等,将多支出的现金据为己有。其主要原因是未能坚持经济业务事项的办理不得由一人负责全过程的原则;未能做到薪金支付单等由单位人事部门编制和审核;会计稽核人员未能真正发挥作用。

6.添枝加叶,加码报销。会计人员在原始凭证上添加经济业务的内容和金额,达到贪污现金的目的。其主要原因是会计稽核人员未履行职责,未发挥作用。

7.公款私用,挪用现金。出纳人员或其他人员采用虚写或涂改现金缴款单日期的做法,未将当天应该送交银行的销货款等及时入账,挪用后进行体外循环。其主要原因是会计牵制不力,稽核人员未发挥作用。

（三）现金的内部控制

企业和单位必须按照国家规定的现金管理制度和结算制度,加强现金管理,并接受银行监督。财会部门作为管理现金的职能部门,应该建立现金管理责任制,配备专职出纳人员,负责办理库存现金的收支和保管业务。企业和单位非出纳人员不能经管现金收付业务。一切现金收支事项都必须以会计审核和签证的会计凭证为依据办理,及时登账,定期清点,做到收支正确、手续完备、账存与实存相符。

1.现金控制的目标

根据《现金管理条例》和有关财务制度,管理现金主要应实现下列目标:

（1）保证现金收支正确合法。企业和单位应该根据现金管理规定,按照有关现金收支业务,严格审核业务内容,正确计算现金数额,如数收付现金,避免错收错支及违法乱纪问题的发生。

（2）保证现金结算及时适当。企业和单位应该合理安排现金收支时间,适当选择现金收支方式,提高资金使用效率,避免提前或逾期付款而占用资金和影响业务进行。

（3）保证现金存储安全完整。企业和单位应该严格保管现金,安全放置现金,超过限额部分应及时送存银行,防止现金遭受抢劫、盗窃,以及贪污、挪用等损失,保证货币资金安全完整。

（4）保证现金核算真实合规。企业和单位应该结合本单位实际情况,按照财务管理制度要求设计现金收支凭证和核算账表,如实记录现金收支业务,正确核算现金收支数额,监督并反映坐支、私分、私存和非法占用现金等违纪问题,并提供真实、准确的现金核算信息。

2.现金控制的措施

（1）审批。业务经办人员办理现金收支业务,须得到一般授权或特殊授权。经办人员须在反映经济业务的原始凭证上签章;经办部门负责人审核原始凭证,并签字盖章。审查原始凭证,可以保证现金收支业务按照授权进行,增强经办人员和负责人员的责任感,保证现金收付的真实性和合法性,避免乱收乱支、假收假支及现金舞弊等问题的发生。

(2)审核。会计主管人员或其指定人员审查现金收支原始凭证。主要审核原始凭证反映的现金收支业务是否真实合法,原始凭证的填制是否符合规定要求。审核无误后,签章批准方可办理现金收付记账凭证。通过对原始凭证的审核,可以保证现金收支凭证真实合法,为现金核算提供正确的依据。

(3)收付。出纳员复核现金收支记账凭证及所附原始凭证,按照凭证所列数额收付现金,并在凭证上加盖戳记及私章。为了加强现金收付控制,必须建立严格的出纳责任制,对不相容职务进行分离。加强现金收付控制,是保证现金实物安全完整的主要环节,对于明确现金收付责任,防止贪污、挪用、私存现金,以及重付、漏收现金等都具有重要作用。

(4)复核。稽核员审核现金收支记账凭证及所附原始凭证,并签字盖章。复核记账凭证,可以保证现金收支业务的正确性和会计核算的真实性,防止记账失实及时纠正收付错误。

(5)记账。出纳员根据现金收付记账凭证登记现金日记账;分管会计人员根据收付凭证登记现金对应科目相关明细账;总账会计登记总分类账。分工登记现金账簿,可以保证现金收支业务有据可查,并保证各账之间相互制约,及时提供准确的现金核算会计信息。

(6)核对。稽核员或其他非记账人员核对现金日记账和有关明细账、总分类账,如有误差报批准后,予以处理,稽核人员签字盖章。核对现金记录,可以保证账账相符,现金核算信息正确和现金实物安全完整。

(7)清点。出纳员每日清点库存现金,并与日记账余额进行核对,发现现金短缺或溢余,应及时查明原因,报经审批后予以处理。每天清点现金,能够防止现金丢失和收支、记账发生差错,经常保持账实相符。

(8)清查。由财务部门主管、审计人员和稽核人员组成清查小组,定期或不定期清查库存现金,核对现金日记账。清查时,需有出纳人员在场,核对账实;根据清查结果编制现金盘点报告单,填制账存与实存的符合情况;如有误差须报批准后予以调整处理。通过清查,有利于加强对出纳工作的监督,防止贪污盗窃和挪用现金等非法问题的发生。

在现金内部控制措施中,审批、核对和清查最为重要。由业务部门进行的原始凭证审批,可以保证经济业务的真实性、合理性和合法性,这是控制的第一关卡;由财会部门进行的账账核对,可以保证现金收付和会计核算的正确性,这是及时发现现金收付和现金账务记录错误的主要环节,对于保证会计、出纳人员工作质量具有重要作用;由清查小组进行的库存现金清查,可以保护现金安全完整,这是保护现金实物安全的最后一环。因而,这些环节都是现金控制系统中的关键。

三、银行存款管理

银行存款是指企业和单位存放在银行和其他金融机构的货币资金。按照国家有关规定,凡是独立核算的企业和单位,都必须在当地银行开设银行结算账户,除了在规定的范围内可以用现金直接支付的款项外,在经营过程中所发生的一切货币资金收支业务,都必须通过银行结算账户进行结算。

（一）银行结算账户的开设

银行结算账户按存款人分为单位银行结算账户和个人银行结算账户。存款人以单位名称开立的银行结算账户为单位银行结算账户。单位银行结算账户按用途分为基本存款账户、一般存款账户、专用存款账户、临时存款账户。

1.基本存款账户。基本存款账户是存款人因办理日常转账结算和现金收付需要开立的银行结算账户,是存款人的主办账户。单位银行结算账户的存款人只能在银行开立一个基本存款账户。存款人日常经营活动的资金收付及其工资、奖金和现金的支取,应通过该账户办理。

下列存款人,可以申请开立基本存款账户:企业法人;非法人企业;机关、事业单位;团级(含)以上军队、武警部队及分散执勤的支(分)队;社会团体;民办非企业组织;异地常设机构;外国驻华机构;个体工商户;居民委员会、村民委员会、社区委员会;单位设立的独立核算的附属机构;其他组织。

2.一般存款账户。一般存款账户是存款人因借款或其他结算需要,在基本存款账户开户银行以外的银行营业机构开立的银行结算账户。该账户可以用于办理存款人借款转存、借款归还和其他结算的资金收付。

3.专用存款账户。专用存款账户是存款人按照法律、行政法规和规章,对其特定用途资金进行专项管理和使用而开立的银行结算账户。该账户用于办理各项专用资金的收付。

对下列资金的管理与使用,存款人可以申请开立专用存款账户:基本建设资金;更新改造资金;财政预算外资金;粮、棉、油收购资金;证券交易结算资金;期货交易保证金;信托基金;金融机构存放同业资金;政策性房地产开发资金;单位银行卡备用金;住房基金;社会保障基金;收入汇缴资金和业务支出资金;党、团、工会设在单位的组织机构经费;其他需要专项管理和使用的资金。

该账户用于办理各项专用资金的收付。(1)单位银行卡账户的资金必须由其基本存款账户转账存入。该账户不得办理现金收付业务。(2)财政预算外资金、证券交易结算资金、期货交易保证金和信托基金专用存款账户不得支取现金。(3)基本建设资金、更新改造资金、政策性房地产开发资金、金融机构存放同业资金账户需要支取现金的,应在开户时报中国人民银行当地分支行批准。中国人民银行当地分支行应根据国家现金管理的规定审查批准。(4)粮、棉、油收购资金、社会保障基金、住房基金和党、团、工会经费等专用存款账户支取现金应按照国家现金管理的规定办理。(5)收入汇缴账户除向其基本存款账户或预算外资金财政专用存款户划缴款项外,只收不付,不得支取现金。业务支出账户除从其基本存款账户拨入款项外,只付不收,其现金支取必须按照国家现金管理的规定办理。

4.临时存款账户。临时存款账户是存款人因临时需要并在规定期限内使用而开立的银行结算账户。该账户用于办理临时机构以及存款人临时经营活动发生的资金收付。临时存款账户支取现金,应按照国家现金管理的规定办理。

有下列情况的,存款人可以申请开立临时存款账户:设立临时机构;异地临时经营活动;注册验资。

存款人必须严格遵守银行结算办法规定的结算纪律,将存款人库存限额以外的所有货币资金存入银行,存款人同各单位发生的各种结算款项除规定可以直接使用现金以外,其他都必须通过银行划拨进行支付结算。任何企业和单位不得出租、出借银行账户,不准套取银行信用。

(二)银行支付结算

银行支付结算是指单位、个人在社会经济活动中使用票据、信用卡和汇兑、托收承付、委托收款等结算方式进行货币给付及其资金清算的行为,其主要功能是完成资金从一方当事人向另一方当事人的转移。

任何单位和个人(含个体工商户),办理支付结算都必须遵守国家的法律、行政法规和银行结算办法的各项规定,不得损害社会公共利益。在银行开立存款账户的单位和个人办理支付结算,账户内须有足够的资金保证支付,必须使用按中国人民银行统一规定印制的票据凭证和统一规定的结算凭证,并且必须遵守下列原则:

1.恪守信用,履约付款原则。在市场经济条件下,存在着多种交易形式,相应地存在着各种形式的商业信用。收付双方在经济往来过程中,在相互信任的基础上,根据双方的资信情况自行协商约期付款。一旦交易双方达成了协议,那么交易的一方就应当根据事先的约定行事,及时提供货物或劳务,而另一方则应按约定的时间、方式支付款项。

2.谁的钱进谁的账,由谁支配原则。银行作为资金结算的中介机构,在办理结算时必须遵循存款人的委托,按其意志,保证将所收款项支付给其指定的收款人,必须保护客户资金的所有权和自主支配权不受侵犯;对存款人的资金,除国家法律法规另有规定外,银行不代任何单位查询、扣款,不得停止各单位存款的正常支付,必须由其自主支配,银行无权在未经存款人授权或委托的情况下,擅自动用存款人在银行账户里的资金。

3.银行不垫款原则。银行作为办理支付结算的中介机构,负责根据结算当事人的要求办理结算当事人之间的资金转移,即按照付款人的委托将资金支付给付款人指定的收款人,或者按照收款人的委托将归属收款人所有的资金转账收入到收款人的账户,银行不能在结算过程中为其垫付资金。因为银行给其他单位垫支款项,事实上已不属于结算范围,而属于信贷范畴,会扩大信贷规模和货币投放。因此,《支付结算办法》规定银行不垫款。

根据中国人民银行有关支付结算办法规定,目前企业和单位发生的货币资金收付业务可采用以下几种结算方式,通过银行办理结算。

1.银行汇票。银行汇票是指由出票银行签发的,由其在见票时按照实际结算金额无条件付给收款人或者持票人的票据。银行汇票的出票银行为银行汇票的付款人。银行汇票可以用于转账,填明"现金"字样的银行汇票也可以用于支取现金。单位和个人各种款项的结算,均可使用银行汇票。申请人或者收款人为单位的,不得在"银行汇票申请书"上填明"现金"字样。银行汇票结算方式具有适用范围广、使用灵活、票随人到、兑现性强、结算准确、余款自动退回等特点。

2.商业汇票。商业汇票是指由出票人签发的,委托付款人在指定日期无条件支付确定的金额给收款人或者持票人的票据。按其承兑人的不同,分为商业承兑汇票和银行承兑汇票。商业承兑汇票由银行以外的付款人承兑。银行承兑汇票由承兑申请人提出申请,经银行审查同意后由银行承兑。商业汇票的付款人为承兑人。与其他银行结算方式相比,商业汇票结算方式具有适用范围相对较窄、使用对象也相对较少、必须经过承兑、没有结算起点限制、可以贴现、可以背书转让等特点。

3.银行本票。银行本票是指由银行签发的,承诺自己在见票时无条件支付确定金额给收款人或者持票人的票据。银行本票按照其金额是否固定可分为不定额和定额两种。银行本票可以用于转账,注明"现金"字样的银行本票可以用于支取现金。单位和个人在同一票据交换区域需要支付各种款项,均可以使用银行本票。与其他银行结算方式相比,银行本票结算方式具有使用方便、信誉度高、支付能力强等特点。

4.支票。支票是指由出票人签发的,委托办理存款业务的银行在见票时无条件支付确定的金额给收款人或持票人的票据。支票分为普通支票、现金支票、转账支票三种。支票上印有"现金"字样的为现金支票,现金支票只能用于支取现金。支票上印有"转账"字样的为转账支票,转账支票只能用于转账。支票上未印有"现金"或"转账"字样的为普通支票,普通支票可以用于支取现金,也可以用于转账。在普通支票左上角划两条平行线的,为划线支票,划线支票只能用于转账,不得支取现金。单位和个人在同一票据交换区域的各种款项结算,均可以使用支票。支票结算方式具有简便、灵活、迅速和可靠的特点。

5.信用卡。信用卡是指商业银行向个人和单位发行的,凭其向特约单位购物、消费和银行存取现金,且具有消费信用的特制载体卡片。信用卡按使用对象分为单位卡和个人卡;按信誉等级分为金卡和普通卡。凡在中国境内金融机构开立基本存款账户的单位可申领单位卡。单位卡账户的资金一律从其基本存款账户转账存入,不得交存现金,不得将销货收入的款项存入其账户。单位卡不得用于10万元以上的商品交易、劳务供应款项的结算。单位卡一律不得支取现金。

6.汇兑。汇兑是指由汇款人委托银行将其款项支付给收款人的结算方式。单位和个人的各种款项的结算均可使用汇兑结算方式。汇兑分为信汇和电汇两种。由汇款人根据需要选择使用。汇兑结算方式适用于异地之间的各种款项结算,具有划拨款项简单、灵活、适用范围广的特点。

7.托收承付。托收承付是指根据购销合同由收款人发货后委托银行向异地付款人收取款项,由付款单位向银行承认付款的结算方式。使用托收承付结算方式的收款单位和付款单位,必须是国有企业、供销合作社以及经营管理较好,并经开户银行审查同意的城乡集体所有制工业企业。办理托收承付结算的款项,必须是商品交易以及因商品交易而产生的劳务供应的款项。代销、寄销、赊销商品的款项,不得办理托收承付结算。收付双方使用托收承付结算必须签有符合《经济合同法》的购销合同,并在合同上注明使用托收承付结算方式。托收承付结算方式具有使用范围较窄、监督严格和信用度较高的特点。

8.委托收款。委托收款是指收款人委托银行向付款人收取款项的结算方式。委托收款结算款项的划回方式分邮寄和电报两种,由收款人选用。单位和个人凭已承兑商业汇票、债券、存单等付款人债务证明办理款项的结算,均可以使用委托收款结算方式。委托收款结算方式在同城、异地均可以使用,具有使用范围广、灵活、简便等特点。

上述各种结算方式的运用,需以加强结算纪律为保证。中国人民银行发布的《支付结算办法》中规定了银行结算纪律,即不准签发没有资金保证的票据或远期支票,套取银行信用;不准签发、取得和转让没有真实交易和债权债务的票据,套取银行和他人资金;不准无理拒绝付款,任意占用他人资金;不准违反规定开立和使用账户等。企业和单位必须严格遵守银行支付结算办法规定的结算纪律,保证结算业务的正常进行。

(三)银行存款管理中常见的错弊行为

1.擅自提现或填票购物。会计人员或出纳人员擅自签发现金支票提取现金或擅自签发转账支票套购物品,不留存根,不记账,将现金、实物据为己有。其主要原因是未建立有效的票据使用制度,未定期核对银行存款日记账和银行对账单。

2.公款私存。会计人员利用经管货币资金收支业务的便利,把公款转入自己私设的银行户头上,从而达到侵吞公款或长期占有公款的目的。其主要原因是未建立有效的票据使用制度,未定期核对银行存款日记账和银行对账单。

3.多头开户,截留公款。会计人员利用个别银行间相互争资金、拉客户的机会,私自利用单位印鉴章在他行开设存款账户,以本单位更换开户行为由,要求付款单位将欠款或销货收入款转至私设的户头上,从而达到截留公款的目的。其主要原因是印鉴的保管岗位和货币资金收款岗位未分开。

4.转账套现。会计人员或有关人员配合外单位不法人员在收到外单位转入的银行存款后,开具现金支票,提取后交付外单位,达到套取现金的目的。其主要原因是负责债权债务的岗位和负责货币资金的岗位发生了混岗。

5.私自背书转让。会计人员将收到的转账支票、银行汇票、商业汇票及银行本票等票据私自背书转让给予个人利害相连的单位,以达到变相侵吞、占有公款的目的。其主要原因是会计人员保管了支付事项所需的全部印章。

6.出借支票、账户。会计人员非法将支票借给他人用于结算或被允许使用本单位开设的银行账户办理收付、转账业务,从中捞取私利。其主要原因是票据、银行账户管理混乱,各种票据未连续编号,稽核岗位形同虚设。

7.涂改银行对账单。会计人员私自提现,然后通过涂改银行对账单上的发生额或余额,使其与银行存款日记账上的金额相等或平衡,以掩盖银行存款已减少的事实。其主要原因是会计分工出了问题,负责银行收付业务人员的职责和负责调节银行对账单人员的职责未分开。

8.恶意串通,支付虚开票款。会计人员或其他有关人员串通商(厂)家,根据开具的不实发票及填制虚假收料单(验收单),将购物票款转至商(厂)家,对方提款后私分。其主要原因是会计核算时未做到账账相符、账实相符。

9.“初”取“末”存。出纳人员私盖印鉴章，于月初从银行账户上提取大额现金，月末再把所欠窟窿补齐，如此可使银行对账单上的期末余额和银行存款日记账上的期末余额相符，以掩人耳目。其主要原因是出纳人员保管了银行印鉴章。

（四）银行存款的内部控制

企业和单位应该按照银行开户办法规定，申请开设银行账户，企业和单位发生的各项结算款项，除允许用现金结算方式直接以现金收付外，其余款项必须通过银行划拨转账。为了加强银行存款内部控制，企业和单位应该建立银行存款管理责任制，由会计部门出纳人员专门负责办理银行存款的收付业务。会计部门应该认真执行银行账户管理办法和结算制度，做好银行存款的核算工作，随时掌握银行存款的收支动态和余额，搞好企业和单位货币资金的调度和收支平衡，保证资金供应。审计部门应该通过对银行存款内部控制系统的评审，促进单位加强银行存款管理，防止违纪违规问题的发生。

1.银行存款控制的目标。根据《人民币银行结算账户管理办法》及企业和单位财务制度的规定，控制银行存款收支业务应主要实现以下目标：

（1）保证银行存款收付正确合法。企业和单位应该严格按照银行管理条例办理银行存款收付业务，认真审核银行存款收入来源和支出用途，正确计算和准确收支银行存款金额。

（2）保证银行存款结算适当及时。企业和单位必须按照银行规定的结算方式办理各项收支款项，按不同结算方式的使用范围、条件和结算程序，及时、合理安排货款结算时间和办理结算手续，避免逾期托收、误期拒付、透支存款以及结算方式不当而影响资金使用效率和耽误购销业务。

（3）保证银行存款安全完整。企业和单位应该严格管理银行存款，认真核对存款记录，妥善保管结算票据、专用印鉴和支票，及时核对银行存款和办理支票挂失，严禁出租、出借银行账户和转让支票，确保银行存款安全完整。

（4）保证银行存款记录真实可靠。企业和单位应该按照财务制度规定，正确记录银行存款业务，如实核算收入支出活动，认真核对银行存款记录，保证银行存款记录真实可靠，随时提供准确的银行存款财务信息。

2.银行存款控制的措施。

（1）审批。业务部门批准的业务人员办理有关银行存款事项或经办有关业务，需核实原始凭证内容并签章，交业务部门负责人审核并签章；超出业务部门权限规定的银行存款收支业务，须报上级主管部门审批并签字盖章。审批银行存款收支业务,可以保证业务办理的正确性和合法性,加强经办人员的责任感,避免违纪违规情况发生。

(2)审核。会计主管人员或指定人员审核原始凭证和结算凭证,签章同意办理银行存款结算。审核原始凭证,可以检查经济业务是否合理合法,保证银行存款结算正确有效;审核结算凭证,可检查银行存款结算是否正确,保证存款安全和核算正确。

(3)结算。出纳人员根据审签的凭证,或按照授权办理银行存款收付业务;出纳员办理结算前,复核原始凭证及有关合同文本;按不同的结算方式填制结算凭证或取得结算凭证;结算凭证应加盖财务专用章和出纳员私章;财务专用章、签发支票印鉴和财务负责人印鉴应由主管会计和出纳人员分别保管;转账支票和结算凭证必须按编号顺序连续使用;作废的转账支票应加盖"作废"戳记;收代款项后应在凭证上加盖"收讫"或"付讫"戳记;非出纳人员不得经管银行存款业务。按此办理银行存款结算,能够有效监督银行存款收付工作,防止套取存款、出借账户和转让支票等弊端的发生。

(4)复核。稽核员审核银行存款收付记账凭证是否附有原始凭证及结算凭证,结算金额是否一致,记账科目是否正确,有关人员是否签章等,审核无误后签字盖章。复核记账凭证,可以发现银行存款收付错误和记账凭证编制差错,保证银行存款核算正确。

(5)记账。出纳员根据银行存款收付记账凭证登记银行存款日记账;会计人员根据收付凭证登记相关明细账;总账会计登记银行存款总账;各记账人员在记账凭证上签章。登记银行存款账,可以保证银行存款收支业务的可查性,防止或发现结算弊端,及时提供可靠的银行存款核算信息。

(6)核对。稽核员或其他非记账人员核对银行存款日记账和有关明细账、总分类账,如有误差报经批准后予以处理;核对人员签字盖章。核对银行存款账簿,可以及时发现银行存款核算错误及记账失误,保证账账相符和记录正确。

(7)对账。由非出纳人员逐笔核对银行存款日记账和银行对账单,并编制银行存款余额调节表,调整未达账项。核对对账单,可以及时发现企业或银行记账差错,防止银行存款非法行为发生,保证银行存款真实和货款结算及时。

在银行存款控制措施中,审批、核对、对账至关重要。其中审批、核对控制具有同现金控制相同的重要性;对账控制,对于保证企业和单位银行存款日记账同银行存款记录相符,以及纠正各方差错具有重要作用。因而,它们是银行存款控制系统中的关键。

第二节　北京贪污社保金第一案案例

一、概况

2011 年 12 月 20 日,北京市第一中级人民法院开庭对昌平区财政局国库科财政专户原会计杨立强进行一审审判。检察机关认为,杨立强身为国家工作人员,利用职务上的便利,窃取公款,数额特别巨大,情节特别严重;挪用公款归个人使用,进行非法活动,情节严重,应当以贪污罪、挪用公款罪追究其刑事责任,判处因贪污和挪用 5100 余万元公款的杨立强死刑。

杨立强,案发前是昌平区财政局国库支付中心科员,也是国库科财政专户会计。杨立强所任职的昌平区财政局国库科和昌平区财政局国库支付中心是两个部门一套人马。杨立强专门负责专款支付、银行票据交换工作及工商银行农村养老保险账户、北京银行新型农村合作医疗账户、农业银行药品收支账户的会计工作。他曾因嫖娼被治安处罚,因嫖娼、无故旷工、赌博被行政处分。

据指控,杨立强于 2007 年 2 月至 2008 年 1 月,利用负责专款支付以及银行票据交换工作的职务便利,采取在预算拨款凭证、转账支票等转款凭证上加盖昌平区财政局国库专用章和个人名章的手段,挪用本单位公款 210 万元用于归还赌债。此外,杨立强还于 2008 年 2 月至 2009 年 12 月,采用同样手段,窃取该单位其负责管理的农村养老保险基金专户内的 4906.83 万元用于归还赌债。至案发时,尚有4900 余万元未归还。

二、财政专户资金出现漏洞

杨立强的行为之所以被发现,是因为在 2009 年 4 月,单位要求杨立强把其管理的三套财政专户交给同事处理,但是杨立强一直以各种理由推托。同年 6 月以后,杨立强的同事开始对三套账户进行会计记载,但是杨立强只给同事一部分明细对账单。同年 12 月 24 日,单位要求杨立强当日必须把设立在工商银行城关分理处的养老保险专户销户后,转到北京农村商业银行。随后发现杨立强根本就没有去办这项业务,而且手机关机。当单位派人去工商银行办理销户时,经过对账发现,该专户每个月都有几笔大额支出,且都有手续费的支出,有电汇迹象,因而向警方报案。

三、贪挪 5100 余万元资金流向何方

据了解,杨立强经常在昌平区和他人赌博。2007 年上半年,为了归还赌债,杨立强将单位公款转出。2008 年初,他开始去澳门的赌场赌博。在澳门的赌场参赌时,先由担保人或出码人替杨立强出码(不用直接拿现金),如果赌输,他可先回北京,然后再按照担保人或出码人提供的转款方式,向约定的转款账户打款,以偿还赌债。从2007年2月至2009年12月杨立强先后从工商银行的农村养老保险账户、农业银行的药品收支账户、北京银行的新型农村合作医疗账户,挪出5100余万元公款,用于归还在昌平和澳门所欠赌债。2009年8月3日,杨立强用赌博赢回的钱款,归还了财政局216万余元。同年11月,他曾从澳门的赌场里赢回900余万元,但未归还单位,而是继续用于去澳门等地赌博及归还在昌平区与人赌博时欠下的赌债。

就在2009年4月,单位要求杨立强办理账目交接手续的过程中,杨立强一方面故意拖延,一方面在已无归还能力的情况下,还继续挪出公款3000多万元。2009年底,杨立强又从工商银行财政专户转出最后一笔193万余元后,携带部分赃款潜逃。

据查,杨立强共向财政专户资金伸出黑手36次,这些钱全部用于赌博。

四、上司"玩忽职守"被立案调查

为什么一个会计兼出纳竟能如此胆大妄为,轻而易举就将"国库"里的5100余万元弄走?为什么杨立强作案36次竟无人察觉?

据了解,经昌平区检察院反渎局初步调查,造成杨立强特大贪污、挪用社保金案的原因之一,是杨立强的顶头上司昌平区财政局国库科科长王某涉嫌玩忽职守。经查,王某于2004年6月至2009年12月任昌平区财政局国库科科长。任职期间,王某未按规定管理财政拨付印章,不设置稽核岗位,工作人员岗位职责不明确,违反市劳动和社会保障局文件及主管领导指示,擅自决定暂不对财政专户资金进行清户处理,致使其下属杨立强利用上述管理漏洞,于2007年2月至2009年12月,36次贪污、挪用财政专户资金等合计5100余万元用于赌博。

而一些昌平区财政局工作人员反映,因为单位的业务量比较大,已经形成惯例,盖章不需要各级领导审批。他们觉得杨立强既是会计,又是出纳,容易出问题。而据杨立强讲,他在单位电脑上记账时,只记载正常的入款和拨款,不记他挪出的资金情况。

昌平区财政局国库科科长王某忽视内部审计监督工作,对杨立强长期既当会计又当出纳的违法现象不闻不问,以致杨立强持续作案两年零十个月,屡屡得逞,最终使得5100余万元财政专户资金轻轻松松落入其私人腰包。

检察院同时也对昌平区财政局国库科科长王某进行了调查,他也必将受到法律的制裁,要为他严重失职渎职,给国家利益造成的重大损失承担法律责任,这是他咎由自取。但是，王某们玩忽职守的阴影，却是短期内无法驱散的。只要我们的制度还有漏洞，我们的管理还没有完全到位，这样的悲剧就难以避免。所以，在这种背景下，强调对负有重要职责的领导干部和"一把手"的监督，促使他们正确、认真履行职责，廉洁从政，勤政为民，就绝对不是一句空话。当然，这样寄托希望的前提就在于：对于一切忽视人民利益，个人利益至上的腐败分子，一经发现，必须严格依法依纪予以严肃惩处。

第三节　案例分析

北京昌平区财政局国库科财政专户原会计杨立强贪污和挪用 5100 余万元一案，据媒体报道称，是北京贪污社保金第一案，为北京近年少见的小官大贪案。这一惊天大案发生于财政部门的会计人员身上，数额之巨，也是我国会计人员经济犯罪案例中创纪录的。下面从案发单位的会计法规遵从、会计基础工作、内部控制等带有普遍警示意义的方面，对该案例进行如下分析：

一、有法不依

我国目前的会计法规制度应该说是比较健全的。《中华人民共和国会计法》覆盖范围包括国家机关在内的所有会计核算单位，为各部门、各单位办理会计核算业务提供了明确的法律依据及具体要求。财政部还根据《中华人民共和国会计法》有关规定制定发布了《会计基础工作规范》、《内部会计控制规范》、《企业内部会计控制基本规范》及《行政事业单位内部控制规范（试行）》等，使《中华人民共和国会计法》的要求更加细化，更具有操作性；同时，还有适用于各行业的国家统一会计制度和财务制度等一系列具体规章制度，形成了系统、科学、严谨的会计操作规范、程序和方法。因此，任何一个单位只要贯彻执行相关法规制度，就不会在会计环节上出现大的漏洞，更不会发生一系列的经济案件。像北京昌平区财政局这样的单位，对国家各项财经法规制度，既是负责监督、贯彻的部门，也是具体执行的单位，应该有一批懂业务、高水平的专业人员。但从案例上看，我国的《中华人民共和国会计法》以及一些基本、必行的财经法规制度，在北京昌平区财政局这样的财政部门似乎不起作用，他们不但对一系列财经法规的基本要求未认真执行，就连会计工作的起码常规作法也不遵循，以至出现以下令人难以置信的违规作法。

《中华人民共和国会计法》第二十七条规定："各单位应当建立、健全本单位内部会计监督制度。单位内部会计监督制度应当符合下列要求：记账人员与经济业务事项和会计事项的审批人员、经办人员、财物保管人员的职责权限应当明确，并相互分离、相互制约;重大对外投资、资产处置、资金调度和其他重要经济业务事项的决策和执行的相互监督、相互制约程序应当明确;财产清查的范围、期限和组织程序应当明确;对会计资料定期进行内部审计的办法和程序应当明确。"同时第三十七条又规定:"会计机构内部应当建立稽核制度。出纳人员不得兼任稽核、会计档案保管和收入、支出、费用、债权债务账目的登记工作。"而北京昌平区财政局有法不依,导致杨立强从 2007 年 2 月至 2009 年 12 月案发为止,连续近 3 年时间担任该局出纳兼会计。作为管理全区会计工作的区财政局工作人员之一,居然自己违反《会计基础工作规范》所规定得出纳人员不得兼任会计的规定,公然带头违反《中华人民共和国会计法》。杨立强的违法违纪和工作岗位的违规性,持续了近三年,这三年时间就是法制对他全部失控的时间,也是他有法不依、执法不严的三年,也是北京昌平区财政局单位内部局部失控的三年。从杨立强一案可以看出,腐败的产生并不完全是法律和制度的不健全,而是法制没有被贯彻执行,是执法不严、有法不依的结果。

二、会计核算基础工作不规范

会计核算基础工作是财务管理的前提,在经济管理工作中占有不容忽视的基础性地位。会计核算基础工作质量的好坏,直接影响经济管理工作,进而影响经济的发展。在实际工作中,会计行为的规范和会计资料的质量,完全取决于会计核算基础工作。因此,加强会计基础核算工作,规范会计行为,保证其提供的会计资料真实、完整,能为各利益关系者普遍认同和接受,这是维护社会经济秩序正常运转的客观要求。我国高度重视会计核算基础工作的实施,出台了一系列规章制度对企业会计核算基础工作进行了有效规范,《中华人民共和国会计法》和《会计基础工作规范》对会计核算基础工作都有明确规定。但目前在我国部分企业和单位还存在对会计核算基础工作认识不足,法律意识淡薄;原始凭证不合规、不合法,记账凭证填制不准确、不完整,记账和结账不符合要求,财务报告数据不真实,未按要求定期对账等问题。北京昌平区财政局杨立强自称,他在单位电脑上记账时,只记载正常的入款和拨款,不记他挪出的资金情况。如果杨立强的所在单位,能规范会计核算基础工作,加强货币资金的核查,指定不办理货币资金业务的会计人员定期和不定期抽查盘点库存现金,核对银行存款余额,抽查银行对账单、银行日记账及银行存款余额调节表,核对是否账实相符、账账相符,就能发现存在的问题,杨立强的犯罪就不能长时间的屡屡得手。

三、财务监管不力

单位领导缺乏现代财务管理观念,并且对于财务管理的理论方法缺乏应有的认识和研究,造成财务管理混乱,财务监管不力,财务监控不严,使财务管理失去了它在单位管理中应有的地位和作用,使行为人钻了"空子"。《行政事业单位内部控制规范(试行)》第二十九条规定:"单位应当建立健全支出内部管理制度,确定单位经济活动的各项支出标准,明确支出报销流程,按照规定办理支出事项。单位应当合理设置岗位,明确相关岗位的职责权限,确保支出申请和内部审批、付款审批和付款执行、业务经办和会计核算等不相容岗位相互分离。"北京昌平区财政局财务制度形同虚设,最基本的一些制度都没有实施,杨立强的顶头上司昌平区财政局国库科科长王某涉嫌玩忽职守,任职期间,王某未按规定管理财政拨付印章,不设置稽核岗位,工作人员岗位职责不明确,违反市劳动和社会保障局文件及主管领导指示,擅自决定暂不对财政专户资金进行清户处理,未能按照《中华人民共和国会计法》等国家财经法规,对预算单位财政资金运作及其执行财经纪律状况进行监督,未切实履行《中华人民共和国会计法》赋予的职责,致使其下属杨立强利用上述管理漏洞,于 2007 年 2 月至 2009 年 12 月,36 次贪污、挪用财政专户资金等合计5100 余万元用于赌博。同时财政局在任用杨立强期间也没有把好思想素质审查这一关,让曾因嫖娼被治安处罚,因嫖娼、无故旷工、赌博被行政处分的杨立强,在如此重要的岗位工作,用人失察,导致国家财产蒙受巨大损失。

四、内部会计控制制度不健全、执行不到位

在单位实施内部会计控制制度,是国家加强单位内部会计监督、维护社会主义市场经济秩序的重要举措,也是单位改善管理、健全各项制度的客观要求,是衡量一个单位管理水平的重要标志。《中华人民共和国会计法》第二十七条规定:"各单位应当建立、健全本单位内部会计监督制度。"《内部会计控制规范》和《行政事业内部控制规范(试行)》也对内部控制作了具体规定,并且突出强调了建立风险控制系统,在每一具体业务的控制条款中都增加了有关防范风险的要求,有利于防止贪污腐败等犯罪行为,维护财产物资的安全完整。然而,长期以来,相当一部分单位普遍缺乏内部会计控制理念,对内部会计控制的作用认识不足,实施内部会计控制制度流于形式。有的单位受人的因素制约致使内部会计控制制度过于简单,甚至根本没有建立,或建立了也形同虚设没有执行,其结果是内部约束无力,无章可循,有章不循,违章不究。主要表现为:一是记账人员与经济业务事项和会计事项的审批人员、经办人员、财务保管人员的职责权限不够明确,未能相互分离、相互制约;有的单位全部由一人经办,根本不符合会计基本原则。二是对外的资产处理、资金调度和其他重要经济事项的决策和执行相互监督、相互制约的程序不明确。三是财产清查的范围、期限和组织程序不够明确。四是对会计资料定期进行内部审计的办法和程序不够明确等,一些不真实、不合法、不合规的经济业务难以及时揭露和制止。案例中北京昌平区财政局的杨立强,从 2007 年 2 月至 2009 年 12 月案发为止,连续近三年时间专门负责专款支付、银行票据交换工作及工商银行农村养老保险账户、北京银行新型农村合作医疗账户、农业银行药品收支账户的会计工作,由一人办理货币资金业务的全过程,负责代保管昌平区财政局国库专用章和个人名章,将公款分期转出后畏罪潜逃,完全是内部会计控制制度不健全、执行不到位造成的后果。北京昌平区财政局未执行《行政事业单位内部控制规范(试行)》第十五条规定:"单位应当建立健全内部控制关键岗位责任制,明确岗位职责及分工,确保不相容岗位相互分离、相互制约和相互监督"及《行政事业单位内部控制规范(试行)》第四十一条"单位应当建立健全货币资金管理岗位责任制,合理设置岗位,不得由一人办理货币资金业务的全过程,确保不相容岗位相互分离。出纳不得兼管稽核、会计档案保管和收入、支出、债权、债务账目的登记工作。严禁一人保管收付款项所需的全部印章。财务专用章应当由专人保管,个人名章应当由本人或其授权人员保管。负责保管印章的人员要配置单独的保管设备,并做到人走柜锁。按照规定应当由有关负责人签字或盖章的,应当严格履行签字或盖章手续"的规定,使杨立强利用职务上的便利条件及管理上的漏洞,以预算拨款凭证、转账支票等转款凭证将巨款转入其他账户,多次违法开出大额支票的行为能够一路绿灯、畅通无阻。

　　通过案例,我们可以看出货币资金的管理控制对于一个单位有多重要,如果出现问题,对国家、单位都会造成非常严重的损失。有关法律和制度之所以对出纳员的岗位进行如此细致的规定,就是为了建立岗位之间的制约监督制度,确保国家、单位财产的安全。

【思考题】

　　1.什么是内部控制?怎样才能建立和健全会计内部控制制度?

　　2.北京昌平区财政局在会计监督、财务管理方面有什么漏洞?

　　3.试着对单位货币资金管理的实际情况展开调查并组织讨论。

第二章

存货的高层次管理
——沃尔玛公司的供应链管理案例

教学内容与目标

　　本章首先阐述了存货的内容,存货的管理方法:ABC 管理法、经济进货批量法、储存期控制法、及时性管理,以及供应链管理的相关知识,然后介绍了沃尔玛公司的发展历程和企业文化,重点介绍了沃尔玛公司如何建立配送中心和加强供应链管理,最后对该案例进行分析,并探讨我国企业应该如何扬长避短,借鉴沃尔玛公司的经验,提高企业的竞争力。

　　本章要求同学们了解存货的几种管理方法,尤其是零存货和及时性管理,理解供应链管理方法的精髓,并学会在相关案例资料的基础上,按特定要求进行分析。

第一节　知识准备

一、存货的含义及内容

　　存货,就是指企业在日常生产经营过程中持有以备出售或者仍然处在生产过程,或者将在生产经营或提供劳务过程中耗用的材料、物料等。

　　要想对存货进行正确的管理,就必须知道存货的内容,确认存货的标准是企业对货物是否拥有法定所有权,凡在盘存日期,法定所有权属于企业的物品,不论其存放何处或处于何种状态,都应确认为企业的存货;反之,凡是法定所有权不属于企业的物品,即使存放于企业,也不确认为企业的存货。属于存货资产范围的包括

下列三类有形资产:

1.在日常生产经营过程中持有以备出售的存货,是指企业在日常生产经营过程中处于待销售状态的各种物品,如工业企业的库存产成品,商品流通企业的库存商品等。

2.为了最终出售目的尚处于生产过程中的存货,是指企业为了最终出售但目前尚处于生产加工过程中的各种物品,如工业企业的在产品和自制半成品、委托加工物资等。

3.为了生产供销售的商品或提供劳务以备消耗的存货,是指企业为产品生产或提供劳务耗用而储备的各种物品,如工业企业为生产产品耗用而储备的原材料、包装物、低值易耗品等。

此外,理解存货的内容还需明确以下几点:

第一,代销商品。代销商品是指一方委托另一方代其销售商品。从商品所有权的转移分析,代销商品在出售以前,所有权属于委托方,受托方只是代对方销售商品。因此,代销商品应作为委托方的存货进行管理和核算。但受托方为了加强对代销商品的核算和管理,就将受托代销商品作为企业的存货来核算,同时将代销商品款作为存货的减项,这样报表中存货数字并不包含代销商品。即将代销商品作为存货核算,但并不反映在报表里。

第二,在途商品。对于销售方按销售合同、协议规定已确认销售,而尚未发运给购货方的商品,应作为购货方的存货而不应再作为销售方的存货进行核算和管理;对于购货方已收到商品但未收到销货方结算发票等的商品,购货方应作为其存货进行核算和管理;对于购货方已经确认为购进而尚未到达入库的在途商品,购货方应将其作为存货进行核算和管理。

第三,购货约定。对于已约定为购物的商品,由于企业并没有实际的购物行为发生,因此,不作为企业的存货,也不确认有关的负债和费用。

值得注意的是,为建造固定资产工程而储备的各种材料,虽然具有存货的某些特征(如流动性),但它们并不符合存货的定义,因此不能作为企业的存货进行处理。企业的特种储备,以及按照国家指令而储备的专项资产也不符合存货的定义,因而也不属于企业的存货。

二、存货的常规管理方法

一般而言,企业持有充足数量的存货,不仅有利于生产过程的顺利进行,节约采购费用与生产时间,而且能够迅速地满足客户各种订货的需要,从而为企业的生产与销售提供较大的机动性,避免因存货不足带来的机会损失。然而,存货的增加必然要占用更多的资金,这样不仅将使企业付出更大的持有成本(即存货资金占用的机会成本),而且存货的储存与管理费用也会相应增加,影响企业获利能力的提高。因此,如何在存货的成本与收益之间进行利弊权衡,实现二者的最佳组合,成为存货管理的基本目标。

如何对存货进行管理与控制,理论界及实务界已进行过大量的探讨与推行。如合理控制存货的经济进货批量、储存限额(量)与储存期以及进行 ABC 分类管理等。以上举措的意图归结为一点,就是通过财务观念、方法的更新与优化,最大限度的提高存货投资与管理的效率,促进存货资金的高效、良性循环。

(一)ABC 分类管理法

企业存货品种繁多,尤其是大中型企业多达上万种甚至数千万种。实际上,不同的存货对企业财务目标的实现具有不同的作用。有的存货尽管品种数量很少,但金额巨大,如果管理不善,将可能给企业造成极大的损失。相反,有的存货虽然品种数量繁多,但金额微小,即便管理当中出现一些问题,也不至于对企业产生较大的影响。因此,无论是从能力还是经济角度,企业均不可能也没有必要对所有的存货均以同样的精力实施管理。ABC 分类管理正是基于这一考虑而提出的,其目的在于使企业分清主次,突出重点,兼顾一般,舍弃细节,提高存货资金管理的整体效果。

所谓 ABC 分类管理就是按照一定的标准,将企业的存货划分为 A、B、C 三类,分别实行按品种重点管理,按类别一般控制和按总额灵活掌握的存货管理方法。

1.存货 ABC 分类的标准。分类的标准主要有两个:一是金额标准,二是品种数量标准。其中金额标准是最基本的,品种数量标准仅作为参考。

A 类存货的特点是金额巨大,但品种数量较少;B 类存货金额一般,品种数量相对较多;C 类存货品种数量繁多,但价值金额却很小。如一个拥有上万种商品的百货公司,家用电器、高档皮货、家具、自行车、摩托车、大型健身器械等商品的品种数量并不很多,但价值金额却相当大;大众化的服装、鞋帽、床上用品、布匹、文具用具等商品品种数量比较多,但价值额相对于 A 类商品要小得多;至于各种小百货,如针线、纽扣、一般化妆品、日常卫生用品及其他日杂用品等品种数量非常多,但所占金额却很小。一般而言,三类存货的金额比重大致为 A∶B∶C=0.7∶0.2∶0.1,而品种数量比重大致为 0.1∶0.2∶0.7。可见,A 类存货占用着企业绝大多数的资金,只要能够控制好 A 类存货,基本上就不会出现较大的问题。同时,由于 A 类存货品种数量较少,企业完全有能力按照每一个品种进行管理。B 类存货金额相对较小,企业不必像对待 A 类存货那样花费太多的精力。同时,由于 B 类存货的品种数量远多于 A 类存货,企业通常没有能力对每一具体品种加以控制,因此可以通过划分类别的方式进行大类管理。C 类存货尽管品种数量繁多,但其所占金额却很小,对此,企业只要把握一个总金额就完全可以。不过,在此需要注意的是,由于 C 类存货大多与消费者的日常生活息息相关,虽然这类存货的直接经济效益对企业并不重要,但如果企业能够在服务态度、花色品种、存货质量、价格方面加以重视的话,其间接经济效益将是无法估量的。相反,企业一旦忽略了这些方面的问题,其间接的经济损失同样也是无法估量的。

2.ABC 三类存货的具体划分。具体过程可以分三个步骤(有条件的可通过计算机进行):

①列示企业全部存货的明细表,并计算出每种存货的价值总额及占全部存货金额的百分比;

②按照金额标志由大到小进行排序并累加金额百分比;

③当金额百分比累加到 70% 左右时,以上存货视为 A 类存货;介于 70%－90% 之间的存货作为 B 类存货,其余则为 C 类存货。

3.ABC 分类法在存货管理中的运用。通过对存货进行 ABC 分类,可以使企业分清主次。采取相应的对策进行经济有效的管理、控制。企业在组织进货批量、存货限额(量)控制、储存期分析、存货目标流转规划时,对 AB 两类存货可以分别按品种、类别进行。对 C 类存货只需要加以灵活掌握即可,一般不必进行上述各方面的测算与分析。此外,运用 ABC 分类法的基本原理,企业还可以结合对消费者的调查、分析,加强存货的管理工作。如企业可以按照有效业务区域内消费者的收入水平、社会地位等标准将他们区分为 ABC 三类,通过研究各类消费者的消费倾向、档次等。对各档次存货的需要量(额)加以估算,并购进相应的存货。这样,能够使存货的购进与销售工作有效地建立在市场调查的基础上,从而收到良好的管理、控制效果。

(二)经济批量规划

经济采购批量是指能够使一定时期存货的总成本达到最低点的进货数量。存货的总成本主要有以下三个方面构成:

1.进货成本。进货成本主要由存货的进价成本、进货费用及采购税金(如进项税额)三方面构成。在一定时期进货总量既定的条件下,无论企业采购次数如何变动,存货的进价成本与采购税金总计数额通常是保持相对稳定的(假设物价与税率不变且无采购数量折扣),属于决策的无关成本。相反,企业为组织进货而开支的办公费、差旅费、邮资、电话费等固定性进货费用(其中运杂费、供销合同印花税等变动性进货费用属于决策无关成本)则与进货次数成正比例变动关系,即进货次数越多,需要支付的固定性进货费用也就越多,反之则越少。因此固定性进货费用属于决策的相关成本。

2.储存成本。企业为存货而发生的费用即为存货的储存成本,主要包括存货资金占用费(以贷款购买存货的利息成本)或机会成本(以现金购买存货而同时损失的有价证券投资收益等)、仓储费用、保险费用、存货残损霉变损失等。与进货费用一样,储存成本可以按照与储存数额的关系分为变动性储存成本与固定性储存成本两类。其中,固定性储存成本与存货储存数额的多少没有直接的联系,属于决策的无关成本;而变动性储存成本则随着存货储存数额的增减成正比例变动关系,属于决策的相关成本。

3.缺货成本。缺货成本是因存货不足而给企业造成的停产损失、延误发货的信誉损失及丧失销售机会的损失等。如果生产企业能够以替代材料解决库存材料供应中断之急的话,缺货成本便表现为替代材料紧急采购的额外开支。缺货成本能否作为决策的相关成本,应视企业是否允许出现存货短缺的不同情形而定。如果允许缺货,则缺货成本便与存货数量反向相关,即属于决策相关成本。反之,若企业不容许发生缺货情形,此时缺货成本为零,也就无需加以考虑。

上述分析可知,决定存货经济批量的成本因素主要包括固定性进货费用(简称进货费用)、变动性储存成本(简称储存成本)及允许缺货时的缺货成本。不同的成本项目与进货批量呈现着不同的变动关系,减少进货批量,增加进货次数,在降低储存成本的同时,却会导致进货费用与缺货成本的提高;相反,增加进货批量,减少进货次数,尽管有利于降低进货费用与缺货成本,但同时却会导致储存成本的提高。因此,如何协调各项成本间的关系,使其总和保持最低水平,是企业组织进货过程需解决的主要问题。

为解决这一问题,理论界和实务界进行了不懈的努力并发展了一套控制模式。为简化起见,在此仅对经济进货批量的基本模式进行讨论。

所谓基本经济进货批量确定模式,就如下假设前提而提出的:

①企业一定时期的进货总量可以较为准确地预测;

②存货的耗用或者销售比较均衡;

③存货的价格稳定,且不存在数量折扣优惠;

④每次的进货数量和进货日期完全由企业自行决定,且每当存货量降为零时,下一批存货均能够马上一次到位;

⑤仓储条件及所需资金不受限制;

⑥不允许出现缺货情形。

由于企业不允许缺货,即每当存货数量降至零时,下一批订货便会随即全部购入,故不存在缺货成本。此时与存货订购批量、批次直接相关的就只有进货费用和储存成本两项。这样,进货费用与储存成本总和最低水平下的进货批量,就是所谓的经济进货批量。

需要指出的是,经济进货批量的基本模式只是建立在上述各种假设基础上的一种理想化的存货控制方法。实际工作中,通常还存在着数量优惠(即商业折扣)以及允许一定程度的缺货情形发生等,这就使得上述假设条件很难完全具备。因此,企业不能机械的套用这一基本模式来确定存货的经济进货批量,而必须同时结合价格折扣及缺货成本等不同的情况具体分析,灵活运用。

(三)存货储存期控制

无论是流通企业还是生产企业,其商品一旦入库,便面临着如何尽快销售出去的问题。且不考虑未来市场供求关系的不确定性风险,仅存货储存本身就会给企业造成巨额的资金占用费用(如利息成本或机会成本)与仓储保管费用开支或损失。因此,尽力缩短存货储存时间,加速存货周转,是节约资金占用,降低成本费用,提高企业获利水平的重要保证。

借鉴管理会计中固定成本和变动成本习性分类原理,我们可以将存货投资所发生的费用支出,按照与储存时间的关系可以分为一次性费用与日增长费用两类。前者数额的大小与存货储存期的长短无直接联系,如各项进货费用、管理费用等。日增长费用则随着存货储存期的延长或缩短正比例增减变动,如存货资金占用费(贷款购置存货的利息或现金购置存货的机会成本)、保管费、仓储损耗等。基于上述分析,可以将量本利的平衡关系式分解为:

商品经营利润=商品销售毛利－一次性费用－销售税金及附加－日增长费用×储存天数

可见,存货的储存成本之所以会不断增加,主要是由于日增长费用随着存货储存期的延长而不断增加的结果,所以,利润与费用之间此增彼减的关系实际上是利润与日增长费用之间此增彼减的关系。这样,随着存货储存期的延长,利润将日渐减少。当毛利余额,即毛利减一次性费用减销售税金及附加的余额(简称毛利余额)被日增长费用抵消到恰好等于企业目标利润时,表明存货已经到了保利期。当毛利完全被日增长费用抵消时,便意味着存货已经到了保本期。无疑,存货如果能够在保利期内售出,所获得的利润便会超过目标值。反之,将难以实现既定的利润目标。倘若存货不能在保本期内售出的话,企业便会蒙受损失。具体计算公式如下：

$$存货保本储存天数＝\frac{毛利－一次性费用－销售税金及附加}{日增长费用}$$

$$存货保利储存天数＝\frac{毛利－一次性费用－销售税金及附加－目标利润}{日增长费用}$$

存货获利或亏损额＝日增长费用×（保本储存天数－实际储存天数）

即较保本期每提前一天售出，就可以节约一天的日增长费用，取得一个相当于日增长费用的利润额。

在上述公式中，日增长费用的确定是问题的关键。在财务上可将日增长费用定义为：

日增长费用二日利息＋日保管费＋日仓储损耗

若仓储损耗较小，为计算方便，可将其并入一次性费用。

可见，通过对存货储存期的分析，可以及时地将企业存货的信息传输给经营部门，如有多少存货已过保本或保利期，金额多大，比重多高，这样决策者就可以针对不同情况，采取相应的管理措施。一般而言，凡是已过保本期的大多属于积压呆滞的存货，对此企业应当积极推销，压缩库存，将损失降至最低限度；对于超过保利期未过保本期的存货，应当首先检查销售状况，查明原因，是人为所致，还是市场行情已经逆转，有无沦为过期积压的可能，若有须尽早采取措施；至于那些尚未超过保利期的存货，企业亦应密切监控，以防过期损失。从财务管理方面，需要分析哪些存货基本能在保利期内销售出去，哪些存货介于保利期与保本期之间售出，哪些存货直至保本期已过才能售出或根本就没有市场需求。通过分析，财务部门应当通过资金供应的奖惩政策，促使经营部门调整产品结构和投资方向，推动企业存货结构的优化，提高存货的投资效率。

三、存货的高层次管理

（一）零存货和即时性管理

尽管可以有多种多样的方式来解决存货管理中的问题，但只要持有存货，实际上对企业就是不经济，只有按照库存趋近于零的方向将存货降低到最低限度，甚至于没有存货，才是一种最高层次的管理境界。这就要求企业必须使生产经营的需要与材料物资的供应之间实现同步，即体现出即时性，使物资转送与作业加工处于同一节拍。也就是说，当有了客户订单时才进行生产和经营，只有在生产需要时才购置材料和零部件。

及时制（JIT，just in time）的观念，早在50年代已由美国的工程人员提出，但当时产业界只注重生产线的效率而忽略与制造相关的其他部门的绩效。因此，JIT

的观念在美国只是被提出,而未受到学术界与实务界的重视。然而日本丰田汽车公司的副社长 Taiichi Ohno 则在 50 年代的中期,将及时制的观念引入日本,且经过丰田公司内部人员不断地加以改良,至 70 年代,及时制在丰田集团已广泛实施。之后,其他日本公司也相继效法,使日本产业在石油危机时,公司仍能持续发展。日本企业的成功和日本汽车在欧美市场占有率的日渐提高,迫使美国管理学家开始认真地研究日本的企业管理技术,JIT 亦因此受到关注,并最终在经济发达国家逐步得到了广泛的运用。JIT 与传统生产系统的不同表现在:传统生产系统是一种生产程序由前向后推动式的生产系统——由原材料仓库向第一个生产程序供应原材料,把他们加工成在产品,半成品仓库向第二个生产程序供应在产品、半成品,由他们继续进行深加工,如此由前向后顺序推移,直至最终完成全部生产程序,转入产成品仓库等待发运销售。由此可见,传统的推动式的生产系统是由前面的生产程序居于主导地位,后面的生产程序只是被动地接受前一生产程序转移下来的加工对象,继续完成其未了的加工程序。推行这种生产系统在生产经营的各个环节,无可避免地导致大量原材料、在产品、半成品库存的存在。JIT 则与此相反,它是采取由后向前拉动式的生产系统,企业要根据顾客订货所提出的有关产品数量、质量和交货时间等特定要求作为组织生产的基本出发点,即以最终满足顾客需要为起点,由后向前进行逐步推移,来全面安排生产任务;前一生产程序只能严格按照后一生产程序所要求的有关在产品、半成品的数量、质量和交货时间来组织生产,前一生产程序生产什么,生产多少,质量要求和交货时间只能根据后一生产程序提出的具体要求来进行。

即时性管理就是在 JIT 生产系统下所产生的一种存货管理。其目的在于消除不增值作业,最终实现"零存货",即要求原材料、分购零部件的供应能及时到达生产现场,直接支付使用,而无须建立原材料、外购件的库存储备,生产的各个环节紧密地协调配合,生产的前阶段按生产后阶段进一步加工的要求,保质保量地生产在产品、产成品,并适时地送达后一加工阶段,直接投入生产,而无须建立在产品、产成品库存储备,在销售阶段,生产出的产品能保质、保量地适应顾客的需要,并按照顾客的要求,及时送到顾客手中,而无须建立产成品库存储备。

采用即时性管理的思路组织生产有两项基本要求:第一,生产批量是有弹性的,应视需要而定,而且往往体现为是小批量的;第二,任何一种产品或材料都必须是高质量的,以便保证下一环节的生产经营活动能够正常进行。因而要求各环节上的工人具有较高的素质和技能,他们必须是多面手,能够适应不同的批量(或在产品具体特点上有一定差异)的生产的要求;他们必须有精湛的技术,能够保证所经手的产品的质量,并自己完成相应的质量控制,否则上一环节的问题会由于没有或极少有库存,导致下一环节无法正常运转。

在即时性管理中,供应商被视为企业生产经营过程中的一个重要环节。为了保证企业各环节能按照即时性的要求运转,供应商应该能够经常并且及时供应批量不大但质量优良的材料和零部件,否则零存货的目标就无法实现,企业将不得不储备大量库存。为此,企业应经常与供应商保持密切的关系,以确保第一个环节不出问题。

即时性管理最大限度地节省了存货中的订货成本和储备成本,提高了生产经营效率和工人的熟练程度,无疑是一种较为先进的成本管理思想和方法。当然另一方面,实施即时性管理也需花费一定代价,如提高职工技能的培训费、高质量的机器设备、与供应商加强密切联系的各种费用,以及可能因供货不畅而导致生产中断的潜在损失等。

(二)供应链管理

供应链管理(Supply Chain Management)是用系统的观点通过对供应链中的物流、信息流和资金流进行设计、规划、控制与优化,即行使通常管理的职能,进行计划、组织、协调与控制,以寻求建立供、产、销企业以及客户间的战略合作伙伴关系,最大限度地减少内耗与浪费,实现供应链整体效率的最优化并保证供应链中的成员取得相应的绩效和利益,来满足顾客需求的整个管理过程。它覆盖了从供应商的供应商到客户的客户的全部过程,其主要内容包括外购、制造分销、库存管理、运输、仓储、客户服务等。最早供应链管理的重点放在管理库存上,作为平衡有限的生产能力和适应用户需求变化的有效手段,它通过各种协调手段,寻求把产品迅速、可靠地送到用户手中所需要的费用与生产、库存管理费用之间的平衡点,从而确定最佳的库存投资额。因此其主要的工作任务是管理库存和运输。现在的供应链管理则把供应链上的各个企业作为一个不可分割的整体,使供应链上各企业分担的采购、生产、分销和销售的职能,成为一个协调发展的有机体。

20 世纪 90 年代以来,随着各种自动化和信息技术在制造企业中不断应用,制造生产率已被提高到了相当高的程度,制造加工过程本身的技术手段对提高整个产品竞争力的潜力开始变小。为了进一步挖掘降低产品成本和满足客户需要的潜力,人们开始将目光从管理企业内部生产过程转向产品全生命周期中的供应环节和整个供应链系统。不少学者研究得出,产品在全生命周期中供应环节的费用(如储存和运输费用)在总成本中所占的比例越来越大。加拿大不列颠哥伦比亚大学商学院的迈克尔·特里西韦教授研究认为,对企业来说,库存费用约为销售额的3%,运输费用约为销售额的 3%,采购成本占销售收入的 40%—60%左右。而对一个国家来说,供应系统的产值占国民生产总值的 10％以上,所涉及的劳动力也占总数的 10％以上。一些企业通过有效的供应链管理已经能够大幅度地增加收益或降低成本,如宝洁和沃尔玛的成功就是例证。

供应链管理提出了全新的库存观。传统的库存思想认为,库存是维系生产与销售的必要措施,它是基于"保护"的原则来保护生产、流通或市场,避免受到上游或下游在供需方面的影响,因而企业与其上下游企业之间在不同的市场环境下只是实现了库存的转移,整个社会库存总量并未减少。在买方市场的今天,供应链管理的实施可以加快产品通向市场的速度,尽量缩短从供应商到消费者的通道的长度;另外,供应链管理把供应商看作伙伴,而不是对手,从而使企业对市场需求的变化反映更快、更经济,总体库存得到大幅度降低。所以说,库存是供应链管理的平衡机制。

供应链管理的三个主要流程:

(1)计划:包括需求预测和补货,旨在使正确的产品在正确的时间和地点交货,还可以使信息沿着整个供应链流动。这需要深入了解客户的需求,同时这也是成功管理供应链的根本所在。

(2)实施:主要关注运作效率,包括如客户订单执行、采购、制造、存货控制以及后勤配送等应用系统,其最终目标是综合利用这些系统,提高货物和服务在供应链中的流动效率。其中,关键是要将单个商业应用提升为能够运作于整个商业过程的集成系统,也就是要有一套适用于整个供应链的电子商务解决方案(包括实施框架、优化业务流程、技术标准、通信技术及软硬件设备等)。

(3)执行评估:是指对供应链运行情况的跟踪,以便于制定更开放的决策,更有效地反应变化的市场需求。利用电子商务工具,如财会管理系统,可进行有效的信息审核和分析。为了解决信息通路问题,许多公司正在开发集成数据仓库,它可提供数据分析工具,管理者能够在不影响系统运作性能的情形下分析商业信息。还有一种趋势是利用基于 Web 的软件媒体做预先分析。

第二节　沃尔玛公司的供应链管理案例

一、背景资料

(一)沃尔玛公司概况

《财富》杂志评选出 2001 年美国企业 500 强,零售业巨子沃尔玛连锁店将埃克森—美孚石油公司拉下马,以 2189.12 亿美元的营收总额登上了美国乃至世界企业的第一把交椅。这是美国历史上服务业公司第一次成为《财富》500 强的龙头老大。1955 年,《财富》杂志开始给巨型企业排座次时,沃尔玛还根本不存在。1979
年,沃尔玛全年销售额才首次达到 10 亿美元,可到 1993 年,一周的销售额就达到
这个数,2001 年更是一天就予以完成。沃尔玛既不经营赚钱快的汽车、石油,更不
生产获利丰的飞机、大炮,而是靠出售廉价的零售百货,愣是在 40 年内"打遍天下
无敌手"。

沃尔玛公司起初只是美国阿肯色州本顿维尔镇的一家小商店,成立于 1962
年。但现在,每周有超过 2 亿名顾客和会员光顾沃尔玛在 27 个国家拥有的 69 个
品牌下的 10700 多家分店以及遍布 10 个国家的电子商务网站。2013 财政年度
(2012 年 2 月 1 日至 2013 年 1 月 31 日)的销售金额达到 4,660 亿美元,全球员工
总数超过 200 万名。

沃尔玛于 1996 年进入中国,在深圳开设了第一家沃尔玛购物广场和山姆会员
商店。目前沃尔玛在中国经营多种业态和品牌,包括购物广场、山姆会员商店、社
区店等,截至 2013 年 2 月 28 日,已经在全国 21 个省、自治区,4 个直辖市的 150 多
个城市开设了 390 多家商场,在全国创造了近 10 万个就业机会。

(二)沃尔玛的发展历程

1962 年山姆·沃尔顿创建公司,在阿肯色州本顿维尔镇开办第一家沃尔玛百
货商店

1969 年 10 月 31 日成立沃尔玛百货有限公司

1970 年在阿肯色州的本顿维尔镇成立了公司总部和第一家配送中心

1972 年沃尔玛公司股票获准在纽约证券交易所上市

1975 年山姆·沃尔顿受韩国工人的启发,引进了著名的"沃尔玛欢呼"

1983 年在俄克拉荷马州的中西部城市开设了第一家山姆会员商店

1987 年沃尔玛的卫星网络完成,是美国最大的私有卫星系统

1988 年首家沃尔玛购物广场在密苏里州的华盛顿开业

1990 年沃尔玛成为美国第一大零售商

1991 年沃尔玛商店在墨西哥城开业,沃尔玛开始进入海外市场

1993 年沃尔玛国际部成立,波比·马丁出任国际部总裁兼首席执行官

1993 年 12 月首次单周销售额达到 10 亿美元

1996 年通过成立合资公司进入中国

1997 年沃尔玛公司股票成为道琼斯工业平均指数股票,年销售额首次突破千
亿美元,达到 1,050 亿美元

1998 年首次引入社区店,在阿肯色开了三家社区店

1999 年员工总数达到 114 万人,成为全球最大的私有雇主

2000 年在《财富》杂志的"全球最受尊敬的公司"中排名第 5

2001 年在《财富》杂志"全美最受尊敬的公司"中排名第 3

2001 年单日销售创历史纪录,在感恩节次日达到 12.5 亿美元

2002 年在《财富》杂志的世界 500 强企业中位居榜首,"全美最受尊敬的公司"中排名第一

2003 年在《财富》杂志的世界 500 强企业中位居榜首,"全美最受尊敬的公司"中排名第一

2004 年 3 月 4 日在深圳召开其全球董事会会议

2010 财年(2009 年 2 月 1 日至 2010 年 1 月 31 日)在全球市场捐赠资金及物资累计超过 5.12 亿美元

2010 年《财富》杂志公布了美国五百强企业新榜单,全球最大零售商沃尔玛再次取代石油巨头埃克森美孚登上榜首

(三)创始人其人其事

山姆·沃尔顿(Sam Walton),沃尔玛公司的创始人,1918 年出生于阿肯色州本顿维尔镇。山姆小时候家境不富裕,这使他养成了节俭的习惯。1936 年,山姆进入密苏里大学攻读经济学学士学位,并担任过大学学生会主席。1940 年毕业时恰逢二次世界大战爆发,山姆毅然报名参军,在美国陆军情报部门服役。二战结束后,山姆回到故乡,他向岳父借了 2 万美元,和妻子海伦开了一家小店,学会了采购、定价、销售。这时山姆结识了来自纽约的一名厂商销售代理亨利·维尼尔,学到了定价第一课。山姆说:"亨利卖女裤,1 条只卖 2 美元。我们一直从同一地点购进同样的裤子,但 1 条卖 2.5 美元。我们发现,如果按亨利的卖价,裤子的销量会猛增。于是我学到了一个看似非常简单的道理:如果我用单价 80 美分买进东西,以 1 美元的价格出售,其销量竟然是以 1.2 美元出售的三倍!单从一件商品上看,我少赚了一半的钱,但我卖出了三倍的商品,总利润实际上大多了。"直到今天,他儿子对这一价格哲学也没有改变。

外表来看,山姆·沃尔顿是一个普通人。但他有着极强的竞争意识和冒险精神,他意识到,沃尔玛要想获得成功,除了为顾客提供低价位的商品之外,还必须超越顾客对优质服务的期望。山姆倾其毕生精力为此理念而不懈努力。他激励并鼓舞员工,并身体力行地实践他所倡导的一切。

山姆一直以勤奋、诚实、友善、节俭的原则要求自己。虽然他已在 1992 年去世,但随着沃尔玛业务的扩展,这些精神依然在不同的国家和文化中得以体现。

（四）沃尔玛的企业文化

在我们工作中,我们也严格遵守创办人山姆·沃尔顿先生提倡的十大成功原则。

第一,要成功就必须忠于你的事业。只有热爱工作,才会尽自己所能,把工作做到最好。并且可以通过对工作的热情,感染身边的每个人,也提高他们的效率。

第二,我们相信,一家企业必须与员工分享利润。对待员工要像对待伙伴一样,这样员工也会把企业当成自己的合伙人。

第三,要不断地激励员工。所谓激励,仅仅依靠金钱是不够的,我们必须想一些新的有趣的办法来激励员工,比如说设计一些有挑战性的目标。我们鼓励竞争,并且进行评分。

第四,我们尽可能和员工进行交流。员工知道越多,理解越深,他们对工作也就越关心,那么什么困难也不能阻拦他们。

第五,公司必须感激员工为公司做的每一件事。我们觉得,不管你是什么国家、什么背景、什么宗教信仰,当有人赞赏你的工作表现,你一定会感到非常高兴。我们公司会经常在适当的时机感激员工做出的贡献。

第六,提倡要庆祝每一次成功,而且要在失败中寻找乐趣。无论什么时候都要充满激情,要在工作中寻找乐趣。

第七,管理层必须听取员工的意见。尤其在零售业,零售业是关于人的行业,那最了解信息的往往是最基层的员工,也就是我们的店员。所以,听取他们的意见非常重要。

第八,我们必须超出顾客对我们的期望。这是我们一贯的努力方向。只要你做到这一点,你就可以不断地吸引顾客来你的店里,使销售额不断发展。

第九,我们必须比竞争对手更加节约成本。既然"天天平价"是我们对顾客的不变承诺,那为了实现这一承诺,就必须要有低成本。我们必须严格地控制开销,控制损耗。

第十,我们必须逆流而上、另辟蹊径,不要墨守成规。

二、沃尔玛的供应链管理

沃尔玛在零售业界之所以所向披靡,是因为它牢牢把握住了自己的核心竞争力,即快速高效的供应链管理。所谓供应链,就是围绕核心企业,通过对信息流、物流、资金流的控制,从采购原材料开始,制成中间产品以及最终产品,最后由销售网络把产品送到消费者手中,将供应商、制造商、分销商、零售商直到最终用户连成一个整体的功能网链结构。根据整个供应链的主导企业不同,将供应链分成 4 种形式,即厂商与零售商企业合作经营型;信息武装的批发业主导型;厂商与批发业合作经营型;大型零售业主导型。所谓大型零售企业主导型是凭借其资金、信息、渠道等优势,对整个供应链的运转和建立强有力的管理组织拥有主导权,而其他参与方如厂商、批发商等供应商处于从属的地位,各自承担一定的职责,共同努力满足消费者的需求。沃尔玛的供应链应属大型零售业主导型的供应链。

供应链是一个复杂的系统,要使它运转起来,必须有效地协调和管理,这就是供应链管理。一般的供应链管理主要涉及四个领域:供应、生产计划、物流、需求。沃尔玛的供应链管理可以简化为如图2-1所示:

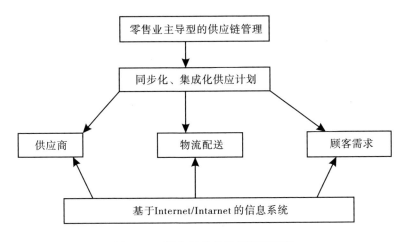

图2-1 沃尔玛的供应链管理流程

从图中可以看出,沃尔玛的供应链管理中,顾客需求、供应商和信息系统都是不可缺少的部分,但最主要的,即其核心就是物流配送。

(一)建立配送中心

二十世纪七十年代美国的配送渠道和技术限制了沃尔玛有效地满足消费者需求的能力。从商店发出订单到收到货物,这段时间往往要长达30天之久,而这在当时十分普遍——多数供应商也只能做到这一步而已。那时与一般的商店相比,沃尔玛确实处于劣势:因为沃尔玛的商店分布在乡村,远离传统的配送商的经营范围——大城市,没有人为他们把货品送到各地的商店去。这就是说,在沃尔玛发展的早期,就算想采用最基本的模式——管理者从供应商那里订购货品,然后到某一天从某一地驶来一辆大卡车把货品运来也不可能。

他们也考虑过请第三方的运输公司帮助运送货物,但是这样首先就牺牲了效率,而且价格很高。存货水平往往和消费者的需求不一致,要么缺货造成了销售的损失,要么积压不得不削价处理。为了保证这些商店的货品供应,他们不得不在配送方面和时间比赛。那时候他们还没有意识到,效率和规模效益将会成为他们最大的竞争优势之一,这一点在今天已经被沃尔玛强大的配送系统所实现。而正是在那个时候,他们开始放弃一般的直接运送货品到商店的方式,转向新的配送理念:集中管理的配送中心。

一个典型的例子就是"货品集合",即把所有的商店的货品需求集中成一个购买订单,然后统一在配送中心进行组合或者处理。另一个新的配送方法叫做"中转货仓",即在库房这边接受各种预定的集中订单,然后迅速地进行处理,将货物送到相关的商店。

目前,沃尔玛有 70 多家为美国本土商店服务的配送中心,这些配送中心是按照各地的贸易区域战略性地分布的,从任一个中心出发,汽车只需一天就能抵达它所服务的商店。在沃尔玛的商店里存储了超过 80 000 种商品,其库房可以在非常短的时间内补充商店 85% 的存货。这样,当沃尔玛的商店用计算机发出订单,到它的商品补充完毕,这个过程平均只需 2 天。具体过程可以图(2—2)示如下:

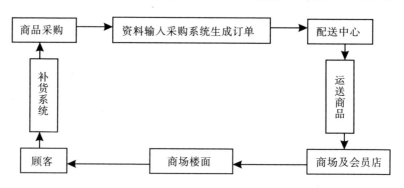

图 2—2 沃尔玛的配送流程

这种方式极大地节约了时间,并且使他们的灵活性大大增加。其实,单就节约的成本来看,他们花在配送中心的投资也是物有所值的。沃尔玛把货品送到商店的成本低于 3%,而其竞争对手做同样的事情一般要付出 4.5% 到 5%。那就是说,当沃尔玛以同样的价格零售同样的商品时,他们比竞争对手多得 2.5% 的利润。

沃尔玛中国市场总监在一次行业研讨会上动情地说:"你最好亲自到我们的自动化的配送中心来体验一下,有时候连我自己都不敢相信眼前的一切。让我来简要地描述一下:首先是一个面积为 110 000 平方英尺的建筑,相当于 23 个足球场那么大。你再把自己能够想象到的各种各样的商品都放进去,从牙膏到电视机,从卫生纸到玩具,应有尽有。"

在配送中心里,每件货品都贴有条形码,当一件商品储存进来或者运出去时,有一台计算机专门追踪它所处的方位和变动情况。配送中心有 600－800 名员工，提供 24 小时不间断的服务。这些商品通过长约 13.7 公里的激光控制的传送带在库房里进进出出。激光识别出物品上的条形码，然后把它引向正待当晚完成某家商店的定购任务的卡车。任务繁重的时候，这些传送带一天处理约 200 000 件商品。

"如果你想得到一个整体的印象，那么你必须明白，每天，同样的事情也同时在其他 29 个几乎完全相同的配送中心发生。"

沃尔玛公司共有六种形式的配送中心：第一种是"干货"配送中心，该公司目前这种形式的配送中心数量最多。第二种是食品配送中心，包括不易变质的饮料等食品以及易变质的生鲜食品等，需要有专门的冷藏仓储和运输设施直接送货到店。第三种是山姆会员店配送中心，这种业态批零结合，有三分之一的会员是小零售商，配送商品的内容和方式同其他业态不同，使用独立的配送中心。由于这种商店 1983 年才开始建立，数量不多，有些商店使用第三方配送中心的服务。考虑到第三方配送中心的服务费用较高，沃尔玛公司已决定在合作期满后用自行建立的山姆会员店配送中心取代。第四种是服装配送中心，不直接送货到店而是分送到其他配送中心。第五种是进口商品配送中心，为整个公司服务，主要作用是大量进口以降低进价再根据要货情况送往其他配送中心。第六种是退货配送中心，接收店铺因各种原因退回的商品，其中一部分退给供应商，一部分送往折扣商店，一部分就地处理，其收益主要来自出售包装箱的收入和供应商支付的手续费。

（二）加强供应链管理

"供应链的优化，物流的点对点无缝链接的追求"是沃尔玛成功的秘诀。上述庞大高效的配送中心的建立，是沃尔玛供应链的核心，除此之外，沃尔玛还注重以下几个方面：

1.将顾客需求当做供应链管理上的重要环节

沃尔玛的供应链管理是典型的拉动式供应链管理，即以最终顾客的需求为驱动力，整个供应链的集成度较高，数据交换迅速，反应敏捷。

零售业是直接与最终消费者打交道的行业，顾客决定一切，如果企业不以满足消费者需要为中心是无法生存下去的。这一点沃尔玛公司理解得最为透彻。以推销员出身的沃尔玛创始人山姆，深知顾客真正需要什么，因此从在小镇最初经营杂货业，到后来转而经营折扣百货业，山姆一直坚持低价位，标准化服务，坚持以乡村小镇为基地，都是遵循了顾客第一和让顾客满意原则的结果。

"让顾客满意"排在沃尔玛公司目标的第一位，"顾客满意是保证我们未来成功与成长的最好投资",是公司的基本经营理念。

公司为顾客提供"无条件退货"保证和"高品质服务"的承诺,绝不只是一句口号。在美国只要是从沃尔玛购买的商品,无任何理由,甚至没有收据,沃尔玛都无条件受理退货。高品质服务意味着顾客永远是对的。在沃尔玛每周都进行顾客期望和反映的调查,管理人员根据电脑信息系统收集的信息,以及通过直接调查收集到的顾客期望即时更新商品的组合,组织采购,改进商品陈列摆放、营造舒适的购物环境,使顾客在沃尔玛不但买到称心如意的商品,而且得到满意的全方位的购物享受。

只要有关顾客利益,沃尔玛总站在顾客的一边,尽力维护顾客的利益。这一点反映在与供应商的关系上尤为突出。沃尔玛始终站在消费者采购代理的立场上,苛刻地挑选供应商,顽强地讨价还价,目的就是做到在商品齐全,品质有保证的前提下向顾客提供价格低廉的商品。为此,公司要求采购人员必须强硬,因为他们不是为公司讨价还价,而是为所有顾客讨价还价,为顾客争取到最好的价钱,而不必对供应商感到抱歉。沃尔玛不搞回扣,不需要供应商提供广告服务,也不需要送货,这一切沃尔玛自己会搞定,唯一要的就是得到最低价。

2.整合供应商关系,优化供应链的最前端

无论是生产企业还是零售企业,作为其完整的供应链是可以扩展到供应商企业内部,但真正能够做到上游供应商企业内部去优化自身供应链的企业当今世界还是不多。也并不是所有企业可以借鉴的。如戴尔通过自己提供信息平台约束引导供应商,IBM通过自身的强势购买地位强制供应商。沃尔玛同样也是如此,但从这个形成过程,需要打破原有的链条重构新的供应链,这个过程时非常艰难的。沃尔玛的完成主要通过两个途径,一是通过购买渠道约束,另外就是通过系统平台的共享,好像是兼有了IBM与戴尔的方式。

早在80年代,沃尔玛采取了一项政策,要求从交易中排除制造商的销售代理,直接向制造商订货,同时将采购价降低2%—6%,大约相当于销售代理的佣金数额,如果制造商不同意,沃尔玛就拒绝与其合作。如一直有"自我扩张欲的家伙"之称的宝洁,曾企图控制沃尔玛对其产品的销售价格和销售条件,沃尔玛也不示弱,针锋相对,威胁终止宝洁公司产品的销售或留给其最差的货价位置,彼此之间没有信息共享,没有合作计划,没有系统的协调。沃尔玛的冒天下之大不韪造成和供应商关系紧张,一些供应商为此还在新闻界展开了一场谴责沃尔玛的宣传运动。80年代末期,技术革新提供了更多督促制造商降低成本、削减价格的手段,供应商开始全面改善与沃尔玛的关系,通过网络和数据交换系统,沃尔玛与供应商共享信息,从而建立伙伴关系。沃尔玛与供应商努力建立关系的另一做法是在店内安排适当的空间,有时还在店内安排供制造商自行设计布置自己商品的展示区,以在店内营造更具吸引力和更专业化的购物环境。经历了阵痛的过程,沃尔玛的方式逐步被供应商所接受。沃尔玛还有一个非常好的系统,可以使得供货商们直接进入到沃尔玛的系统,沃尔玛叫做零售链接。任何一个供货商可以进入这个系统当中来了解他们的产品卖得怎么样,昨天、今天、上一周、上个月和去年卖得怎么样。他们可以知道这种商品卖了多少,而且他们可以在 24 小时之内就进行更新。供货商们可以在沃尔玛公司每一个店当中,及时了解到有关情况。一位供应商说,进入沃尔玛的供应商系统要求很高,但一旦进入后,就会有很多的好处。比如,沃尔玛会直接向企业提供有关生产标准、包装标准。企业还可以通过沃尔玛的"销售链系统"在自己的电脑上就能够看到商品销售和需要补货的情况。

3.建立高效灵敏的信息系统,达到供应链技术升级

在供应链的构建中,是否有信息系统支持直接决定了有效供应链的范围,因此沃尔玛在建立配送中心,发展会员店全球布局扩张的同时也积极地建立高效的信息系统。为了实现这一目标,沃尔玛建立了全美国第二大的电脑处理系统,并耗资数亿美元委托休斯公司发射了一颗专用通信卫星。沃尔玛的各个店铺内都安装有卫星接收器。当一个消费者在店内进行交易时,年龄、住址、邮政编码、购物品牌、数量规格、消费总额等一系列基础商业数据均被记录,纳入整体销售状况的企业信息动态分析系统。所有门店通过全球网络可在 1 小时之内对每种商品的库存、上架、销售量全部盘点一遍。所以在沃尔玛的门店,不会发生缺货情况。

20 世纪 80 年代末,沃尔玛开始利用电子交换系统(EDI)与供应商建立了自动订货系统,该系统又称为无纸贸易系统。通过网络系统,向供应商提供商业文件、发出采购指令,获取收据和装运清单等,同时也让供应商及时准确把握其产品的销售情况。沃尔玛还利用更先进的快速反应系统代替采购指令,真正实现了自动订货。该系统利用条码扫描和卫星通信,与供应商每日交换商品销售、运输和订货信息。凭借先进的电子信息手段,沃尔玛做到了商店的销售与配送保持同步,配送中心与供应商运转一致。

沃尔玛从 2005 年 1 月份开始引进无线标签,目前,沃尔玛正在紧张地进行准备工作。无线标签是供应链管理的利器,是一种非接触式的自动识别技术,它通过射频信号自动识别目标对象并获取相关数据,识别工作无须人工干预,可工作于各种恶劣环境。无线标签技术可识别高速运动物体并可同时识别多个标签,操作快捷方便,其识别距离可达数十米之远。无线标签是由芝麻粒大小的无线通信 IC 和

天线组成的模块。标签中一般保存有约定格式的电子数据,在实际应用中,无线标签附着在待识别物体的表面。阅读器可无接触地读取并识别电子标签中所保存的电子数据,从而达到自动识别体的目的。通过阅读器所读取的标签信息被传送到电脑上进行下一步处理。通过给商品和货物分配固定的 ID 编号后用于物流管理等领域。对于沃尔玛来说,无线标签系统可以使其供应链的透明度大大提高,数以亿计的商品能在供应链的任何地方被实时地追踪,同时消除了以往各环节上的人工错误。安装在工厂、配送中心、仓库及商场货架上的阅读器能够自动记录物品在整个供应链的流动,从生产线到最终的消费者。如果无线标签计划成功的话,沃尔玛本来就闻名于世的供应链管理又要往前迈开一大步。一方面,可以通过无线标签技术来完善物流过程中的监控,减少物流过程中不必要的环节及损失,改进其供应链结构,最大限度地降低流通环节的成本,取得对竞争者的相对优势。同时,通过对最终销售实现的监控,无线标签也可以把消费者的消费偏好及时地报告出来帮助沃尔玛调整优化商品结构。

4.优化供应链终端,建立沃尔玛的补货系统,完成供应链的最后构建

作为供应链前端,链条以及信息技术核心完成后,更加灵活的补充就是补货系统,建立一个灵敏的终端。作为生产企业或其他物流企业这个环节并不是很明显,但作为生产零售企业补货将决定者顾客的信心。现在在每一个商店都有这样的系统,包括在中国的商店。它使得沃尔玛在任何一个时间点都可以知道,现在这个商店当中有多少货品,有多少货品正在运输过程当中,有多少是在配送中心等。同时它也使沃尔玛可以了解,沃尔玛某种货品上周卖了多少,去年卖了多少,而且可以预测沃尔玛将来可以卖多少这种货品。

沃尔玛的自动补货系统采用条形码(UPC)技术,射频数据通讯(RFDC)技术,电脑系统可以自动分析并建议采购量,可以自动向商场经理来订货,这样就更加准确、高效,降低了成本,加速了商品流转以满足顾客需要。经理们在商场当中走一走,然后看一看这些商品,选到其中一种商品,对它扫描一下产品条码,就知道现在商场当中有多少这种货品,有多少订货,而且知道有多少这种产品正在运输到商店的过程当中,会在什么时间到,所有关于这种商品的信息都可以通过扫描这种产品代码得到,不需要其他的人再进行任何复杂的汇报。这个系统每天提供的这种信息,都下载到沃尔玛的世界各地的办公室当中,世界各地的这些信息又都可以传送到沃尔玛的总部当中。只要有一个人进行订单,沃尔玛就通过这种电子方式来和供货商进行联系。

为了保证补货及时,沃尔玛不仅在自己的配送中心储存更多的商品,而且不失

时机地扩大了他们自己的车队的规模。沃尔玛的车队规模在全美名列前茅,包括
2 000多辆牵引车头,1万多个拖车车厢,5 000名员工,3 700名司机,车队每年运
输次数达7.7万辆次,并创下了310万公里无事故记录。车队采用电脑进行车辆
调度并通过全球卫星定位系统对车辆进行定位跟踪。许多大连锁公司,包括凯玛
特和塔吉特,都是将运输工作包给专业货运公司,以为这样可以降低成本,但沃尔
玛一直坚持拥有自己的车队和自己的司机,以保持灵活性和为一线商店提供最好
的服务。沃尔玛通常每天一次为每家分店送货,而凯玛特平均5天一次;沃尔玛的
商店通过电脑总部订货,平均只需两天就可以补货,如果急需,则第二天即可到货。
这使得沃尔玛在其竞争对手不能及时补货时,而其货架总是保持充盈,从而赢得竞
争优势。沃尔玛的车队还采用一系列科学的合理的运输策略,如满车(柜)运输,散
货装车,晚间送货,按预约准时送货,以及配送中心提供回程提货运输折扣,供应商
按订单要求备货和按预约时间准时送货,同时降低了沃尔玛和供应商的运营成本。

沃尔玛通过构建一个点对点无缝链接的供应链,不仅降低了成本,而且有效地
掌握控制商品的情报,从而形成了独一无二的竞争力。

第三节 案例分析

一、配送中心的建立,给沃尔玛带来了巨大的效益

(一)沃尔玛全球组织结构的集中化,使得规模效益的优势凸现,集中批量采
购、统一配送,从而获得优惠的价格。沃尔玛是将原有的制造业一并带入伙伴关
系,宝洁、雀巢的产品价格也是在生产线上就已经定下来的。其推行的"天天低价"
经营原则,使商品价格平均比国内零售企业便宜5%,且以批发的形式各自集纳了
数万会员制客户。沃尔玛的部分国际品牌商品的价格优势尤其明显。这一点不是
表现在价格标签上,而体现在其所取得的采购回扣上。比如美国宝洁公司对中国
国内各商家的供货价格是一致的,但作为宝洁公司的最大客户,沃尔玛每年均可在
美国宝洁公司总部取得可观的采购佣金。

(二)灵活高效的物流配送系统是沃尔玛达到最大销售量和低成本的存货周转
的核心。配送中心起中枢作用,将供货商向其提供的产品运往各商场。从工厂到
上架,实行"无缝链接",平滑过渡。供货商只需将产品提供给配送中心,无须自己
向各商场分发。这样,沃尔玛的运输、配送以及对于订单与购买的处理等所有的过
程,都是一个完整的网络当中的一部分,可以大大降低成本。沃尔玛美国配送中
心,分别服务于美国18个州约2 500间商场,配送中心约占地100,000平方米。整

个公司销售商品 85% 由这些配送中心供应,而其竞争对手只有约 50%—65% 的商品集中配送。如今,沃尔玛在美国拥有 100% 的物流系统,配送中心已是其中一小部分,沃尔玛完整的物流系统不仅包括配送中心,还有更为复杂的资料输入采购系统、自动补货系统等。

快捷的配送系统使得沃尔玛的各分店即使维持少数存货,也能保持正常销售,从而大大节省了存贮空间和存货成本。美国经济学家斯通博士在对美国零售企业的研究中发现,在美国的三大零售企业中,商品物流成本占销售额的比例在沃尔玛是 1.3%,在凯马特是 3.5%,在希尔斯则为 5%。如果年销售额都按 1 000 亿美元计算,沃尔玛的物流成本要比凯马特少 22 亿美元,比希尔斯少 37 亿美元,数额相差惊人。

二、沃尔玛供应链上的几大要素

(一)消费者需求始终是沃尔玛供应链上最重要的环节

"让顾客满意"是沃尔玛公司的首要目标,"顾客满意是保证未来成功与成长的最好投资",这是沃尔玛数十年如一日坚持的经营理念。为此,沃尔玛为顾客提供"高品质服务"和"无条件退款"的承诺绝非一句漂亮的口号。在美国只要是从沃尔玛购买的商品,无需任何理由,甚至没有收据,沃尔玛都无条件受理退款。沃尔玛每周都有对顾客期望和反映的调查,管理人员根据电脑信息系统收集信息,以及通过直接调查收集到的顾客期望即时更新商品的组合,组织采购,改进商品陈列摆放,营造舒适的购物环境。

(二)供应商参与了供应链的形成过程,对企业的经营效益举轻若重

供应商是沃尔玛唇齿相依的战略伙伴。早在 80 年代,沃尔玛采取了一项政策,要求从交易中排除制造商的销售代理,直接向制造商订货,同时将采购价降低 2%—6%,大约相当于销售代理的佣金数额,如果制造商不同意,沃尔玛就拒绝与其合作。沃尔玛的冒天下大不韪之举造成和供应商关系紧张,一些供应商为此还在新闻界展开了一场谴责沃尔玛的宣传运动。直到 80 年代末期,技术革新提供了更多督促制造商降低成本、削减价格的手段,供应商开始全面改善与沃尔玛的关系,通过网络和数据交换系统,沃尔玛与供应商共享信息,从而建立伙伴关系。沃尔玛与供应商努力建立关系的另一做法是在店内安排适当的空间,有时还在店内安排供制造商自行设计布置自己商品的展示区,以在店内营造更具吸引力和更专业化的购物环境。

(三)配送设施是沃尔玛成功的关键之一

沃尔玛前任总裁大卫·格拉斯曾说过:"配送设施是沃尔玛成功的关键之一,

如果说我们有什么比别人干得好的话,那就是配送中心。"沃尔玛第一间配送中心于 1970 年建立,占地 6 000 平方米,负责供货给 4 个州的 32 间商场,集中处理公司所销商品的 40%。随着公司的不断发展壮大,配送中心的数量也不断增加。沃尔玛美国配送中心,分别服务于美国 18 个州约 2 500 间商场,配送中心约占地 100 000 平方米。整个公司销售商品 85% 由这些配送中心供应,而其竞争对手只有约 50%—65% 的商品集中配送。

(四)信息共享是实现供应链的基础

供应链的协调运行是建立在各个环节主体间高质量的信息传递与共享的基础上。沃尔玛投资 4 亿美元由体斯公司发射了一颗商用卫星,实现了全球联网。沃尔玛所有门店通过全球网络可在 1 小时之内对每种商品的库存、上架、销售量全部盘点一遍。所以在沃尔玛的门店,不会发生缺货情况。80 年代末,沃尔玛开始利用电子交换系统(EDI)与供应商建立了自动订货系统,该系统又称为无纸贸易系统,通过网络系统,向供应商提供商业文件、发出采购指令,获取收据和装运清单等,同时也让供应商及时准确把握其产品的销售情况。沃尔玛还利用更先进的快速反应系统代替采购指令,真正实现了自动订货。该系统利用条码扫描和卫星通信,与供应商每日交换商品销售、运输和订货信息。凭借先进的电子信息手段,沃尔玛做到了商店的销售与配送保持同步,配送中心与供应商运转一致。

三、对国内企业的启示

供应链变得日益重要,尽管沃尔玛的经验有其特殊性,比如:它是一家连锁商业零售企业,生产部门本来就不是它的强项,但是,透过表面的现象可以发现,沃尔玛的成功与其说是优秀的商业模式或者先进的信息技术应用,不如说是沃尔玛对自身的"商业零售企业"身份的超越。

这种超越来自两个方面:首先,沃尔玛不仅仅是一家等待上游厂商供货、组织配送的纯粹的商业企业,而且也直接参与到上游厂商的生产计划中去,与上游厂商共同商讨和制订产品计划、供货周期,甚至帮助上游厂商进行新产品研发和质量控制方面的工作。这就意味着沃尔玛总是能够最早得到市场上最希望看到的商品,当别的零售商正在等待供货商的产品目录或者商谈合同时,沃尔玛的货架上已经开始热销这款产品了。

其次是沃尔玛高水准的客户服务,沃尔玛能够做到及时地将消费者的意见反馈给厂商,并帮助厂商对产品进行改进和完善。过去,商业零售企业只是作为中间人,将商品从生产厂商传递到消费者手里,反过来再将消费者的意见通过电话或书面形式反馈到厂商那里。看起来沃尔玛并没有独到之处,但是结果却差异很大。

原因在于,沃尔玛能够参与到上游厂商的生产计划和控制中去,因此能够将消费者的意见迅速反映到生产中,而不是简单地充当二传手或者电话话筒。

有经济学者指出,沃尔玛的思路并不复杂,但多数商业企业更多的是"充当厂商和消费者的桥梁",缺乏参与和控制生产的能力。也就是说,沃尔玛的模式已经跨越了企业内部管理(ERP)和与外界沟通的范畴,而是形成了以自身为链主,链接生产厂商与顾客的全球供应链。而这一供应链正是通过先进的信息技术来保障的,这就是它的一整套先进的供应链管理(SCM)系统。离开了统一、集中、实时监控的供应链管理系统,沃尔玛的直接"控制生产"和高水准的"客户服务"将无从谈起。

沃尔玛的成功经验可能对我国相当多的企业有点"望洋兴叹"的感觉,且不说沃尔玛拥有自己的卫星和遍布全球的大型服务器,仅仅是沃尔玛的每一台货物运输车辆上都拥有卫星移动计算机系统这一点,我国企业就难以效仿。同样,维持这一庞大网络的 IT 投入和升级管理费用也并不是多数企业可以承担的。

这是否就意味着我们只能面对沃尔玛的优势而放弃努力呢?当然不是。一方面,我国已经有不少企业正在加紧信息化建设,其中有部分企业也在实施和应用供应链管理系统,但收效却很难与沃尔玛相比。原因在于某些供应链管理软件更多的是由 IT 技术人员和程序员来开发,而代表了世界先进水平的管理思想和理念却很难模仿。因此,我国企业应当尽可能地采用世界先进的供应链管理软件,在管理思想和信息化技术方面,我们应该承认与世界先进水平的差距。

另一方面,我国企业在构建全国范围内的供应链管理系统时,可能会遇到经验、人员、资金上的困难,更多的情况是面临着国内企业整体信息化程度不高的问题。一个比较理想的解决办法是:采用外包的供应链管理"平台"服务,即企业主要关注自身的业务发展,而将自己不擅长的 IT 专业技术、管理软件、服务器网络、维护升级等工作交给专业化的"平台"服务供应商去做。供应链外包好处多,不仅仅是商业企业,已经有越来越多的其他行业的企业正在从供应链管理中收获巨大的效益,例如 DELL、可口可乐、海尔等。通过 IT 技术构建起的基于 Internet 的供应链管理系统,企业正在突破 ERP 仅仅管理企业内部的局限性,形成以自己为主、以供应商为后盾的生产采购一条龙,共同为消费者提供更优良的产品和服务。

目前,这样的供应链管理"平台"服务供应商已经悄然在我国出现。如,国内某供应链管理平台服务供应商推出的名为"齐赢先锋"的产品已经得到了国内多家大型企业的高度评价和合作意向。据了解,一些企业在最初组建自己的供应链管理系统时,就面临着供应商信息化程度参差不齐、难以纳入统一的管理体系的困难。

采用基于 SAP 等国际先进技术和管理思想的国通"齐赢先锋"供应链管理平台,企业除了投入少、无须购置管理软件和硬件设备以外,更是一步跨入了世界先进的供应链管理的技术平台,取得了与世界跨国企业集团的对话资格。同时,企业和它们的所有供应商都能够更好地使用到同样的公共平台服务,对供应商的培训和技术支持等专业服务都完全交由专业化的"第三方"去做,又为企业节省了大量的人力和物力,可谓一举多得。

在"沃尔玛现象"而引发的全球供应链管理系统建设潮流中,为我国企业提供从国外先进的管理软件到巨型服务器集群的"平台"式服务的出现,也使我们再一次感受到,我国正在迎来一个供应链管理的盛餐时代。但是在我国企业运用供应链管理时应注意与中国国情相结合,笔者认为,尤其以下几个方面值得关注:

其一,应对企业加强诚信教育,净化社会环境。一条供应链上的企业应建立新型的互相合作、共生共荣的双赢(WIN-WIN)的伙伴关系。但是我国尚处于市场体系不健全的阶段,企业之间的诚信度不够。如有些企业把向供应商过分压价作为自己高额利润的来源,而供应商也隐瞒自己的真实成本,变相提价,双方利用信息不对称,不断进行"价格博弈"。而且双方都把自己掌握的信息作为自己的私有财产,进行封锁保密,不与贸易伙伴共享,这样就增加了双方获取信息的成本并且提高了商品成本,使商品竞争力下降。实行供应链管理则要求合作伙伴之间以诚相待,信息共享,企业帮助供应商了解市场,了解消费者需求,供应商根据市场需求调整自己的生产,这样才能加快存货的流动,降低商品成本。

其二,目前供应链管理还只能在行业中的龙头企业或较有影响力的企业中实行。实施供应链管理需要准备充足的人力、物力、财力,而且投入大,不是一朝一夕就能完成的,需要足够的资金来获取强大的技术保障。企业之间通过 AIDC 技术,实现数据的自动、安全采集,通过利用 EDI 等信息通信技术将处理后的数据信息进行传递从而实现准确、快速的交易。同时,企业还要有良好的商誉才能获得贸易伙伴的信任和支持,从而建立一条供应链,并成为"链主"。所以,只有在行业中有相当的规模和主导地位,才有足够的影响力和号召力实施供应链管理,而我国很多企业受到硬件设施、企业人才、社会环境等方面的限制。

其三,进行企业结构治理和企业流程再造。实行供应链管理就要求企业组织结构和运作模式适应企业内外管理的需要,通过企业内部各职能部门的综合和协调,最大限度地满足企业外部关联方的需求,实现高速高效运转。企业一定要有创新的管理团队、很好的企业文化和沟通机制。一方面是企业内部的部门之间的协调,另一方面是供应商、分销商、服务提供商之间的协同,而这一点在我国企业身上表现得比较薄弱。企业内部各部门之间责任不明,相互扯皮,机构设置重复,效率低下的现象时有发生。

其四,实施供应链管理需要专业化的支持。一般说来,根据国外成功的供应链管理经验,一个企业从传统的管理模式向电子供应链管理模式转变需要 3—5 年时间,在这么长的过程中,需要专业顾问公司和技术伙伴来与企业一同进行改造。这样有助于企业少走弯路,节约实施成本。

【思考题】

1.什么是供应链管理?什么是及时性管理?两者是一回事吗?

2.沃尔玛在存货管理方面有什么独到的做法?

3.沃尔玛的供应链管理在本土化过程中可能遇到的困境有哪些?

4.国内企业如何借鉴沃尔玛的存货管理经验?在借鉴过程中应克服的困难有哪些?

第三章

投资项目的估测与评价
——泰和重工新建福星特种异型钢公司案例

教学内容与目标

　　项目投资决定了公司的经营效率,决定了公司资产创造现金流量的能力,项目投资的决策方法是分析投资项目的现金流量,根据现金流量风险确定折现率水平,计算决策指标并判断项目的可行性。本章主要内容包括项目投资的基础知识、投资项目的决策指标、投资项目中投资与效益的估算、投资项目财务可行性分析等。

　　通过本章学习,理解项目投资的概念,了解投资项目可行性分析,投资环境评价和投资方向选择,掌握项目投资的现金流量分析技术,熟悉决策指标的计算和运用。

第一节　知识准备

一、项目投资概述

　　项目投资是指公司的生产性长期资产投资。生产性长期资产投资又称资本预算,是指能形成企业生产能力的固定资产、无形资产等直接长期投资。实践中,生产性长期资产投资以投资项目的形式进行管理,因此被标作项目投资。

　　(一)项目投资的主体及其分类

　　投资主体是指从事投资活动,具有一定资金来源,享有投资收益的权、责、利三权统一体。投资主体是三权的统一体,包括决策主体(拥有投资决策权)、责任主体

（承担政治、法律、社会道德等风险）、利益主体［享受收益权（包括盈利性的收益和非盈利性的收益）］，投资主体的实质是经济要素所有权在投资领域的人格化。

项目投资的主体按照不同的标志，有不同的分类：

1.根据体现的法律关系不同，分为：自然人投资主体（个人或家庭）；法人投资主体（企业法人、事业法人等）。

2.根据是否拥有经营项目的经营权，分为：直接投资主体；间接投资主体。

3.根据投资主体在整个国民经济的地位和层次，分为：中央政府投资主体——国税、国债；全局利益；以社会公平、稳定、就业为宗旨；地方政府投资主体——地税；地方利益；进行地区性投资；企事业单位投资主体——进行行业性投资；局部利益；以利润最大化为目标；个人投资主体——从自身利益出发，以资金的增值为目的。

（二）项目投资的期间

项目计算期，是指投资项目从投资建设开始到最终清理结束整个过程的全部时间，包括建设期和运营期（具体又包括投产期和达产期）。

建设期，是指项目资金正式投入开始到项目建成投产为止所需要的时间，建设期的第一年初称为建设起点（记作第 0 年），建设期的最后一年末称为投产日（记作第 s 年）。在实践中，通常应参照项目建设的合理工期或项目的建设进度计划合理确定建设期。项目计算期的最后一年年末称为终结点（记作第 n 年），假定项目最终报废或清理均发生在终结点（但更新改造除外）从投产日到终结点之间的时间间隔称为运营期，又包括试产期和达产期（完全达到设计生产能力）两个阶段。试产期是指项目投入生产，但生产能力尚未完全达到设计能力时的过渡阶段。达产期，是指生产运营达到设计预期水平后的时间。运营期一般应根据项目主要设备的经济使用寿命期确定。

项目计算期（n）、建设期（s）和运营期（p）之间存在以下关系：

项目计算期 n＝建设期 s＋运营期 p

二、项目投资的类型

1.扩张性项目，是指为扩大经营业务范围而购置新的机器设备。这种项目通常会增加企业的经营现金流入。

2.重置性项目，是指替换现有的机器设备。这种项目通常不会增加企业的经营现金流入。

3.强制性项目，是指法律要求的项目，包括为确保工作现场安全、消费者安全和保护环境而实施的项目。这些投资通常不直接产生经营现金流入，而使企业在履行社会责任方面的形象得到改善。它们也有可能减少未来的现金流出。

4.其他项目,包括新产品研发投资、专利权投资、土地投资等。这些项目通常不直接产生现金的经营现金流入,而得到一项选择权。

三、项目投资的意义

(一)从宏观的角度看,项目投资有以下两方面积极意义:

1.项目投资是实现社会资本积累功能的主要途径,也是扩大社会再生产的重要手段,有助于促进社会经济的长期可持续发展。

2.增加项目投资,能够为社会提供更多的就业机会,提高社会总供给量,不仅可以满足社会需求的不断增长,而且会最终拉动社会消费的增长。

(二)从微观的角度看,项目投资有以下三个方面的积极意义:

1.增强投资者技术经济实力。投资者通过项目投资,扩大其资本积累规模,提高其收益能力,增强其抵御风险的能力。

2.提高投资者创新能力。投资者通过自主研发和购买知识产权,结合投资项目的实施,实现科技成果的商品化和产业化,不仅可以不断地获得技术创新和利润,而且能够为科技转化为生产力提供更好的业务操作平台。

3.提升投资者市场竞争能力。市场竞争不仅是人才的竞争、产品的竞争,而且从根本上说是投资项目的竞争。一个不具备核心竞争能力的投资项目,是注定要失败的。因而,无论是投资实践的成功经验还是失败的教训,都有助于促进投资者自觉按市场规律办事,不断提升其市场竞争力。

四、项目投资的财务决策程序

1.预测投资项目的现金流量,包括建设期的现金流出量和营运资金的垫支,经营期的现金流入量和项目结束时的回收额。

2.根据投资项目现金流量的风险,确定折现率水平。

3.计算决策指标,包括考虑时间价值的折现指标,如净现值、现值指数和内含报酬率等;不考虑时间价值的非折现指标,如投资回收期和会计收益率等。

4.根据决策规则对投资方案进行择优或排序。对于互斥方案,通常以价值型指标择优;对于独立方案,通常以比率型指标排序。

五、投资项目可行性研究

(一)投资项目可行性研究的意义

1.投资项目可行性研究的概念

投资项目可行性研究就是对拟议投资项目经济上的合理性、技术上的可行性进行分析、论证与判断。

2.投资项目可行性研究的任务

(1)研究投资项目的必要性。众所周知,投资总是在一定的环境中进行的,因此投资项目的必要性除了企业意愿外,主要决定于投资项目的自然环境、经济环境、社会文化环境等投资环境条件的拟合性。其拟合情况主要通过分析投资项目与上述投资环境条件要素之间的关系是否协调加以判断,其中最主要的是判断企业投资是否适合市场需求的现状及其发展变化趋势。换句话说,只要符合投资环境条件要素,特别是符合市场需求的投资项目,才具有投资的必要性。

(2)研究投资项目的可行性或可能性。投资项目的可行性或可能性又需从技术和经济两个方面来进行。一方面由于投资项目技术和生产技术的不同选择,不仅决定着投资项目投资实施过程能否顺利进行,而且决定着项目建成投产后的生产经营活动与企业的竞争能力。因此在技术方面要研究投资项目所选择的技术目标是否是先进性、适用性与可靠性的有机统一,换句话说,只有当投资项目的技术目标是先进性、适应性与可靠性的有机统一时,才能说明企业投资项目具有技术上的可行性。另一方面,对于企业来说,投资的一个重要目的是为了实现其微观经济效益,因而在经济方面要研究投资项目能否获得及怎样获得合一的经济效益,换句话说,只有当企业投资项目能够获得合意的经济效益时,才能说明这个具有经济上的合理性。

(二)投资项目可行性研究的依据

1.与公司投资活动相关的立法,如:公司法,各种税法等;

2.政府的各项政策与规定,如:产业政策,税收政策,信贷政策,环保条例,劳动保护条例,政府有关建筑设计方面的标准及预算定额等;

3.公司投资项目建议书;

4.公司委托进行投资项目可行性研究的合同或协议;

5.公司拟投资地区环境现状资料;

6.公司与各协作单位的合同或协议;

7.市场调查报告;

8.主要工艺与装置的技术资料;

9.试验试制报告;

10.自然、社会、经济方面的资料。

(三)投资项目可行性研究的工作步骤及具体内容

1.根据我国现行制度规定,投资项目建议书一般包括以下内容:

(1)投资项目的必要性和主要依据。

(2)市场预测。包括国际与国内市场的现状、发展趋势预测,销售与价格预测。

（3）拟议投资的规模和投资方向（产品方案）。包括对投资规模的分析,对投资方向决定的产品方案是否符合产业政策和市场需求的分析。

（4）投资地点的选择。包括对拟选投资地点和所选投资方向有直接影响的投资环境要素,如自然条件、社会条件、资源条件、经济条件等影响的初步评价,以及对投资地点是否符合国家生产力地区布局要求的初步判断。

（5）主要技术、工艺的设想。

（6）投资测算与筹资方案。包括对投资额及其依据的确定,选择投资来源、投资偿还措施与方式的打算,以及对垫底营运资本数额的估算。

（7）投资周期预计。

（8）投资效益预计。包括对投资收益率、投资回收期、投资净现值、投资贷款偿还期等指标的粗略测算。

2.详细可行性研究及其内容

详细可行性研究是公司投资过程的重要阶段,它是在投资决策前,根据初步可行性研究的结果,在调查与预测的基础上,对拟议投资项目进行系统的深入的技术经济分析与论证的科学方法和工作阶段。

六、投资项目的现金流量和决策指标

（一）投资项目的现金流量

1.投资项目现金流量的含义

投资项目的现金流量指接受或拒绝一个投资项目引起公司现金流入和现金流现的数量。这里的现金,是广义的现金,泛指各种货币资产和非货币资源的变现价值。

（1）现金流出量（CFO）:现金流出量是指能够使投资方案的现实货币资金减少或需要动用的现金数量,新建项目的现金流出量包括:

①建设投资。指在建设期内按一定生产经营规模和建设内容进行的固定资产投资、无形资产投资和开办费投资等项投资的总称,它是建设期发生的主要现金流出量。

②营运资金投资。是指有关项目所发生的用于生产经营期周转使用的营运资金投资,又称为垫支流动资金。

（2）现金流入量（CFI）:现金流入量指能够使投资方案的现实货币资金增加的项目,简称现金流入。新建项目的现金流入量包括。

①营业现金流入:营业现金流入=营业收入-付现成本

付现成本=营业成本-非付现成本

营业现金流入＝营业收入－(营业成本－非付现成本)＝营业利润＋非付现成本

②回收固定资产余值。指投资项目的固定资产在终结点报废清理或中途变价转让处理时所回收的价值。

③回收流动资金。主要指新建项目在项目计算期完全终止时因不再发生新的替代投资而回收原垫付的全部流动资金投额。

(3)现金净流量:现金净流量指一定期间现金流入量和现金流出量的差额。这里的一定期间,有时指一年内,有时指投资项目持续的整个年限内。流入量大于流出量时,净流量为正;反之,净流量为负。

(二)现金流量的作用

1.现金流量信息所揭示的未来期间现实货币资金收支运动,可以序时动态地反映项目投资的流向与回收之间的投入产出关系。

2.利用现金流量指标代替利润指标作为反映项目效益的信息,可以摆脱在贯彻财务会计的权责发生制时必然面临的困境。

3.利用现金流量信息,排除了非现金收付内部周转的资本运动形式,从而简化了有关投资决策评价指标的计算过程。

4.由于现金流量信息与项目计算期的各个时间点密切结合,有助于在计算投资决策评价指标时,应用资金时间价值的形式进行动态投资效果的综合评价。

(三)现金流量分析应注意的问题

1.现金流量分析需要公司多个相关部门的参与。

2.只有增量现金流量才是决策相关的现金流量。

增量现金流量是指接受或拒绝某个投资方案后,公司总现金流量因此而发生变动的数量。

(1)区分相关成本与非相关成本:相关成本是指与特定决策有关,在分析评价时必须加以考虑的成本,相关成本包括差额成本、未来成本、重置成本、机会成本等;

非相关成本是指与决策无关,分析评价时不必加以考虑的成本,如过去成本、历史成本、账面成本、沉淀成本等。

(2)要考虑投资方案对公司其他项目的影响

(3)对净营运资金的影响

3.所得税对现金流量的影响

所得税是公司的一种现金流出,考虑所得税因素后,营业现金流量等于营业收入扣除付现成本与所得税之和。

$$营业现金流量＝营业收入－付现成本－所得税 \qquad (1)$$

$$＝营业收入－(营业成本－非付现成本)－所得税$$

$$＝营业利润－所得税＋非付现成本$$

$$＝营业净利润＋非付现成本 \qquad (2)$$

$$营业现金流量＝(营业收入－营业成本)(1－t)＋非付现成本$$

$$＝营业收入(1－t)－(付现成本＋非付现成本)(1－t)＋非付现成本$$

$$＝营业收入(1－t)＋非付现成本(1－t)＋非付现成本 t \quad (3)$$

例 3－1:N 公司准备投资一完整工业项目,预计建设期 3 年,经营期 5 年。建设期内第一年投资 3 000 万元,其中开办费 1 000 万元,第二年投资 5 000 万元;第三年投资 3 000 万元;项目建成投产时垫支营运资金 2 000 万元。该项目投产后每年实现营业收入 8 000 万元,付现成本 5 000 万元;该项目经营期内按年直线折旧(会计政策与税法规定的折旧方法相同),残值率 10％,残值预计变现净增值 2 000 万元,该公司所得税率 30％。

(1)建设期内的现金流出:

$$CFO_0 ＝3000(万元) \qquad CFO_1 ＝5000(万元)$$

$$CFO_2 ＝3000(万元) \qquad CFO_3 ＝2000(万元)$$

(2)经营期内的现金流入:

该项目形成固定资产:3000－1000＋5000＋3000＝10000(万元)

固定资产的折旧:(10000－10000×10％)/5＝1800(万元)

经营期内第一年的非付现成本:1000＋1800＝2800(万元)

经营期内各年的现金流量:

$$CFI_4 ＝8000(1－30％)－5000(1－30％)＋2800×30％＝2940(万元)$$

$$CFI_{5-8} ＝8000(1－30％)－5000(1－30％)＋1800×30％＝2640(万元)$$

(3)项目回收的现金流入量

固定资产残值:10000×10％＝1000(万元)

残值变现增值:2000－1000＝1000(万元)

残值变现增值计税:1000×30％＝300(万元)

残值回收的现金流量:2000－300＝1700(万元)

项目回收的现金收入量:$CFI_8 ＝2000＋1700＝3700(万元)$

(四)项目投资决策评价指标

1.项目投资决策评价指标的意义

(1)项目投资决策评价指标中尽管有一些指标与公司财务会计报表分析或公司实际财务考核指标相同,但由于项目投资本身的特殊性,决定了这些指标在计算口径方面有可能存在差别。

(2)从全投资假设的立场出发,本章介绍的投资决策评价指标不包括基于特定投资主体立场而设计的指标。

(3)除投资利润率指标外,其余各项指标的计算大多以项目现金流量信息为基础。

2.评价指标的分类

(1)评价指标按其是否考虑资金时间价值,可分为非折现评价指标和折现评价指标两大类。

(2)评价指标按其性质不同,可分为一定范围内越大越好的正指标和越小越好的反指标两大类。投资利润率、净现值、现值指数和内含报酬率属于正指标;静态投资回收期属于反指标。

(3)评价指标按其数量特征的不同,可分为绝对量指标和相对量指标。前者包括以时间为计量单位的静态投资回收期指标和以价值量为计量单位的净现值指标;后者除现值指数用指数形式表现外,大多为百分比指标。

3.折现指标

(1)净现值(NPV):净现值是指投资项目预期现金流入现值和与预期现金流出现值和的差,或是指投资项目预期现金净流量的现金和,净现值的计算公式是:

$$NPV = \sum_{t=1}^{n} CFI_t/(1+i)^t - \sum_{t=1}^{n} CFO_t/(1+i)^t$$

$$= \sum_{t=1}^{n} NCF_t/(1+i)^t$$

净现值法的优点有三:一是考虑了资金时间价值,增强了投资经济性的评价;二是考虑了项目计算期的全部净现金流量,体现了流动性与收益性的统一;三是考虑了投资风险性,因为折现率的大小与风险大小有关,风险越大,折现率就越高。

净现值法的缺点也是明显的:一是不能直接反映投资项目的实际收益率水平,当各项目投资额不等时,仅用净现值无法确定投资方案的效率;二是净现金流量的测量和折现率的确定比较困难,而它们的正确性对计算净现值有着重要影响。

(2)现值指数(PI):现值指数是指投资项目预期现金流入现值和与预期现金流出现值和之比,称现值比率、获利指数、贴现后收益-成本比率等。

计算现值指数的公式:

$$PI = \sum_{t=1}^{n} CFI_t/(1+i)^t \div \sum_{t=1}^{n} CFO_t/(1+i)^t$$

现值指数是净现值的转换形式,其基本原理和净现值相同,现值指数也无法反映投资项目自身的实际报酬率的大小。

(3)内含报酬率(IRR):内含报酬率是指能使投资项目预期现金流入的现值和等于预期现金流出量现值和的贴现率,或者说是使投资项目预期现金流量净现值为零时的贴现率。

其计算公式为:

$$NPV = \sum_{t=1}^{n} CFI_t / (1+i)^t - \sum_{t=1}^{n} CFO_t / (1+i)^t = \sum_{t=1}^{n} NCF_t / (1+i)^t = 0$$

求解上式中的 i 即为 IRR

内含报酬率与现值指数都是相对效率型指标,用于独立方案的排序,它能揭示方案本身报酬率的大小,但决策时仍然需要使用基准贴现率。

4.非贴现指标

(1)静态投资回收期:静态投资回收期是指投资项目预期现金流入等于预期现值流出的时间,或者说投资项目预期现金净流量等于零时的时间,静态投资回收期简称回收期。

它是计算求解能使下式成立的时间 t。

$$\sum_{t=1}^{n} CFI_t = \sum_{t=1}^{n} CFO_t$$

或 $\sum_{t=1}^{n} NCF_t = 0$

回收期法可能导致优先选择急功近利方案而放弃有战略意义的方案。回收期主要反映方案的流动性而非营利性。

(2)会计收益率:会计收益率是指投资项目预期年均会计利润占投资额的百分比,其公式为:

会计收益率=预期年均会计利润÷投资额×100%

会计收益率的决策标准是:投资项目的会计收益率越高越好,低于基准收益率的方案为不可行方案。

会计收益率指标缺点有三:第一,没有考虑资金时间价值因素,不能正确反映建设期长短及投资方式不同对项目的影响;第二,该指标分子分母其时间特征不一致(分子是时期指标,分母是时点指标),因而在计算口径上可比基础较差;第三,该指标的计算无法直接利用净现金流量信息。

七、投资项目的风险处理

(一)传统处理技术

1.保本点分析:保本点是指能使企业达到保本状态时的业务量的总称(记作

BEP)。即在该业务量水平下,企业的收入正好等于全部成本;超过这个业务量水平,企业就有盈利;反之,低于这个业务量水平,就会发生亏损。也就是说,保本点越低越好。在我国,保本点又被称作盈亏临界点、盈亏平衡点、损益两平点、够本点等。它是指企业经营处于不赢不亏状态所须达到的业务量(产量或销售量),是投资或经营中一个很重要的数量界限。近年来,盈亏平衡分析在企业投资和经营决策中得到了广泛的应用。

2.敏感性分析:敏感性分析是指从定量分析的角度研究有关因素发生某种变化对某一个或一组关键指标影响程度的一种不确定分析技术。其实质是通过逐一改变相关变量数值的方法来解释关键指标受这些因素变动影响大小的规律。

(二)现代分析技术

1.风险调整折现率分析。这种方法的基本思路是根据投资项目风险水平的高低不同,对于风险较高的项目采用较高的折现率,而对于风险较低的项目则应当采用较低的折现率。也就是对折现率根据风险大小进行调整。

2.风险调整现金流量分析。这种方法是根据投资项目或方案风险的大小,采用适当的方法,将未来不确定的现金流量调整为确定的现金流量。由于调整后的现金流量中已考虑了风险因素,必将小于调整前的现金流量。并通过用较小的现金流量来计算有关评价指标,以达到谨慎决策的目的。

第二节　泰和重工新建福星特种异型钢公司案例

一、基本情况

泰和重工股份有限公司(以下简称"泰和重工")成立于 2006 年,位于马鞍山市经济技术开发区,公司注册资金 9 800 万元,占地面积近 60 000m²。现有员工 488 多人,其中本科以上学历 128 人,硕士学位 5 人,管理人员 39 人,研发技术人员 56 人。到 2010 年,年销售收入超过 16 亿元。

泰和重工主要从事动力传动机械产品的开发和制造,专注于工业万向轴、齿轮联轴器和剪刃等三类产品的设计、生产和销售。经过多年的经营积累,形成了以数控立式车床、数控镗铣床、专用端面齿铣床、专用十字轴磨床、微机控制渗碳炉、自动焊接中心为核心设备的万向轴产品生产线;以数控滚齿机、大型数控插齿机、数控成型磨齿机、离子氮化炉为核心设备的齿轮联轴器产品生产线;以数控龙门铣床、强力成型数控磨床、高温井式炉为核心设备的剪刃产品生产线;公司还拥有理化检验、力学性能、显微硬度计、无损探伤等高端检测设备,从而具备了 2.5m—5m

中厚板轧机超重载万向轴、1250－2250 热连轧初轧超重载型万向轴、精轧鼓形齿接轴、主电机联轴器、850－2300 冷连轧轧机万向轴和各类冷、热剪刃的开发和制造能力,公司的产品曾经填补了国内空白。

泰和重工是中国重型机械工业协会重型基础件分会理事单位,中国机械通用零部件工业协会会员单位,通过 ISO9001 质量管理体系认证,ISO14001 环境管理体系认证,具有生产企业自营进出口权,并出口至美国、西班牙、法国、新西兰、马来西亚、俄罗斯、土耳其等国家,目前在本行业中细分行业产量、销量均居全国第一。公司已被评为安徽省高新技术企业,安徽省火炬计划项目实施单位,公司技术中心是安徽省省级技术中心。泰和重工为继续围绕市场,进一步做精、做强、做大,坚持技术创新和管理创新,扩大产品的市场占有率,积极开拓国际市场。目前公司资金充裕,技术力量雄厚,但由于受场地的制约,公司在现有场地无法扩大再生产,为了产业整体升级,利用新技术生产档次高端的产品,2011 年公司董事会决议拟全额控股投资新建马鞍山福星特种异型钢有限公司(具体以工商注册为准)。

(一)项目概述

拟建马鞍山福星特种异型钢有限公司是华东地区唯一具有能力生产疑难钢管、高难度特种钢管的异型钢管企业,公司设备齐全,拥有 CAD、PRO/ENGNEER 等辅助工艺技术,具有自己研制和开发高难度,高技术异型特种钢管能力。目前公司已获批一项实用新型专利,另两项专利申请正在受理中,拟开发产品 600 多种,属疑难品种有 280 多种,用于各行各业,出口多个国家。公司不仅能生产高难度无缝异型钢管,还能生产复杂断面的焊接异型钢管,而且具有国内独有的先成型后焊接的焊管机组,特别适应大批量,复杂断面用户的要求。公司生产的内壁强化用管主要是用于散热器和热交换器行业,比普通钢管的热交换率高出二倍,拟产品在市场的占有率已达 85％,该拟建投资项目是新建项目,且其经济评价是在可行性研究报告阶段(即完成市场需求预测,生产规模选择,工艺技术方案,原材料、燃料及动力的供应,建厂条件和厂址方案,公用工程和辅助设施,环境保护,企业组织和劳动定员以及项目设施规划等多方面进行研究论证和多方案比较并确定了最佳方案)进行的,该拟建投资项目生产的产品是在国内外市场上比较畅销的产品,且该项目投产后可以替代进口。

该项目拟占地(农田)250 亩,且交通较为便利。其原材料、燃料、动力等的供应均有保证,该拟建投资项目主要设施包括生产车间,与工艺生产相适应的辅助生产设施、公用工程以及有关的管理、生活福利设施,该拟建投资项目的年设计生产能力为 250 万件。

（二）编制依据

本经济评价的编制依据为项目可行性研究报告推荐的技术方案、产品方案、建设条件、建设工期，《建设项目经济评价方法与参数（第三版）》及国家现行财税政策、会计制度与相关法规。

（三）计算期

计算期包括建设期和生产经营期。该拟建投资项目的建设期为 3 年，从第 4 年开始投产，其中第 4 年的生产率为 80％，第 5 年的生产率为 90％，第 6 年以后均为 100％，项目的生产经营期为 15 年，则项目计算期为 18 年。

（四）董事会审议情况

2011 年 11 月 15 日，泰和重工以电子邮件、传真和专人送达的方式，向全体董事发出了《关于拟投资设立马鞍山福星特种异型钢有限公司的议案》。会议的召开符合《公司法》和本公司章程的规定。

董事会投资委及投资委顾问对该项议案进行了审议并发表了审核意见，同意该议案。

泰和重工共有董事 15 名，截至 2011 年 12 月 24 日，共收到有效表决票 15 张。董事会以 15 票同意，0 票反对，0 票弃权，审议通过了《关于拟投资设立马鞍山福星特种异型钢有限公司的议案》，决议如下：

1.同意泰和重工股份有限公司以 53500 万元人民币投资组建新公司：马鞍山福星特种异型钢有限公司（具体以工商注册为准）；

2.授权经理部门办理上述出资等相关事宜。

二、投资额、费用与效益估算

（一）总投资估算

1.固定资产投资估算

（1）固定资产投资额估算是根据概算指标估算法进行的。根据概算指标估算法估算的固定资产投资额为 40200 万元。

（2）建设期利息按投资借款计划及估算公式估算为 4550 万元。即：

建设期第一年的投资借款利息＝10000÷2×10％＝500（万元）

建设期第二年的投资借款利息＝（10500＋9000÷2）×10％＝1500（万元）

建设期第三年的投资借款利息＝（10500＋10500＋9000÷2）×10％＝2550（万元）

固定资产投资估算见表 3－1。

表 3－1　　　　　　　　　　固定资产投资估算表　　　　　　　单位:万元

序号	工程或费用名称	估算价值				
		建筑工程	设备购置	安装工程	其他费用	总值
1	固定资产投资	3 400	22 300	8 600	5 900	40 200
1.1	第一部分 工程费用	3 400	22 300	8 600		34 300
1.1.1	主要生产项目	1 031	17 443	7 320		25 794
1.1.2	辅助生产车间	383	1 021	51		1 455
1.1.3	公用工程	383	2 488	956		3 827
1.1.4	环境保护工程	185	1 100	225		1 510
1.1.5	总图运输	52	248			300
1.1.6	厂区服务性工程	262				262
1.1.7	生活福利工程	1 104				1 104
1.1.8	厂外工程			38		38
1.2	第二部分其他费用				1 200	1 200
	第一、第二部分费用合计	3 400	22 300	8 600	1 200	35 500
1.3	预备费用				4 700	4 700
1.3.1	基本预备费				3 500	3 500
1.3.2	涨价预备费				1 200	1 200
2	建设期利息				4 550	4 550
	合计(1+2)	3 400	22 300	8 600	10 450	44 750

2.无形资产投资的估算

该拟建项目无形资产投资主要是取得土地使用权所需支付的费用,并在项目建设期的第 1 年中投入。其估算额为 1800 万元(且假设其全部用自有资金投入,其摊销期与项目的生产期一致)。

3.流动资金估算

流动资金的估算,按分项详细估算法进行(估算表中的有关数字作了必要的调整),估算总额为 7000 万元。

流动资金估算见表 3－2。

总投资＝固定资产投资＋建设期利息＋无形资产投资＋流动资金

＝40200＋4550＋1800＋7000＝53550(万元)

表 3－2　　　　　　　　　　流动资金估算表　　　　　　　　　单位：万元

序号	年份项目	最低周转天数	周转次数	投产期		达到设计能力生产期												
				4	5	6	7	8	9	10	11	12	13	14	15	16	17	18
1	流动资产			6440	7425	8050	8050	8050	8050	8050	8050	8050	8050	8050	8050	8050	8050	8050
1.1	应收账款	18	20	1600	1800	2000	2000	2000	2000	2000	2000	2000	2000	2000	2000	2000	2000	2000
1.2	存货			4800	5400	6000	6000	6000	6000	6000	6000	6000	6000	6000	6000	6000	6000	6000
1.3	现金	18	20	40	45	50	50	50	50	50	50	50	50	50	50	50	50	50
2	流动负债			840	945	1050	1050	1050	1050	1050	1050	1050	1050	1050	1050	1050	1050	1050
2.1	应付账款	18	20	840	945	1050	1050	1050	1050	1050	1050	1050	1050	1050	1050	1050	1050	1050
3	流动资金(1-2)			5600	6300	7000	7000	7000	7000	7000	7000	7000	7000	7000	7000	7000	7000	7000
4	流动资金增加额			5600	700	700	0	0	0	0	0	0	0	0	0	0	0	0

(二)总成本费用的估算

全厂定员为 1 000 人,工资及福利费按每人每年 34 200 元估算(其中工资为 30 000 元/年,福利费按工资的 14％计提),全年工资及福利费为 3 420 万元(其中生产性工人的工资为 3 000 万元,其他为 420 万元,且在后面的分析中假设生产工人的工资是变动成本,即工资数额与项目的达产率保持一致)。

经估算,拟建项目产品的单位变动成本(假设其单位成本即为单位变动成本)为 840 元,其单位成本估算见表 3－3。另不包括固定资产折旧、无形资产摊销及借款利息的年固定成本为 2 000 万元。

表 3－3　　　　　　　　　单位产品生产成本估算表　　　　　　　单位:元

序号	项目	单位	消耗定额	单价	金额
1	原材料、及辅料				
	A	件	1	450	450
	B	件	1	160	160
	C	件	0.8	20	16
	D	件	0.1	240	24
	小计				650
2	燃料及动力				
	水	吨	150	0.40	60
	电	度	100	0.20	20
	煤	吨	0.05	200	10
	小计				90
3	工资及福利费				40
4	制造费用				60
5					
6	单位生产成本 (1＋2＋3＋4＋5)				840

另外,固定资产年折旧为 2 800 万元,无形资产摊销为 120 万元[二者均按使用年限法平均计提,且考虑固定资产的残值为 2 750 万元,即固定资产年折旧＝(44750－2750)÷15＝2800(万元),无形资产摊销为 1800÷15＝120(万元)],总成本费用估算见表 3－4。

（三）年销售收入及年税金的估算

经预测该项目产品的销售单价(不含增值税)为 1 600 元,年销售收入估算值在正常年份为 36 800 万元。

年销售税金及附加按国家有关规定计提缴纳。估计销售税金及附加在正常年份为 2 500 万元(其中第 4 年、第 5 年的销售税金及附加为 2 000 万元、2 250 万元),所得税税率为 25％。

（四）利润总额及其分配

利润总额＝产品销售收入－总成本费用－产品销售税金及附加

净利润＝利润总额－应交所得税

应交所得税＝利润总额×所得税税率

利润分配按有关财务会计制度进行,且假设在项目的还款年份不进行向投资者支付利润等有关利润分配业务。即项目在还款年份可先以提取的固定资产折旧和无形资产摊销偿还投资借款,不够部分可以项目实现的净利润在进行法定的提取扣除后(即需先提取法定盈余公积金)来偿还。利润与利润分配表见表3－5。

表3－4　　　　　　　　　　　　总成本费用估算表　　　　　　　　单位:万元

序号	费用名称	4	5	6	7	8	9	10	11	12	13	14	15	16	17	18
1	年经营成本	17456	19388	21320	21320	21320	21320	21320	21320	21320	21320	21320	21320	21320	21320	21320
2	年折旧费	2800	2800	2800	2800	2800	2800	2800	2800	2800	2800	2800	2800	2800	2800	2800
3	年摊销费	120	120	120	120	120	120	120	120	120	120	120	120	120	120	120
4	建设投资借款利息	3255	2755.025	2138.794	1399.295	615.21										
5	流动资金借款利息	360	430	500	500	500	500	500	500	500	500	500	500	500	500	500
6	总成本费用	23991	25493	26879	26139	25355	24740	24740	24740	24740	24740	24740	24740	24740	24740	24740

表 3—5　　　　　　　　　利润与利润分配表　　　　　　　　单位:万元

序号	项目	合计	投产期		达到设计能力生产期												
			4	5	6	7	8	9	10	11	12	13	14	15	16	17	18
	生产负荷(%)		80	90	100	100	100	100	100	100	100	100	100	100	100	100	100
1	产品销售收入	540960	29440	33120	36800	36800	36800	36800	36800	36800	36800	36800	36800	36800	36800	36800	36800
2	销售税金及附加	36750	2000	2250	2500	2500	2500	2500	2500	2500	2500	2500	2500	2500	2500	2500	2500
3	总成本费用	375257.33	23991	25493.03	26878.79	26139.30	25355.21	24740	24740	24740	24740	24740	24740	24740	24740	24740	24740
4	利润总额(1-2-3)	128952.67	3449	5376.97	7421.21	8160.70	8944.79	9560	9560	9560	9560	9560	9560	9560	9560	9560	9560
5	所得税(25%)	32238.16	862.25	1344.24	1855.30	2040.17	2236.20	2390	2390	2390	2390	2390	2390	2390	2390	2390	2390
6	税后利润(4-5)	96714.50	2586.75	4032.73	5565.91	6120.53	6708.59	7170	7170	7170	7170	7170	7170	7170	7170	7170	7170
7	提取法定盈余公积金(10%)	9671.45	258.68	403.27	556.59	612.05	670.86	717	717	717	717	717	717	717	717	717	717
7	应付利润	59808.46					2161.66	5764.68	5764.68	5764.68	5764.68	5764.68	5764.68	5764.68	5764.68	5764.68	5764.68
8	未分配利润	20111.66	2079.747	3242.31	4474.99	4920.90	3232.05	0	0	0	0	0	0	0	0	0	0
9	息税前利润	146406	7064	8561.995	10060	10060	10060	10060	10060	10060	10060	10060	10060	10060	10060	10060
10	息税折旧摊销前利润	190206	9984	11482	12980	12980	12980	12980	12980	12980	12980	12980	12980	12980	12980	12980

三、资金来源与使用计划

项目使用自有资金 16 000 万元,其余全部为借款。其中,第 1 年投入自有资金 3 000 万元,借入投资借款 10 000 万元;第 2 年投入自有资金 8 000 万元,借入固定资产投资借款 9 000 万元;第 3 年投入自有资金 3 000 万元,借入投资借款 9 000 万元;第 4 年投入自有资金 2 000 万元,借入流动资金借款 3 600 万元;第 5 年、第 6 年分别借入流动资金借款 700 万元、700 万元。其中固定资产投资借款、流动资金借款的年利率均为 10%,以年为计息期。固定资产投资借款的偿还,以项目预计生产年份所实现的净利润在扣除必要的留存后(即需提取 10% 的盈余公积金),及项目所提取的固定资产折旧和无形资产摊销额,且先用固定资产折旧和无形资产摊销偿还,不够部分以可用来偿还投资借款的净利润抵偿。流动资金借款假设在项目结束时归还。固定资产投资借款还款计算见表 3—6。

表 3—6　　　　　　　固定资产投资还本付息表　　　　　　　单位:万元

年份	年初借款余额	当年借款本金	当年借款利息	当年应还本金	年末借款余额
1		10 000	500		10 500
2	10 500	9 000	1 500		21 000
3	21 000	9 000	2 550		32 550
4	32 550		3 255	4 999.747	27 550.253
5	27 550.253		2 755.0253	6 162.313	2 1387.94
6	2 1387.94		2 138.794	7 394.99	13 992.95
7	13 992.95		1 399.295	7 840.9	6 152.05
8	6 152.05		615.205	6 152.05	0

借款偿还期为 7.74(年)。([(8-1)+6152.05/(5393.71+2800+120)])

四、基准收益率的确定

采用加权平均资本成本法确定项目的基准收益率。总投资中资本金占 32.

65％,资本金成本为8％,债务资金占67.35％,债务资金成本为10％,则所得税前加权平均资本成本为9.347％,所得税后加权平均资本成本为6.2625％。则当所得税前项目投资财务内部收益率大于9.347％,所得税后项目投资财务内部收益率大于6.2625％,项目资本金财务内部收益率大于8％时项目即可以被接受。

第三节　案例分析

一、盈利能力分析

（一）融资前分析

融资前分析是指在考虑融资方案前就可以开始进行的财务分析,即不考虑债务融资条件下进行的财务分析。项目投资现金流量表是融资前财务分析报表,就是通常所说的全部投资都认为是自有资金（资本金）。融资前分析只进行盈利能力分析,具体指标见表3－7。

所得税后项目投资财务内部收益率15.11％,大于设定的基准收益率6.2625％,所得税前项目投资财务内部收益率20.31％,大于设定的基准收益率9.347％,项目在财务上可以被接受。

（二）融资后分析

在融资前分析结论满足要求的情况下,初步设定融资方案,再进行融资后分析。项目资本金现金流量表是融资后财务分析报表,既包括盈利能力分析,又包括偿债能力分析和财务生存能力分析等内容。融资后盈利能力分析指标见表3－8。

项目资本金财务内部收益率19.62％,大于设定的基准收益率8％,项目在财务上可以被接受。

二、偿债能力分析

各年利息备付率与偿债备付率见表3－9,各年资产负债率见表3－11。通过计算,项目综合利息备付率8.39,综合偿债备付率2.68,均大于1,并随借款本金的偿还而逐年上升,借款偿还期末利息备付率和偿债备付率达到20.12和19.65,项目利息保证程度较高。

计算期内项目资产负债率最高为77.78％,并随着长期借款的偿还而逐年下降,长期借款偿清后降到13.63％,以后各年资产负债率进一步下降。

三、财务生存能力分析

根据项目资金来源与运用表（表3－10）,项目在偿还清建设贷款以后各年盈余资金都为正,表明项目具备财务生存能力。

表 3-7　　　　　　　　　　　　　项目投资现金流量表　　　　　　　　　　　　　单位：万元

序号	项目	合计	1	2	3	4	5	6	7	8	9	10	11	12	13	14	15	16	17	18
	生产负荷(%)					80	90	100	100	100	100	100	100	100	100	100	100	100	100	100
1	现金流入	550710				29440	33120	36800	36800	36800	36800	36800	36800	36800	36800	36800	36800	36800	36800	46550
1.1	产品销售收入	540960				29440	33120	36800	36800	36800	36800	36800	36800	36800	36800	36800	36800	36800	36800	36800
1.2	回收固定资产余值	2750																		2750
1.3	回收流动资金	7000																		7000
2	现金流出	399754	13000	17000	12000	25056	22338	24520	23820	23820	23820	23820	23820	23820	23820	23820	23820	23820	23820	23820
2.1	固定资产投资	40200	11200	17000	12000															
2.1	无形资产投资	1800	1800																	
2.3	流动资金	7000				5600	700	700												
2.4	经营成本	314004				17456	19388	21320	21320	21320	21320	21320	21320	21320	21320	21320	21320	21320	21320	21320
2.5	销售税金及附加	36750				2000	2250	2500	2500	2500	2500	2500	2500	2500	2500	2500	2500	2500	2500	2500
3	所得税前净现金流量	150956	−13000	−17000	−12000	4384	10782	12280	12980	12980	12980	12980	12980	12980	12980	12980	12980	12980	12980	22730
4	累计所得税前净现金流量		−13000	−30000	−42000	−37616	−26834	−14554	−1574	11406	24386	37366	50346	63326	76306	89286	102266	115246	128226	150956

续表

序号	项目	合计	1	2	3	4	5	6	7	8	9	10	11	12	13	14	15	16	17	18
5	调整所得税	48314				2331	2825	3320	3320	3320	3320	3320	3320	3320	3320	3320	3320	3320	3320	3320
6	所得税后净现金流量	102642	—13000	—17000	—12000	2053	7957	8960	9660	9660	9660	9660	9660	9660	9660	9660	9660	9660	9660	19410
7	累计所得税后净现金流量		—13000	—30000	—42000	—39947	—31991	—23030	—13370	—3710	5950	15610	25271	34931	44591	54251	63911	73572	83232	102642

计算指标：

所得税前：项目投资财务内部收益率＝20.3＋(20.4－20.3)×[20.3/(39.588＋127.431)]＝20.31%

所得税后：项目投资财务内部收益率＝15.1＋(15.2－15.1)×[15.1/(45.58＋166.22)]＝15.11%

所得税前：项目投资财务净现值(i＝9.347%)＝37250.7137万元

所得税后：项目投资财务净现值(i＝6.2625%)＝35135.8万元

所得税前：项目投资回收期(静态)＝7－1＋(1574.73/12980)＝6.12(年)

所得税后：项目投资回收期(静态)＝8－1＋(3709.98/9660.2)＝7.384(年)

表3—8　　　　　　　　　　　　　　项目资本金现金流量表　　　　　　　　　　　　单位：万元

序号	项目 年份	合计	建设期			投产期		达到设计能力生产期											
			1	2	3	4	5	6	7	8	9	10	11	12	13	14	15	16	17	18
	生产负荷(%)					80	90	100	100	100	100	100	100	100	100	100	100	100	100	100
1	现金流入	550710				29440	33120	36800	36800	36800	36800	36800	36800	36800	36800	36800	36800	36800	36800	46550
1.1	产品销售收入	540960				29440	33120	36800	36800	36800	36800	36800	36800	36800	36800	36800	36800	36800	36800	36800
1.2	回收固定资产余值	2750																		2750
1.3	回收流动资金	7000																		7000
2	现金流出	464312	3000	8000	3000	31209	32760	36303	36253	34039	27475	27475	27475	27475	27475	27475	27475	27475	27475	32475

续表

序号	项目	合计	1	2	3	4	5	6	7	8	9	10	11	12	13	14	15	16	17	18
2.1	自有资金	16000	3000	8000	3000	2000														
2.2	借款本金偿还	37550				5000	6162	7395	7841	6152	0	0								5000
2.3	借款利息支出	17453				3615	3185	2639	1899	1115	500	500	500	500	500	500	500	500	500	500
2.3.1	建设投资借款利息支付					3255	2755	2139	1399	615	0									
2.3.2	流动资金借款利息支付					360	430	500	500	500	500	500	500	500	500	500	500	500	500	500
2.4	经营成本	314004				17456	19388	21320	21320	21320	21320	21320	21320	21320	21320	21320	21320	21320	21320	21320
2.5	销售税金及附加	36750				2000	2250	2500	2500	2500	2500	2500	2500	2500	2500	2500	2500	2500	2500	2500
2.6	所得税	42554				1138	1774	2449	2693	2952	3155	3155	3155	3155	3155	3155	3155	3155	3155	3155
3	净现金流量	86398	−3000	−8000	−3000	−1769	360	497	547	2761	9325	9325	9325	9325	9325	9325	9325	9325	9325	14075
4	累计净现金流量		−3000	−11000	−14000	−15769	−15409	−14911	−14365	−11604	−2279	7047	16372	25697	35022	44347	53673	62998	72323	86398

计算指标:项目资本金财务内部收益率＝19.62%

表3-9　　　　　　　　借款还本付息计划表　　　　　　　单位:万元

序号	项目	合计	建设期			投产期		达到设计能力生产期												
			1	2	3	4	5	6	7	8	9	10	11	12	13	14	15	16	17	18
1	建设投资借款																			
1	期初借款余额			10500	21000	32550	27550	21388	13993	6152										

续表

1	当期借款本金	28000	10000	9000	9000															
1	当期借款利息	4550	500	1500	2550															
1	当期还本付息	42713				8255	8917	9534	9240	6767										
1.4.1	其中：还本	32550				5000	6162	7395	7841	6152										
1.4.2	付息	10163				3255	2755	2139	1399	615										
2	期末借款余额		10500	21000	32550	27550	21388	13993	6152	0										
2	流动资金借款																			
2	期初借款余额					3600	4300	5000	5000	5000	5000	5000	5000	5000	5000	5000	5000	5000	5000	
2	当期借款本金	5000			3600	700	700													
2	当期借款利息																			
2	当期还本付息	12290				360	430	500	500	500	500	500	500	500	500	500	500	500	5500
2.4.1	其中：还本	5000																		5000
2.4.2	付息	7290				360	430	500	500	500	500	500	500	500	500	500	500	500	500
3	期末借款余额				3600	4300	5000	5000	5000	5000	5000	5000	5000	5000	5000	5000	5000	5000	0
	计算指标：																			

续表

项目	合计	1	2	3	4	5	6	7	8	9	10	11	12	13	14	15	16	17	18
利息备付率	8.39				1.95	2.69	3.81	5.30	9.02	20.12	20.12	20.12	20.12	20.12	20.12	20.12	20.12	20.12	20.12
偿债备付率	2.68				1.03	1.04	1.05	1.06	1.38	19.65	19.65	19.65	19.65	19.65	19.65	19.65	19.65	19.65	1.79

表 3－10　　　　　　　　　资金来源与运用表　　　　　　　　单位:万元

序号	年份／项目	合计	建设期			投产期		达到设计能力生产期											
			1	2	3	4	5	6	7	8	9	10	11	12	13	14	15	16	17	18
	生产负荷(%)					80	90	100	100	100	100	100	100	100	100	100	100	100	100	100
1	资金来源	193498.29	13500	18500	14550	10830.83	7222.57	8592.21	8387.67	8913.01	9325.2	9325.2	9325.2	9325.2	9325.2	9325.2	9325.2	9325.2	9325.2	19075.2
1.1	净利	86398.29				2310.83	3602.57	4972.21	5467.67	5993.01	6405.2	6405.2	6405.2	6405.2	6405.2	6405.2	6405.2	6405.2	6405.2	6405.2
1.2	折旧费	42000				2800	2800	2800	2800	2800	2800	2800	2800	2800	2800	2800	2800	2800	2800	2800
1.3	摊销费	1800				120	120	120	120	120	120	120	120	120	120	120	120	120	120	120
1.4	长期借款	32550	10500	10500	11550															
1.5	流动资金借款	5000				3600	700	700												
1.6	其他短期借款																			
1.7	自有资金	16000	3000	8000	3000	2000														
1.8	其他																			
1.9	回收固定资产余值	2750																		2750
1.10	回收流动资金	7000																		7000

续表

序号	项目	合计	1	2	3	4	5	6	7	8	9	10	11	12	13	14	15	16	17	18
2	资金运用	99739.83	13500	18500	14550	10830.83	7222.57	8592.21	8387.67	6751.35	640.52	640.52	640.52	640.52	640.52	640.52	640.52	640.52	640.52	5640.52
2.1	固定资产投资	40200	11200	17000	12000															
2.2	建设期利息	4550	500	1500	2550															
2.3	无形资产投资	1800	1800																	
2.4	流动资金	7000				5600	700	700												
2.5	长期借款本金偿还	32550				4999.75	6162.31	7394.99	7840.9	6152.05	0	0								
2.6	流动资金借款本金偿还	5000																		5000
2.7	提取法定公积金	8639.83				231.08	360.26	497.22	546.77	599.30	640.52	640.52	640.52	640.52	640.52	640.52	640.52	640.52	640.52	640.52
3	盈余资金	93758.46	0	0	0	0	0	0	0	2161.66	8684.68	8684.68	8684.68	8684.68	8684.68	8684.68	8684.68	8684.68	8684.68	13434.68
4	累计盈余资金									2161.66	10846.34	19531.02	28215.70	36900.38	45585.06	54269.74	62954.42	71639.10	80323.78	93758.46

表 3—11 　　　　　　　　　资产负债表 　　　　　　　　　单位：万元

序号	项目＼年份	建设期			投产期		达到设计能力生产期												
		1	2	3	4	5	6	7	8	9	10	11	12	13	14	15	16	17	18
1	资产	13500	32000	46550	50301.08	48546.34	46928.56	44555.33	44396.29	50801.49	57206.69	63611.89	70017.09	76422.29	82827.49	89232.69	95637.89	102043.09	113198.29
1.1	流动资产																		
1.1.1	应收账款				1600	1800	2000	2000	2000	2000	2000	2000	2000	2000	2000	2000	2000	2000	2000

续表

序号	项目																		
1.1.2	存货				4800	5400	6000	6000	6000	6000	6000	6000	6000	6000	6000	6000	6000	6000	6000
1.1.3	现金				40	45	50	50	50	50	50	50	50	50	50	50	50	50	50
1.1.4	累计盈余资金				231.08	591.34	1088.56	1635.33	4396.29	13721.49	23046.69	32371.89	41697.09	51022.29	60347.49	69672.69	78997.89	88323.09	102398.29
1.2	在建工程	11700	32000	46550															
1.3	固定资产净值				41950	39150	36350	33550	30750	27950	25150	22350	19550	16750	13950	11150	8350	5550	2750
1.4	无形资产净值			1800	1680	1560	1440	1320	1200	1080	960	840	720	600	480	360	240	120	0
2	负债及所有者权益	13500	32000	46550	50301.08	48546.34	46928.56	44555.33	44396.29	50801.49	57206.69	63611.89	70017.09	76422.29	82827.49	89233.09	95637.89	102043.09	108448.29
2.1	流动负债				840	945	1050	1050	1050	1050	1050	1050	1050	1050	1050	1050	1050	1050	1050
2.1.1	应付账款				3600	4300	5000	5000	5000	5000	5000	5000	5000	5000	5000	5000	5000	5000	5000
2.1.2	流动资金借款																		
2.2	投资借款(固定资产,无形资产)	10500	21000	32550	27550.25	21387.94	13992.95	6152.05	0	0	0	0	0	0	0	0	0	0	0
2.3	负债小计	10500	21000	32550	31990.25	26632.94	20042.95	12202.05	6050	6050	6050	6050	6050	6050	6050	6050	6050	6050	6050
2.4	所有者权益	3000	11000	14000	18310.83	21913.40	26885.61	32353.28	38346.29	44751.49	51156.69	57561.89	63967.09	70372.29	76777.49	83182.69	89587.89	95993.09	102398.29
2.4.1	资本金	3000	11000	14000	16000	16000	16000	16000	16000	16000	16000	16000	16000	16000	16000	16000	16000	16000	16000

续表

					231.083	591.34	1088.56	1635.33	2234.63	2875.15	3515.67	4156.19	4796.71	5437.23	6077.75	6718.27	7358.79	7999.31	8639.83
2.4.2	累计公积金																		
2.4.3	累计未分配利润				2079.747	5322.06	9797.05	14717.95	20111.66	25876.34	31641.02	37405.70	43170.38	48935.06	54699.74	60464.42	66229.10	71993.78	77758.46
	计算指标																		
	资产负债率(%)	77.78	65.63	69.92	63.60	54.86	42.71	27.39	13.63	11.91	10.58	9.51	8.64	7.92	7.30	6.78	6.33	5.93	5.34

注:流动资产中累计盈余资金中包括"资金来源与运用表"中的"盈余资金"和"提取法定公积金、公益金"项目。

四、不确定性分析

(一)盈亏平衡分析

以产量表示的盈亏平衡点(BEP),其计算公式为:

BEP=年固定成本/(单位产品的售价—单位产品的变动成本—单位产品的销售税金及附加)

$$=5420\div651.3=8.3218(万件)$$

达到盈亏平衡时的产销量占项目年设计生产能力的比率(或生产能力利用率)为:

$$8.3218\div23\times100\%=36.18\%$$

计算结果表明,该项目只要达到设计生产能力的36.18%,也就是年产量达到8.3218万件,就可以保本,由此可见该项目风险较小。

盈亏平衡图见图3—1。

(二)敏感性分析

项目建设投资、经营成本、销售价格等数据来源于预测,存在变化的可能,具有一定的不确定性,其发生变化对所得税后项目投资财务内部收益率的影响程度见表3—12,敏感度系数见表3—13。

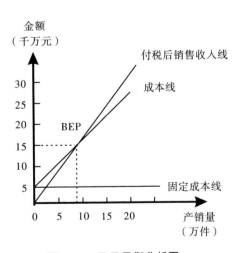

图3—1 盈亏平衡分析图

表 3—12   所得税后项目投资财务内部收益率敏感性分析表   单位:%

序号	变化因素	变动幅度						
		−30%	−20%	−10%	基本方案	+10%	+20%	+30%
1	建设投资				15.1	13.8	12.6	11.5
2	经营成本				15.1	12.6	9.85	6.8
3	销售价格	0.25	6.2	11.0	15.1			

表 3—13   敏感度系数表

变动趋势	变动区间	变动因素		
		建设投资	经营成本	销售价格
增加	0−0%	−0.861	−1.6556	
	+10%−0%	−0.8696	−2.1825	
	+20%−0%	−0.873	−3.0964	
	0−0%平均	−0.7947	−5.4967	
减少	0−0%			−2.7152
	−10%−0%			−4.3636
	−20%−0%			−9.5968
	0−0%平均			−9.8344

从表 3—12 和表 3—13 中可以看出,各种不确定性因素中,产品销售价格的上下波动对指标影响最大,售价降低时,敏感度系数平均为−9.8344。其次是经营成本的影响,经营成本降低时,敏感度系数平均为−5.4967。对指标影响最小的因素是建设投资。

五、评价结论

所得税后项目投资财务内部收益率 15.11%,大于设定的基准收益率 6.2625%,所得税前项目投资财务内部收益率 20.31%,大于设定的基准收益率 9.347%,项目资本金财务内部收益率 19.62%,大于设定的基准收益率 8%。偿债分析指标较好,偿债能力较强,并且财务生存能力较强,所以项目在财务上是可以接受的。

【思考题】

1.简要说明投资项目财务评价的内容、方法和基本财务报表。

　　2.项目财务盈利能力分析包括哪些主要指标？如何动用这些指标进行投资决策？

　　3.简要介绍项目清偿能力分析中的各项指标。这些指标有哪些异同？

　　4.结合本案例你认为该公司在项目投资决策上还存在哪些问题？

第四章

投资性房地产计量模式的选择
——津滨发展投资性房地产案例

教学内容与目标

　　本章首先介绍了投资性房地产的范围、计量模式和账务处理,然后列举了津滨发展在新旧准则交替之际对投资性房地产的处理,最后分析了投资性房地产选择计量模式应考虑的因素及计量模式变更对企业的影响。

　　通过本章的学习,要求学员掌握投资性房地产两种计量模式的账务处理,并学会思考计量模式的不同对企业方方面面可能产生的影响。

第一节　知识准备

一、投资性房地产的范围

　　投资性房地产是指为赚取租金或资本增值,或者两者兼有而持有的房地产,主要包括:已出租的建筑物、已出租的土地使用权、持有并准备增值后转让的土地使用权。

　　(一)已出租的建筑物和已出租的土地使用权,是指以经营租赁(不含融资租赁)方式出租的建筑物和土地使用权,包括自行建造或开发完成后用于出租的房地产。其中,用于出租的建筑物是指企业拥有产权的建筑物;用于出租的土地使用权是指企业通过受让方式取得的土地使用权。

　　已出租的投资性房地产租赁期满,因暂时空置但继续用于出租的,仍作为投资性房地产。

（二）持有并准备增值后转让的土地使用权，是指企业通过受让方式取得的、准备增值后转让的土地使用权。

闲置土地不属于持有并准备增值的土地使用权。根据《闲置土地处置办法》（中华人民共和国国土资源部令第 5 号）的规定，闲置土地是指土地使用者依法取得土地使用权后，未经原批准用地的人民政府同意，超过规定的期限未动工开发建设的建设用地。

具有下列情形之一的，也可以认定为闲置土地：

1.国有土地有偿使用合同或者建设用地批准书未规定动工开发建设日期，自国有土地有偿使用合同生效或者土地行政主管部门建设用地批准书颁发之日起满 1 年未动工开发建设的；

2.已动工开发建设但开发建设的面积占应动工开发建设总面积不足三分之一或者已投资额占总投资额不足 25％且未经批准中止开发建设连续满 1 年的；

3.法律、行政法规规定的其他情形。

（三）一项房地产，部分用于赚取租金或资本增值，部分用于生产商品、提供劳务或经营管理，用于赚取租金或资本增值的部分能够单独计量和出售的，可以确认为投资性房地产；否则，不能作为投资性房地产。

（四）企业将建筑物出租并按出租协议向承租人提供保安和维修等其他服务，所提供的其他服务在整个协议中不重大的，可以将该建筑物确认为投资性房地产；所提供的其他服务在整个协议中如为重大的，该建筑物应视为企业的经营场所，应当确认为自用房地产。

（五）关联企业之间租赁房地产的，租出方应将出租的房地产确认为投资性房地产。母公司以经营租赁的方式向子公司租出房地产，该项房地产应当确认为母公司的投资性房地产，但在编制合并报表时，作为企业集团的自用房地产。

（六）企业拥有并自行经营的旅馆饭店，其经营目的是通过向客户提供客房服务取得服务收入，该业务不具有租赁性质，不属于投资性房地产；将其拥有的旅馆饭店部分或全部出租，且出租的部分能够单独计量和出售的，出租的部分可以确认为投资性房地产。

（七）自用房地产，是指为生产商品、提供劳务或者经营管理而持有的房地产，如企业的厂房和办公楼，企业生产经营用的土地使用权等。

企业出租给本企业职工居住的宿舍，即使按照市场价格收取租金，也不属于投资性房地产。这部分房产间接为企业自身的生产经营服务，具有自用房地产的性质。

（八）作为存货的房地产，是指房地产开发企业销售的或为销售而正在开发的商品房和土地。这部分房地产属于房地产开发企业的存货。

二、投资性房地产的计量模式

（一）成本计量模式

1.初始计量：

投资性房地产应当按照成本进行初始计量。

（1）外购投资性房地产的成本，包括购买价款、相关税费和可直接归属于该资产的其他支出。

（2）自行建造投资性房地产的成本，由建造该项资产达到预定可使用状态前所发生的必要支出构成。

（3）以其他方式取得的投资性房地产的成本，按照相关会计准则的规定确定。

2.后续计量：

企业应当在资产负债表日采用成本模式对投资性房地产进行后续计量，但本准则第十条规定的除外。

采用成本模式计量的建筑物的后续计量，适用《企业会计准则第 4 号——固定资产》。

采用成本模式计量的土地使用权的后续计量，适用《企业会计准则第 6 号——无形资产》。

（二）公允价值计量模式

有确凿证据表明投资性房地产的公允价值能够持续可靠取得的，可以对投资性房地产采用公允价值模式进行后续计量。采用公允价值模式计量的，应当同时满足下列条件：

1.投资性房地产所在地有活跃的房地产交易市场；

投资性房地产所在地有活跃的房地产交易市场，意味着投资性房地产可以在房地产交易市场中直接交易。

所在地，通常是指投资性房地产所在的城市。对于大中城市，应当具体化为投资性房地产所在的城区。

活跃市场，是指同时具有下列特征的市场：（1）市场内交易对象具有同质性；（2）可随时找到自愿交易的买方和卖方；（3）市场价格信息是公开的。

2.企业能够从房地产交易市场上取得同类或类似房地产的市场价格及其他相关信息，从而对投资性房地产的公允价值作出合理的估计。

同类或类似的房地产,对建筑物而言,是指所处地理位置和地理环境相同、性质相同、结构类型相同或相近、新旧程度相同或相近、可使用状况相同或相近的建筑物;对于土地使用权而言,是指同一城区、同一位置区域、所处地理环境相同或相近、可使用状况相同或相近的土地。

采用公允价值模式计量的,不对投资性房地产计提折旧或进行摊销,应当以资产负债表日投资性房地产的公允价值为基础调整其账面价值,公允价值与原账面价值之间的差额计入当期损益。

企业对投资性房地产的计量模式一经确定,不得随意变更。成本模式转为公允价值模式的,应当作为会计政策变更,按照《企业会计准则第28号——会计政策、会计估计变更和差错更正》处理。已采用公允价值模式计量的投资性房地产,不得从公允价值模式转为成本模式。

三、投资性房地产的主要账务处理

开设"投资性房地产"科目核算投资性房地产的价值,包括采用成本模式计量的投资性房地产和采用公允价值模式计量的投资性房地产。企业应当按照投资性房地产类别和项目并分别以"成本"和"公允价值变动"进行明细核算。本科目期末借方余额,反映企业投资性房地产的价值。

(一)采用成本模式计量的投资性房地产比照固定资产或无形资产进行核算

(二)采用公允价值模式计量的投资性房地产的主要账务处理

1.企业外购、自行建造等取得的投资性房地产,应按投资性房地产准则确定的成本,借记本科目(成本),贷记"银行存款"、"在建工程"等科目。

2.投资性房地产的转换

(1)转换日的确定

A.投资性房地产开始自用,转换日是指房地产达到自用状态,企业开始将房地产用于生产商品、提供劳务或者经营管理的日期。

B.作为存货的房地产改为出租,或者自用建筑物或土地使用权停止自用改为出租,转换日应当为租赁期开始日。租赁期开始日是指承租人有权行使其使用租赁资产权利的日期。

C.自用土地使用权停止自用,改为用于资本增值,转换日是指停止将该项土地使用权用于生产商品、提供劳务或经营管理,且该土地使用权能够单独计量和转让的日期。

(2)自用房地产或存货转换为采用公允价值模式计量的投资性房地产

自用房地产或存货转换为采用公允价值模式计量的投资性房地产,投资性房地产应当按照转换当日的公允价值计量。转换当日的公允价值小于原账面价值的，其差额（损失）作为投资损失，计入当期损益。转换当日的公允价值大于原账面价值的，其差额（收益）作为资本公积（其他资本公积），计入所有者权益。处置该项投资性房地产时，原计入所有者权益的部分应当转入处置当期的投资收益。

将作为存货的房地产转换为采用公允价值模式计量的投资性房地产，应按该项房地产在转换日的公允价值，借记本科目（成本），原已计提跌价准备的，借记"存货跌价准备"科目，按其账面余额，贷记"库存商品"科目，按其差额，贷记"资本公积——其他资本公积"科目或借记"营业外支出"科目。

将自用土地使用权或建筑物转换为采用公允价值模式计量的投资性房地产，应按该项土地使用权或建筑物在转换日的公允价值，借记本科目（成本），按已计提的累计摊销或累计折旧，借记"累计摊销"、"累计折旧"科目，原已计提减值准备的，借记"无形资产减值准备"、"固定资产减值准备"科目，按其账面余额，贷记"无形资产"、"固定资产"科目，按其差额，贷记"资本公积——其他资本公积"科目或借记"营业外支出"科目。

3.投资性房地产进行改良或装修时，应按该项投资性房地产的账面余额，借记"在建工程"科目，按该项投资性房地产的成本，贷记本科目（成本），按该项投资性房地产的公允价值变动，贷记或借记本科目（公允价值变动）。

4.资产负债表日，采用公允价值模式计量的，不对投资性房地产计提折旧或进行摊销，应当以资产负债表日投资性房地产的公允价值为基础调整其账面价值，公允价值与原账面价值之间的差额计入当期损益。投资性房地产的公允价值高于其账面余额的差额，借记本科目（公允价值变动），贷记"公允价值变动损益"科目；公允价值低于其账面余额的差额，做相反的会计分录。

5.将采用公允价值模式计量的投资性房地产转为自用时，应按该项投资性房地产在转换日的公允价值，借记"固定资产"、"无形资产"科目，按该项投资性房地产的成本，贷记本科目（成本），按该项投资性房地产的公允价值变动，贷记或借记本科目（公允价值变动），按其差额，贷记或借记"公允价值变动损益"科目。

6.出售投资性房地产时（转换当日的公允价值大于原账面价值的，其差额（收益）作为资本公积（其他资本公积），计入所有者权益。处置该项投资性房地产时，原计入所有者权益的部分应当转入处置当期的投资收益），应按实际收到的金额，借记"银行存款"等科目，按该项投资性房地产的成本，贷记本科目（成本），按该项投资性房地产的公允价值变动，贷记或借记本科目（公允价值变动），按其差额，贷记或借记"投资收益"科目。同时，按该项投资性房地产的公允价值变动,借记或贷记"公允价值变动损益"科目,贷记或借记"投资收益"科目。

第二节 津滨发展投资性房地产案例

一、公司简介

津滨发展属公共服务业,注册资本为 161 727 万元,于 1999 年 4 月 22 日在深圳证券交易所挂牌交易,上市流通 A 股 6300 万股。该公司有五家分公司,即津滨发展市区分公司、津滨发展滨海分公司、津滨发展汉沽分公司、津滨联合物业管理有限公司和天津津滨纸业有限责任公司。津滨发展的经营范围:各类物资商品批发、零售;建筑模具、机具及自有设备租赁与经营;高新技术产品研制、开发、销售;技术服务及咨询;新型建筑材料开发与生产销售;基础设施开发、建设、经营;房地产开发及商品房销售;危险化学品批发。该公司的投资性房地产包括:已出租的土地使用权、持有并准备增值后转让的土地使用权、已出租的建筑物。

津滨发展确立了以工业房地产为基础、以商业和民用房地产为重点、积极培育后备主导产业的战略发展方向,锻造了素质高、专业强、年轻化的管理团队,截至 2008 年年底,津滨公司的总资产 71.41 亿元,净资产 22.08 亿元,累计实现净利润 4.81 亿元,年均实现利润 4 375.95 万元;上缴税金 8.89 亿元,年均纳税 8 079.46 万元,奠定了能够支撑公司未来可持续发展的产业基础、资产基础、人才基础和管理基础。

津滨发展作为天津滨海新区基础设施的投资商和建设者,以敏锐的市场洞察力,抢抓机遇,仅用 7 年时间就投入巨资开发建设了津滨高科技园一期、二期、三期,天大科技园,津滨软件大厦等工业房地产项目;开发了滨海金融街(东区)、广东腾跃大厦、天津滨海发展大厦等商业地产项目;开发了玛歌庄园 1848、亲亲家园、雅都天元居、雅都天泽园等民用地产精品项目,树立了津滨发展在滨海新区综合地产开发商的龙头地位;该公司还斥巨资收购了开发区投资服务中心、西青微电子工业区部分厂房、翠亨广场等商务、工业和公用项目。同时,本着立足滨海、拓展天津、走向全国的战略发展体系,津滨公司还将重点开发梅江南 57 万平方米高档商业地产项目、开发区 11 万平方米 CBD 生活配套区项目、汉沽国际游乐港 25 万平方米旅游地产项目,并重点跟踪和推动滨海新区重点项目,进一步提升公司主业实力和品牌影响力。

二、津滨发展关于投资性房地产的会计政策

（一）该公司的投资性房地产主要包括

1.已出租的土地使用权；

2.持有并准备增值后转让的土地使用权；

3.已出租的建筑物。

（二）本公司的投资性房地产采用公允价值模式进行计量

有确凿证据表明投资性房地产的公允价值能够持续可靠取得的，且满足下列条件的投资性房地产采用公允价值模式进行后续计量：

1.投资性房地产所在地有活跃的房地产交易市场；

2.能够从房地产交易市场上取得同类或类似房地产的市场价格及其他相关信息，从而对投资性房地产的公允价值作出合理的估计。

（三）投资性房地产公允价值的确认

本公司以独立的市场经纪公司定期向非特定对象以刊物的形式公开发布的各类房产的市场调研价格或价格变动幅度作为确定公允价值的指导依据，其所公布的与本公司投资性房地产所在地同地段其他同质物业市场交易价格或平均变动幅度作为本公司投资性房地产公允价值或变动幅度，据此直接确认或计算确定的价格，与上一期同质投资性房地产账面价值比较后，其差额计入当期公允价值变动损益。

本公司选取上述经纪公司公布价格区间内的最低价格作为本公司的公允价值，或用其公布的平均价格变动幅度作为本公司公允价值变动幅度，每季度重新确认一次投资性房地产的价值。

如其公布的市场调研价格高于本公司同质投资性房地产账面价值时，其差额计入投资性房地产——公允价值变动，同时确认公允价值变动损益；如其公布的市场调研价格低于本公司同质投资性房地产账面价值时，其差额确认为公允价值变动损益，同时计入投资性房地产——公允价值变动。

其公布的市场调研价格平均变动幅度与本公司同质投资性房地产上一期账面价值的乘积为本期价格变动幅度。如为增长，其增值额计入投资性房地产——公允价值变动，同时确认公允价值变动损益；如为下降，其降低额确认为公允价值变动损益，同时计入投资性房地产——公允价值变动。

三、津滨发展 2006—2007 年披露的投资性房地产

（一）2006 年 12 月 31 日列示的出租开发产品

2006 年该公司执行旧会计准则，因此附注上列示的是出租开发产品，具体见

表 4—1：

表 4—1　　　　　　2006 年 12 月 31 日的出租开发产品　　　　　单位：元

项　　目	2006—12—31	2005—12—31
15 号厂房	6 609 593.21	6 816 207.77
18.19 号厂房	14 310 727.88	14 732 931.20
20 号厂房	10 972 742.04	11 294 303.73
高科技 DE 厂房	27 095 536.42	26 997 095.58
爱克林厂房	13 775 320.41	14 075 493.93
高科技园二期	46 517 827.76	47 490 377.11
晓燕湾房产	20 090 255.10	—
高科技 AB 厂房(5—9)号	48 750 886.91	48 581 267.64
高科技 C 厂房	9 772 092.66	9 767 833.04
滨海投资服务中心大厦	600 687 088.37	613 138 823.57
高科技三期	162 657 621.56	154 640 857.02
翠亨广场	6 118 407.99	3 053 749.11
金融街一期	60 165 061.38	58 922 513.69
雅都天元居写字楼	53 229 803.04	—
开发区微电子工业区厂房	81 311 476.46	82 956 098.19
津滨大厦	—	18 034 916.80
雅都公寓	66 922 713.36	41 011 783.96
磁电厂房	16 409 773.17	
新材料厂房	—	10 995 716.92
合　　计	1 245 396 927.72	1 162 509 969.26

(二)2007 年 6 月 30 日和 12 月 31 披露的投资性房地产

表 4—2　　　　　　　2007 年披露的投资性房地产　　　　　　单位：元

项　　目	2007—1—1	2007—6—30	2007—12—31
微电子工业区厂房	105 548 638.00	105 548 638.00	105 548 638.00
磁电厂房	14 449 890.00	14 449 890.00	14 449 890.00

续表

1♯厂房	11 975 912.00	11 668 286.25	
4♯厂房	13 165 880.00	13 165 873.82	13 165 880.00
2♯,3♯厂房	18 279 092.00	18 279 118.75	18 279 092.00
高科技 A、B、D、E 厂房	78 386 854.00	78,386,872.98	78,386,854.00
高科技 C 厂房	13 062 166.00	13 062 150.84	13 062 166.00
高科技园二期	76 306 880.00	76 306 859.76	76 306 880.00
高科技园三期	227 792 084.00	227 791 929.18	227 792 084.00
爱克林厂房	8 504 600.00		
新材料厂房	11 383 450.00	11 326 692.00	11 383 450.00
雅都底商	52 164 252.40	58 322 430.00	60 189 522.00
滨海投资服务中心大厦	523 200 000.00	520 000 000.00	536 280 000.00
翠亨广场西部写字间	6 153 140.00	6 153 140.00	6 153 140.00
金融街一期写字楼及底商	33 426 320.00	30 289 120.00	29 727 132.00
建设大厦二、三层	3 891 790.00	3 891 790.00	3 891 790.00
津滨大厦 2 号楼	48 209 192.45	48 209 192.45	48 209 192.45
晓燕湾商铺	21 194 169.10	21 194 169.10	22 556 663.00
合　计	1 267 094 309.95	1 258 046 153.13	1 265 382 373.45

四、投资性房地产计量模式的变更

津滨发展于 2007 年 1 月 1 日开始执行财政部 2006 年颁布的企业会计准则。公司的投资性房地产采用公允价值模式进行计量。其公允价值的确定方法为：通过取得独立的市场经纪公司定期向非特定对象以刊物形式对外公布的各类房地产市场价格信息，对物业所在地房地产交易部门进行抽样调查，与物业所在地其他房地产中介机构进行访谈等形式来获取投资性房地产市场价值信息，采用稳健性原则来确定投资性房地产的公允价值。在世界金融危机期间，津滨发展 2007—2009 年的投资性房地产价值占到该企业资产总额的 10%～20%，其 2008 年到 2009 年下半年年报的数据显示，该企业的投资性房地产价值几近该企业总资产的 18%。因此，投资性房地产的变动对于该企业来说具有非常重大的影响。

下表（表 4—3）即反映了津滨发展 2006 年计量模式变更前、变更后以及 2007

年的财务数据变动。

表 4-3 2006-2007 年津滨发展投资性房地产计量模式变更前后财务数据对比 （单位：千万元）

资产负债表项目	2006.12.31		2007.12.31
	变更前	变更后	
投资性房地产	117.74	126.71	126.54
总资产	528.43	539.98	672.6
净资产	208.25	231.15	281.73
投资性房地产/总资产%	22.28	23.47	18.81
投产性房地产/净资产%	56.54	54.82	44.92
公允价值计量对净资产的影响数	—	8.97	−0.17
公允价值计量对净资产的影响率%	—	3.88	−0.06
利润表项目	2006 年度		2007 年度
	变更前	变更后	
租赁收入	14.60	14.82	14.61
租赁成本	3.84	1.48	1.45
租赁业务毛利率%	73.72	90.03	90.05
公允价值变动损益—投资性房地产	—	4.48	1.74
净利润	4.51	8.43	8.86
公允价值变动损益—投资性房地产/净利润%	—	53.11	19.62

注：公允价值计量对净资产的影响率＝公允价值计量对净资产的影响数/期末净资产。

津滨发展在 2007 年报中指出为应对国家宏观经济政策，要加强资本运作，坚持筹资方式多样化，力争实现股本融资。《上市公司证券发行管理办法》第 13 条规定，只要市场欢迎，那些合法经营的上市公司都可以通过定向发行股票融资。但是，实际上，证监会为保护投资者，在审批时还有一条硬性指标，就是增发募集资金总额不超过公司上年度末经审计净资产的 50%，这就使得那些有融资需求的上市公司有增加净资产的动机。从表 4-3 可知，2007 年 1 月 1 日津滨发展的投资性房地产在公允价值计量模式下，账面值为 126.71 千万，而在成本模式下为 117.74 千万。变更计量模式使净资产增加了 8.97 千万，占当期净资产的 3.88%。

从表 4-3 可知，投资性房地产采用公允价值模式计量后，津滨发展无须再对投资性房地产计提折旧、摊销。这样每年将减少约 2.4 千万的营业成本,租赁业务的毛利率也从 73.72% 上升至 90.03%。此外使用公允价值模式计量后,投资性房地产的价值迅速上升,由此产生 2006 年公允价值变动损益 4.48 千万,占 2006 年净利润 53.11%,2007 年公允价值变动损益 1.7 千万,占 2007 年净利润 19.62%。

第三节　案例分析

一、投资性房地产计量选择公允价值模式的因素

（一）环境和技术的差异对企业计量模式的选择影响

新准则虽然引入公允价值计量属性,与国际准则趋同,但具体内容是基于我国特有的国情而制定的。对投资性房地产采用公允价值计量有着严格的条件限制。

（企业会计准则第 3 号—投资性房地产）第十条规定:"有确凿证据表明投资性房地产的公允价值能够持续可靠取得的,可以对投资性房地产采用公允价值模式进行后续计量。采用公允价值计量的,应当同时满足下列条件:(1)投资性房地产所在地有活跃的房地产交易市场;(2)企业能够从房地产交易市场上取得同类或类似房地产的市场价格及其他相关信息,从而对投资性房地产的公允价值做出合理的估计。"

（二）成本差异对企业计量模式选择的影响

企业若采用公允价值对投资性房地产进行后续计量,可能会增加相应成本。采用公允价值计量首要的问题是公允价值如何取得,取得方式是否合理等。国际会计准则 IAS40 虽然鼓励但不要求企业根据独立评估师的评估结果确定投资性房地产的公允价值。它规定了公允价值的获得可采用三种方式,这是由于西方的市场交易条件较成熟。但是许多企业为了获得合理公正的公允价值,还是会聘请独立机构对房地产进行测量和评估。比如香港以公允价值计量的房地产开发公司,每年就要聘请独立的评估师对其投资性房地产进行评估,并在年报中进行详细披露。这将大大增加使用公允价值计量模式的后续成本。

（三）会计准则与税法的差异对企业计量模式选择的影响

在成本模式计量法下,会计准则的规定和税法规定的差异主要体现在计提折旧、进行摊销和资产减值等方面。这种计量模式下的处理差别不大。虽然投资性房地产企业需要计提折旧或按期摊销,会减少企业的账面价值,但另一方面,企业可起到抵税的效果,减少了现金流的支出。

（四）财务指标的变动对企业计量模式选择的影响

财务指标往往是信息使用者获得相关信息的重要因素,其中有些指标的波动

与公允价值使用关系密切。比如:每股收益、每股净资产、净资产收益率和净利润等,这些指标能更直观反映新会计准则对上市公司财务状况尤其是股东权益的影响。

(五)盈余管理空间的要求对企业公允价价值模式选择的影响

投资性房地产企业有两种计量模式的选择,成本模式和公允价值模式。从企业的盈余空间角度分析,成本模式有其优越性,比如投资性房地产企业选择成本模式计量,则允许企业计提折旧,房地产出售时可将已计提的折旧全部转化为出售当期的利润,收益也可一次全部计入当期的利润。而新准则规定,企业采用公允价值计量模式,不对投资性房地产计提折旧或进行摊销,一旦选择公允价值模式,将无法再转成历史成本计量,从这一方面分析,管理层有可能放弃公允价值计量模式。

二、计量模式变更后对企业的影响

(一)变更后对资金需求的影响

表4—4列示了2004—2006年津滨发展与天津市同行业其他公司的主要财务数据。

表4—4　　2004—2006年津滨发展与同行业其他公司财务数据比较　　单位:千万元

公司	年度	投资性房地产(期末数)	总资产(期末数)	净资产(期末数)	投资性房地产/总资产(元)	投资性房地产/净资产(%)	资产负债率(%)	总收入	净利润	销售净利率(%)	净资产收益率(%)	每股经营活动产生的现金流量净额(元/股)
津滨发展	2004	—	317.89	93.96	—	—	70.44	55.50	1.81	3.26	1.93	0.15
	2006	—	378.14	96.11	—	—	74.58	123.40	1.94	1.57	2.04	−0.12
	2006	117.74	528.43	2008.25	22.28	56.54	60.59	108.23	4.51	4.17	2.96	0.42
广宇发展	2004	—	223.99	55.76	—	—	75.11	39.01	5.49	14.07	8.67	1.08
	2006	—	249.16	63.98	—	—	74.32	78.03	5.86	7.51	4.22	−0.04
	2006	2.02	242.12	60.30	0.84	3.35	75.10	113.03	−3.68	−3.26	−12.37	−0.14
海泰发展	2004	—	79.86	46.78	—	—	41.43	43.14	4.97	11.52	11.96	−0.16
	2005	—	102.91	50.77	—	—	50.67	59.06	4.60	7.78	10.87	0.03
	2006	41.58	106.23	57.64	41.49	72.14	42.49	57.44	5.12	8.91	10.80	0.22
天房发展	2004	—	317.85	169.60	—	—	46.64	56.20	1.99	3.55	0.90	−0.30
	2005	—	417.36	167.99	—	—	59.75	70.03	2.19	3.12	1.28	−0.35
	2006	27.98	504.72	168.39	5.54	16.52	66.64	99.01	3.05	3.08	2.11	−0.45
算术平均数		47.33	288.56	103.29	17.54	37.16	61.48	75.17	3.15	5.44	3.78	0.03

通过分析表4—4我们可以看出:

首先,津滨发展资产负债率处于同行业高位。2004、2005 年,仅津滨发展与广宇发展两家公司的资产负债率在 70% 以上,其他公司都处于 40%－60% 之间。2006 年津滨发展通过定向增发使比率降为 60.59%,但与海泰发展和天房发展历年平均比率 52.73% 相比,仍较高。

其次,销售净利率、净资产收益率处于同行业低位。虽然津滨发展的收入规模为四家公司首位,但销售净利率、净资产收益率两个盈利能力指标,与其他公司相比较低。2004－2006 年间,津滨发展的销售净利率平均值为 3.00%,比四家公司的平均值 5.44% 要低 45%。具体而言,海泰发展一直保持 7% 以上,天房发展三年均平稳保持在 3% 以上的水平,广宇发展盈利时也在 7% 以上。同时,这三年间津滨发展的净资产收益率一直徘徊在 1%－3% 之间,平均值为 2.60%,比四家公司平均值 3.78% 要低 31%。

最后,每股经营活动产生的现金流量不稳定。对于房地产公司而言,经营活动产生的现金流量易受当期开工项目数量、国家宏观调控政策的影响,因此,各期经营活动产生的现金流量净额不稳定。津滨发展 2004－2006 年每股经营活动产生现金流量净额从－0.12 元—0.42 元不等,波动幅度分别为－1.8 倍、－4.5 倍。津滨发展在 2007 年报中也指出,由于国家开始采取"从紧的货币政策",融资工作已成为制约房地产企业发展的关键因素,而且公司正在开工建设多处项目。对此,公司在采取的应对措施中突出了要加强资本运作,坚持股本融资和债务融资相结合的方式,坚持筹资方式的多样化,力争实现股本融资。

其他三家公司,融资压力相对津滨发展而言较小。海泰发展 2004－2006 年平均资产负债率为 44.86%,是四家公司中比率最低的;两项盈利能力指标值是四家公司中最高的;各期每股经营活动产生的现金流量净额在四家公司中最稳定。因此,虽然公司持有的投资性房地产处于第二位,有 4.2 亿,占总资产、净资产的比重分别为 41.49%、72.14%,比重均高于津滨发展,但没有通过变更投资性房地产的计量模式来促进公司进行外部融资的动机。由此可推,公司对资金需求的程度是会影响其公允价值计量模式选用的。如果公司对资金的需求尤为迫切,且所需资金量大,那么,其很有可能选择使用公允价值模式计量投资性房地产,以拓宽融资途径,提高资金到位速度。反之,若公司对资金的需求并不迫切,融资压力较小,那么公司即使持有较大规模的投资性房地产,仍不会选用公允价值模式来计量。

(二)计量模式的选择对资产规模的影响

2006 年末,其他三家公司持有的投资性房地产均在 0.2 亿—4.2 亿之间,但津滨发展持有 11.78 亿,占总资产的 22.28%,比重处于较高水平。相比津滨发展,广宇发展资产负债率是四家公司中最高的,三年均在75%左右;平均净资产收益率是四家公司中最低的,仅为0.18%。公司在2006—2007年报中指出,为改善资本结构、应对国家宏观经济政策,公司将积极采取应对措施。在措施中,强调要拓宽融资渠道、适时推进再融资方案的实施。但公司仅持有0.2亿的投资性房地产,占总资产0.84%、占净资产3.35%,是四家公司中持有量最低的。倘若变更投资性房地产的计量模式,对公司财务数据的影响也不会很明显。可见,持有大规模的投资性房地产,为津滨发展通过变更投资性房地产计量模式来影响公司的财务指标,提供了可能。

可见,资产规模影响了公司对投资性房地产计量模式的选择。当公司融资压力大时,若其持有较大规模的投资性房地产,则为通过变更投资性房地产计量模式来缓解融资压力提供了可能;若公司持有的投资性房地产规模较小,即使公司有迫切的资金需求,也不会采用公允价值计量模式。因为投资性房地产规模小,变更其计量模式带来的收益并不明显,不足以弥补后续运用公允价值模式的成本。

通过以上分析,可知津滨发展资金需求量大,为促进公司对外融资公司有通过变更投资性房地产计量模式来影响主要财务数据的动机。再加上公司持有最大规模的投资性房地产,为实现这一目的提供了可能。那公允价值计量模式在后续运用的情况如何呢?本文仍然从公司自身以及公司与同行业同地区其他五家公司对比两个维度来进行探究。

(三)公允价值计量模式的运用对财务数据的影响

1.主要财务指标的波动较大

首先,后续运用公允价值计量更能真实反映公司资产的价值波动。津滨发展采用公允价值计量其持有的投资性房地产,因此各期投资性房地产的市场价值波动都可以在财务报表中反映。如表4-5所示,2007年房价上涨,公司依照房地产市场价格确认了2.32千万元的价值增值;2009年由于国家出台一系列的经济刺激政策,房价开始有所上扬,公司也确认了0.36千万元的价值增值;到2011年,国家为抑制房价过快上涨出台多项包括"限购令"在内的房地产调控政策,使得当年房价开始下跌,公司也及时计提了2.79千万元的价值减值。与津滨发展相对应的是,其他5家公司因采用成本模式计量,2007—2011年间,各公司持有的投资性房地产的账面价值都未发生变动(不考虑投资性房地产自身因转入、转出所引起的价值变动)。投资性房地产的账面价值没有反映出房地产市场价值的波动情况。

表 4—5 2007—2011 年津滨发展投资性房地产公允价值计量对财务数据的影响　单位:千万元

项目	2007	2008	2009	2010	2011
投资性房地产	126.54	120.70	81.41	75.71	72.92
投资性房地产/总资产(%)	18.81	16.90	9.71	9.91	8.24
投资性房地产/净资产(%)	44.92	43.47	30.46	31.35	31.67
投资性房地产对净资产的影响数	−0.17	−5.83	−39.56	−5.43	−2.79
投资性房地产对净资产的影响率(%)	−0.06	−2.10	−14.85	−2.25	−1.21
资产负债率(%)	58.11	61.12	68.14	68.39	73.98
公允价值变动损益—投资性房地产	1.74	−0.13	0.36	0.00	−2.79
其中:因评估值变动而计提的公允价值变动损益	2.32	0.00	0.36	0.00	−2.79
因其他原因计提的公允价值变动损益	−0.58	−0.13	0.00	0.00	0.00
投资性房地产成本变动	−1.91	−5.70	−39.92	−5.43	0.00
净利润	8.86	7.01	1.80	9.58	−29.80
公允价值变动损益—投资性房地产/净利润(%)	19.62	−1.92	19.95	0.00	9.37

　　其次,后续运用公允价值计量对净资产有一定的影响。从表 4—5、图 1、图 2 可以看出,2007—2011 年津滨发展的投资性房地产对净资产有一定的影响,影响数分别为−0.17 千万元、−5.83 千万元、−39.56 千万元、−5.43 千万元、−2.79 千万元,分别占当期净资产的−0.06%、−2.10%、−14.85%、−2.25%、−1.21%。其他五家公司中,天津松江 2009 年的影响数较大,是因为公司当期通过资产重组换入新投资性房地产所致;海泰发展 2010 年影响数较大为公司将部分基地项目出租所致。占总资产的比重从 2007 年 18.81% 变为 2011 年只有 8.24%。

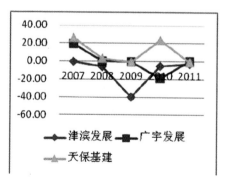

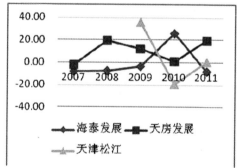

图 1　2007—2011 年津滨发展、广宇发展,天保基建三家公司投资性房地产对净资产影响数的比较图

图 2　2007—2011 年海泰发展、天房发展,2009—2011 年天津松江三家公司投资性房地产对净资产影响数的比较图

从图1和图2中可以看到6家公司净资产在5年内存在一定的波动性,究其原因,一方面是由于宏观环境变化和我国政策调控下,房地产市场价值出现了波动。2007－2011年投资性房地产市场价值变动金额分别为2.32千万元、0元、0.36千万元、0元、2.79千万元,波动幅度为1.8％、0、0.3％、0、－4％。另一方面由于投资性年内房地产逐年转出而导致规模缩小。津滨发展在2007－2010年间,分别将2.49千万元、4.85千万元、6.54千万元、0.41千万元,占年初总额1.97％、3.83％、54.17％、0.5％的投资性房地产进行出售,转为存货或转为固定资产。

最后,后续运用公允价值计量对净利润的影响较大。由表4－5可知,虽然投资性房地产价值波动幅度不大,但每次波动的金额却不小。再加上投资性房地产初始成本变动,两方面变动共同使得公允价值变动损益对净利润的影响较大。2007、2009年由于房价上涨,公允价值变动损益对净利润均有约20％的提升作用,其中2009年公司业绩大幅下滑,依靠运用公允价值计量模式减缓了业绩的下滑幅度。而在2011年由于国家宏观调控政策使房地产价格下降,公司业绩大幅下滑,此时公允价值计量模式增大了公司净利润的下降幅度,达9.37％。我国房地产市场一直处于政府监管之下,2007－2011年国家多次进行宏观政策调控,使得房地产市场一直处于不稳定状态。而使用反映市场行情波动的公允价值计量模式来计量投资性房地产,将各期投资性房地产的市场价格变动计入当期损益,就会将房地产市场行情的波动风险引入到公司的业绩中,从而使公司净利润的不可预见性增大。因此,大部分房地产公司对公允价值计量模式的运用持谨慎态度,也在情理之中。

表4－6列示了2007－2011年津滨发展与同行业其他五家公司的财务数据。结合表4－6、图3、图4可看出,在2008－2011年间,六家公司中津滨发展的业绩波动幅度最大,且除2010年净利润有所上扬外,其他各期都处于下滑态势。受净资产、净利润的波动影响,与这两项指标相关的其他财务指标如净资产收益率、经营活动现金流量的波动幅度明显比采用成本模式的另五家公司同样指标的波动幅度要大。

表4-6 2007-2011年津滨发展与同行业其他五家公司财务数据比较 单位:千万元

公司	年度	投资性房地产	投资性房地产/净资产(%)	资产负债率(%)	净利润	净资产收益率(%)	每股经营活动产生现金流量净额	公允价值计量对权益的影响金额	公允价值计量对损益的影响金额	公允价值计量产生的损益对净利润的影响(%)	公允价值计量项目*
津滨发展	2007	126.5	44.92	58.11	8.86	3.46	-1.3		7.59	85.62	1,2
	2008	120.7	43.47	61.12	7.01	2.51	-0.2		5.92	84.48	1,2
	2009	81.15	30.46	68.14	1.8	0.66	0.61		5.68	316.16	1,2
	2010	75.71	31.35	68.39	9.58	3.77	0.46		0.06	0.63	2
	2011	72.92	31.67	73.98	-29.8	-12.63	-0.3		14.39	-48.29	1,2
广宇发展	2007	21.24	31.76	77.14	6.76	10.11	1.01	1.00	2.56	37.88	2,3,5
	2008	21.66	31.56	75.01	3	-8.47	-0.2	-1.1	0.17	5.67	2,3
	2009	21.05	26.66	72.61	12.82	17.36	0.88	0.17	0.21	1.64	2,3
	2010	2.42	2.52	64.65	17.04	19.31	-0.0	0.02	1.85	10.86	2,3
	2011	2.65	1.95	54.37	42.47	37.41	0.71	-0.4	0.05	0.12	3
天保发展	2007	25.75	40.58	36.79	10.59	18.68	0.31		3.14	29.56	5,6
	2008	28.82	16.58	47.48	11.45	9.65	-0.4	92.5			4
	2009	27.97	14.75	51.47	15.72	8.65	1.38				4
	2010	51.53	24.40	55.26	21.68	10.82	0.90				
	2011	50.64	21.65	50.29	24.87	11.17	-0.2		0.02	0.08	2
海泰发展	2007	33.49	22.14	21.14	10.01	10.40	-0.3	0.06	10.72	107.14	2,3
	2008	25.72	16.01	52.17	13.63	8.86	-1.6	0.05	2.48	18.19	2,3
	2009	22.07	13.17	39.18	9.11	5.55	-0.1	-0.2	4.89	53.69	2,3
	2010	48.12	28.66	43.16	6.67	3.98	0.13		2.13	31.94	2,3
	2011	40.16	24.28	46.01	8.18	4.91	1.12		0.23	2.81	3
天房发展	2007	26.00	6.65	55.15	5.84	2.18	-1.5				
	2008	45.28	11.36	61.10	12.88	3.50	-1.6				
	2009	57.43	13.95	62.51	16.59	4.41	0.52		11.48	69.21	2
	2010	58.09	13.27	65.47	28.57	6.96	0.90		8.17	28.60	2
	2011	77.34	16.08	60.95	40.58	8.83	0.14				
天津松江**	2009	35.58	42.01	87.95	14.74	56.96	0.63		0.05	0.34	2
	2010	16.51	15.51	88.84	21.81	23.15	-0.7		20.01	91.73	2,7
	2011	16.54	12.19	87.14	27.12	23.55	-0.3		7.64	28.18	2
算术平均值		44.05	22.48	60.20	13.56	10.55%	0.01	10.2	4.97	34.15%	

注:* 公允价值计量项目:1.投资性地产;2.处置非流动资产;3.金融资产;4.定向增发股份;5.债务重组;6.资产置换;7.权益法核算的长期股权投资。

* * 天津松江于2009年转为房地产开发与经营行业,因此仅列示2009-2011年相关数据。

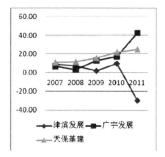

图3 2007－2011年津滨发展、广宇发展,天保基建三家公司净利润比较图

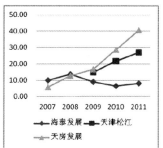

图4 2007－2011年海泰发展、天房发展净利润与2009－2011年天津松江净利润比较图

综上所述,公允价值计量模式的后续运用能真实反映公司资产的价值波动,但由于该计量模式将房地产市场行情的波动引入到当期损益中,且对净利润的影响较大,致使公司各期净利润的不可预见性增强。同时,由于该计量模式对公司净资产、净利润的影响,以及由此带来的对其他相关财务指标的影响,造成公司的财务风险持续增长,投资者的投资风险日益加剧,市场反应剧烈。

2.公允价值的计量依据不同影响财务数据的可比性

津滨发展是利用第三方调查报告来计量其持有的投资性房地产公允价值的。其在2007半年报中披露,公司以独立的市场经纪公司定期公开发布的各类房地产的市场调研价格或价格变动幅度作为计量公允价值的指导依据。2007年首批采用公允价值计量投资性房地产的18家公司,其投资性房地产公允价值的计量依据存在不一致的情况:依据专业机构提供的评估报告确定金额的仅有8家(占44％)、由公司董事会自行确定的有7家(占39％)、利用第三方调查的2家(占11％)、未披露的有1家(占6％)。而在依据评估报告确定公允价值的8家企业中,有2家公司在2008年改为由公司董事会自行确定。计量依据不同会影响18家公司之间或同一公司不同地区的子公司之间,同质投资性房地产估值结果的可比性。

采用专业机构评估报告来确定公允价值的企业数量未占到一半,导致这种现状的主要原因就是评估费用较高。采用公允价值模式计量投资性房地产的上市公司,至少每期末需要对投资性房地产的公允价值评估一次。就津滨发展来说,按天津市房地产评估中介的收费规定,以2007年末投资性房地产的账面价值计算,其评估费在15万元以上。

【思考题】

1.公允价值的计量属性中主要问题是什么?会带来哪些影响?

2.在计量投资性房地产时选择运用公允价值模式需考虑哪些因素?其后续运用中存在的问题与阻碍有哪些?

3.津滨发展对于投资性房地产计量模式的选择带给我们哪些启示?

第五章

债转股,企业起死回生

——郑百文、信达、三联等资产债务重组案例

教学内容与目标

　　本章阐述了企业经济活动中的债务重组的概念,对债务重组中的债权变股权及相关内容进行了分析,在此基础上结合上市公司郑州百文股份有限公司与信达公司、三联公司之间的债务重组即债权变股权的运作进行了介绍,使学员通过本章的学习开拓自己的视野,从而加深对债务重组中的债权转股权的认识。

第一节　知识准备

一、概述

　　债务重组,是指企业以经营性资产重新组合为基础,将其债务通过产权的转让发生与转移或转变为股权,从而使"债权资本"变换为"经营资本"。

　　债务重组的方式主要有一是债权转股权,二是债权转经营权。本章着重分析"债权转股权"这一债务重组形式。债权转股权这一重组形式始于20世纪90年代中期。20世纪90年代初期当国有企业处于"两权分离"改革阶段时,出现了企业之间因相互拖欠债务而发生债务牵连,随着股份公司制度的建立,被债务缠身的企业通过债务重组又获得了新生。

二、债权转股权方式

　　通过组建股份有限公司的途径实现债权向股权的转化是债务重组转为理想的实现形式。债务重组中,企业的债权主要有以下几块:一是金融债权,它是企业向银行和其他金融机构借款而形成的,包括长期借款和短期活动资金借款。二是财政债权,这种债权的形成较为复杂,既有财政拨款改贷形成的债权,又有财政部门

向企业投入的财政周转金,以及企业拖欠税款而形成的债权。三是货款债权,主要是企业间相互拖欠货款而形成的。

债权转股权方式有:

(一)银行债权转股权

银行的借贷资本是银行资本的主流,由于银行是资金市场的中介机构,是资金运动的枢纽,调节着资金在社会经济运行中的供求平衡。随着市场经济的发展,生产经营规模的不断扩大,企业对银行资金的需求日益增加。但银行作为资金市场的中介机构,其资金的来源除资本以外主要是吸收社会闲置资金来提供给需要资金的单位,因而从理论上讲,银行无权将借贷资本转化为股权资本。但是,特殊情况,针对特殊的企业,银行债权可以转化为股权。银行债权转股权只有出现以下几种情况才能发生:

一是银行债权处于"虚拟"状态。作为债务人的企业因经营不善、管理水平低下导致企业连年亏损,活动资金短缺,长期拖欠银行贷款,甚至出现资不抵债的局面。这类企业中,一部分因债务累累,扭亏无望而被迫破产倒闭,银行债权将会化为乌有;另一部分虽处境艰难,但还存有一线生机,如能及时摆脱债务困境,就可以扭亏为盈,逐步步入良性循环的轨道。对这些企业,如能将银行的债权转变为股权,就可以通过调整产品结构,优化资产组合,为恢复生机创造条件。

二是银行债权收益处于"休克"状态。作为债务人的企业,在改扩建过程中,因各种原因使其建设项目不能如期竣工投产,或新产品开发未能如期批量生产,从而导致预期目标无法实现。此种情况下,企业不能按约如期还本付息,拖欠银行债务。作为债务人的企业可以要求延长银行借款期限,也可要求银行的债权转股权。如果银行选择债权转股权的方式,将会给企业带来积极的作用。因为银行的债权转股权,实际上是扩充了企业的自有资金的规模,有利于企业制定长期经营规划与目标,消除债务困扰,激活企业活力,从根本上解决企业资金短缺的问题,在实际经济生活中,一些长期受债务困扰的企业,由于银行的支持将银行的债权转为股权,取得了较好的效果,也为企业的债务重组提供了成功的经验。

当然,银行的债权转股权,并不是适应所有的企业,其具备的条件应当是:企业资不抵债,如不改变现状,在今后相当长的时期无力偿还债务,随着拖欠时间的延长,银行债权就会渐渐地消失;债转股有助于消除债务困扰,可以迅速启动生产经营活动,并出现良好的经济效益预期,可以迅速扭亏为盈;其生产经营的产品符合国家产业政策,且承担产品结构调整的重任;对经济起着举足轻重的作用,特别对于维护和增加劳动就业,维护社会安定有积极的作用。

(二)企业债权转股权

企业之间的债权债务关系,通常是企业购销双方在生产经营活动中发生商品交换行为,一方拖欠一方的货物或货款而形成的。此种情况下,债权人只希望债务人尽早偿还货款,并不愿接受债务人提出的债权转股权的要求。债权人只有在债权转股权过程中获取良好的预期收益中才会接受。

其一,通过债权转股权,债务人组建的公司经营前景良好,能给股东带来丰厚的收益,债权人会同意债权转为股权。

其二,债务重组的债务方拥有知名商标及品牌,或债务方是上市公司有稀缺的"壳资源"价值,债权人通过债权转让股权可获取股权"附加值"收益,通过重组借"壳"上市。如本章所分析的三联公司对郑百文进行的债务重组就是一个典型。

其三,债务人与债权人在生产经营过程中有较强的关联性,债务人营销状况的好坏对债权人有重大影响。企业之间的债权债务关系是以货款为纽带的,表明企业之间在生产经营上有十分密切的内在关联性,可以相互制约、相互促进、相互依存,债务人为摆脱债务困境而进行的债务重组如果得到债权人的支持且会为两者之间的发展创造空间,因此,这种债权转股权就可以达到双赢的目的。

第二节　郑百文、信达、三联资产债务重组案例

一、概况

郑州百文股份有限公司(集团)(以下简称郑百文),公司前身郑州市百货文化用品公司,1987年6月在郑州市百货公司和郑州市钟表文化用品公司合并的基础上组建成立,1988年12月组建成立郑州市百货文化用品股份有限公司,并公开发行股票400万元。1992年7月,更名为郑州百文股份有限公司(集团)。1996年4月18日上市。公司经营范围:百货文化、五金交电、针织服装、化工产品、矿产品、普通机械、电器机械及器材、食品、酒、棉纱、印刷器材等。

1999年,郑百文由于造假的盖子被揭开,遭到特别处理。作为郑百文最大债权人的信达资产管理公司于2000年3月3日向郑州市中级人民法院递交了对郑百文的破产申请书。其后2001年有关各方为郑百文重组进行了艰苦的努力。2001年2月,郑百文股东大会通过了郑百文资产债务重组的方案,郑百文重组艰难进行。2002年3月5日,郑百文就重组发布公告称重组取得实质性进展。2003年5月22日,郑百文发布关于恢复上市工作进展情况的公告。2003年7月,先后发布了重组过程遗留股份处置情况及回购股份已基本过户的公告、恢复挂牌上市的公告。2003年7月18日,郑百文恢复挂牌上市交易,至此郑百文重组告一段落。2003年8月27日,公司名称由"郑州百文股份有限公司(集团)"变更为"三联商社股份有限公司",简称"郑百文"变更为"三联商社"。

二、郑百文资产债务重组的背景

郑百文是一家商业性的上市公司,也是郑州市第一只股票,曾经在商业王国叱咤风云、红极一时,发行之初被普遍看好。1997年其销售收入达767 784万元,净利润达8 129万元,每股收益0.4649元。而1998年其经营急转直下,直至2001年

被重组。现将有关背景资料摘录如下：

（一）无法表示意见审计报告（郑会证审宇[1999]第018号）摘录

我们接受委托，审计了贵公司1998年12月31日的资产负债表（母公司及合并）、1998年度利润表及利润分配表（母公司及合并）和1998年度的现金流量表（母公司及合并）。这些会计报表由贵公司负责，我们的责任是对这些会计报表发表审计意见。

经审查，贵公司所属家电分公司缺乏我们可信赖的内部控制制度，会计核算方法具有较大的随意性，而家电分公司的资产及业务量在贵公司占较大比重，致使我们无法取得充分适当的审计证据对贵公司整体会计报表的收入、成本及其相关的报表项目的真实性、合理性予以确认。

如附注2、附注3、附注4所示，贵公司的应收账款、其他应收款及预付账款为人民币1 398 361 719.33元，其中账龄在1年以上的金额为人民币289 499 504.87元，由于上述第二段原因，我们无法依据贵公司提供的资料对这些债权收回的可能性作出合理的估计。

经审查，贵公司存在1998年度借款的利息75 094 300.25元记入1998年度财务费用，由于贵公司采用内部资金有偿使用的政策，公司存在应抵消的内部资金占用费，由于上述第二段原因，我们无法取得充分的审计证据对应抵消金额予以确认，从而无法对上述未入账的借款利息对财务费用的影响程度作出合理的估计。

贵公司1998年度经营规模出现大幅度缩减，并产生巨额亏损，主要财务指标显示其财务状况恶化，我们无法取得必要的证据确认贵公司依据持续经营假定编制会计报表的合理性。

我们认为，由于上述原因，不能取得充分必要的审计证据，无法确认其对会计报表整体反映的影响程度，我们无法对上述会计报表是否符合《企业会计准则》和《股份有限公司会计制度》的有关规定以及是否公允反映了贵公司1998年12月31日的财务状况和1998年度的经营成果及现金流量情况发表审计意见。

（二）会计数据和业务数据摘要

1.1998年度利润总额及其构成（单位：元）：

利润总额	－504 894 117.99
净利润	－502 414 550.70
主营业务利润	－254 674 126.42
其他业务利润	3 494 731.26
投资收益	233 341.67
补贴收入	0
营业外收支净额	－483 051.26
经营活动产生的现金流量净额	－299 649 337.18

现金及现金等价物净增加额　　　　－608 928 477.18

2.1996－1998年主要会计数据和财务指标：

项目	1998年	1997年	1996年
主营业务收入(元)	3 355 018 161.95	7 677 843 553.61	3 482 254 221.03
净利润(元)	－502 414 550.70	81 294 925.65	49 899 503.61
总资产(元)	2 366 069 076.13	3 529 757 999.53	2 034 398 955.45
股东权益(元)	43 746 927.80	392 650 151.31	314 314 494.44
每股收益(元)	－2.5428	0.4649	0.3709
加权平均每股收益(元)	－2.7255	0.4649	
每股净资产(元)	0.2214	2.2452	2.3365
调整后的每股净资产(元)	－0.1595	1.9329	
净资产收益率	－1148.4568%	20.7042%	15.876%
加权平均净资产收益率	－244.7768%	23.2192%	

(三)董事会报告摘要

1.对会计师事务所出具的审计报告所涉及事项的说明：

(1)公司董事会确信,在公司依据《企业会计准则》和《股份有限公司会计制度》等有关规定编制的1998年度会计报表中,不存在虚假的记载。

(2)因公司网络建设发展过快,管理工作跟不上,在财务管理方面存在一定漏洞,加上本次审计工作时间较紧,集团公司与部分外地分公司之间的内部往来有未抵消的部分,此部分公司正在抓紧核实。

集团公司组建外地分公司时所购入的房产、运输工具等,近期进行清理后,已将其中手续齐全的部分全部转入固定资产,对于所余未办理房产等手续不全的部分资产,仍暂挂其他应收款。

(3)对于郑州会计师事务所对公司1998年度借款利息所作的陈述,因公司对其金额的确认与银行等方面存在一定的异议,故此部分未入账。

(4)公司1998年度经营规模萎缩,发生严重亏损。公司将采取积极的应对措施从严治企,加强对企业的梳理整顿,寻求金融支持,压缩费用,继续发挥现有网络的作用,寻找资产重组和新的经济增长点。

2.公司报告期利润与预测利润差异的说明：

公司1998年利润预测为6 800万元,实际结果却出现严重亏损。其原因是：

(1)在严峻的市场环境下,银行为防范风险,压缩投放信贷资金,经营十分困难。

(2)逾期资金罚息负担沉重,导致公司财务状况恶化。

(3)由于快速扩张,管理工作严重滞后,管理成本提高,人才匮乏,战线过长,有效控制力弱化,跑、冒、滴、漏现象严重。

(4)随着技术进步,成本下降,生产厂家经营规模也越来越大,以价格优势获得市场份额是厂家主要竞争手段。频繁调整价格,导致公司存货稍有积压便会形成购销价格倒挂。

(四)业务报告摘要中有关公司报告期的经营情况

1998年公司实现销售收入33.55亿元,仅占预期目标的49.07%,与上年同期相比下降了56.30%。其中家电分公司由65.71亿元减少到24.43亿元,下降59.26%;百货文化各分公司由10.49亿元减少到8.44亿元,下降了19.54%;进出口总额6755万元,增长17.38%。进出口贸易涉及英、德、美、智利、孟加拉、中国香港等国家和地区。

工作中出现的主要问题:"重经营,轻管理;重商品销售,轻战略经营;重资本经营,轻金融风险防范;重网络硬件建设,轻网络软件完善;重人才引进,轻人员监管和培训"是企业内部存在的主要问题,也是造成严重亏损的重要因素。

(五)会计报表附注摘录

1.短期借款(单位:元)

借款类别	期初数	期末数
抵押借款		
担保借款	30 000 000.00	30 000 000.00
信用借款	181 000 000.00	181 000 000.00
逾期承兑转入		1 772 120 712.39
合　计	21 000 000.00	1 983 120 712.39

2.财务费用(单位:元)

类　别	1998 年度	1997 年度
利息支出	142 673 663.29	27 379 959.59
减:利息收入	15 957 337.03	23 231 205.84
汇兑损失		5 213.03
减:汇兑收益		446 438.12
其　他	621 701.98	4 582 065.42
合　计	127 338 028.24	8 299 594.08

三、最大债权人递交郑百文破产申请书

郑百文因1998年亏损,股票被特别处理。1999年8月,披露中报,中期亏损

5.3 亿元,每股亏损 2.7 元,每股净资产 －2.98 元。

1999 年 12 月,截至 1999 年 9 月的贷款本金及应付利息 19.36 亿元,已由中国建设银行转让给中国信达管理资产公司(该公司为中国建设银行系统内处理不良资产的专业机构)。郑百文同时又设立资产重组委员会。2000 年 1 月,预告 2000 年将出现重大亏损。

作为郑百文最大债权人,信达资产管理公司于 2000 年 3 月 3 日向郑州市中级人民法院递交了对郑百文的破产申请书。此事经 3 月底和 4 月初被新闻媒体相继披露后,就成为中国证券市场首次出现上市公司被申请破产的事件,引起投资者和市场各方面的高度关注。媒体相继以"ST 郑百文亏损不见底"、"ST 郑百文被申请破产引起各方关注"等醒目标题报道郑百文公司的状况,同时又有报道这样说:"考虑到郑百文是上市公司,目前郑州上市公司为数不多,且申请破产数额巨大,郑州市中院决定先接申请书,同上级有关部门协商后再依法执行下一步程序,按照有关法规启动和解程序,进行双方当事人的和解。"据了解,信达在递交申请书之后并未与郑州中院联系,而郑百文也未接到中院通知,看来似乎有"和解"的迹象。

至 2000 年 4 月 29 日,ST 郑百文披露 1999 年年报,年报称:1999 年亏损 9.57 亿元,每股亏损 4.8435 元,每股净资产 －6.5766 元,调整后的每股净资产 －6.9706 元,同样,年报也被出具拒绝表示意见的审计报告。对于被申请破产一事,董事会报告在公司财务状况中披露:"截至 1999 年 12 月 31 日,郑百文到期未偿还中国信达本息为 2 126 149 571.34 元,债权人已向郑州市中级法院申请郑百文破产还债。如法院受理,公司将面临破产。目前,公司与债权人之间仍在协商之中,尚难确定其结果。"在生产经营环境、宏观政策法规的变化对公司财务状况和经营成果可能产生影响中披露:"债权人中国信达资产管理公司申请郑百文破产还债,如被法院受理、裁定、公司将面临破产,将对公司经营存续产生重大影响。"

2000 年 6 月 23 日,郑百文公司公告称,6 月 20 日资产重组委员会的工作到期,有关方面未达成债务与资产重组协议,公司破产的可能性仍然存在。

至 2000 年 11 月底,国家有关部门到郑州彻底调查郑百文的问题,郑百文的问题也被彻底曝光,同时信达申请郑百文破产一案的原因也被媒体作了较全面的披露。现将有关报道摘录如下:

"郑百文其实根本不具备上市资格,为了达到上市募集资金的目的,公司硬是把亏损做成盈利报上去,最后蒙混过关。"郑百文一位财务经理回忆说,为了上市,公司几度组建专门的做假账班子,把各种指标准备得一应俱全。

郑百文变亏为赢的常用招数是让厂家以欠商品返利的形式向郑百文打欠条,然后以应收款的名目做成盈利入账。为防止法律纠纷,外加一个补充说明——所打欠条只供郑百文做账,不作还款依据。1998 年,企业已举步维艰。年终出财务报表时,公司领导聚首深圳商讨对策,决策者的意见仍然是"要赢利"。但窟窿已经包不住了,一番争论之后,郑百文首次公布了重大亏损的实情。

　　郑百文利用上市后经营自主权扩大带来的方便，使其更多、更严重的违背经济规律甚至违法乱纪行为大行其道。据了解，郑百文上市募集的资金数以亿计地被公司领导以投资、合作为名拆借、挪用出去，总计 10 多家公司拆借的近 2 亿元资金不仅至今有去无归，还使郑百文陷入了一桩又一桩追款讨债的官司中。

　　导致郑百文迅速膨胀的直接因素，是郑百文家电公司曾与四川长虹和原中国建设银行郑州分行之间建立的一种三角信用关系，即曾被各方广为赞扬、被誉为"郑百文经验精华"的"工、贸、银"资金运营模式，其基本内容是：郑百文购进长虹产品，不需支付现金，而是由原建行郑州分行对四川长虹开具 6 个月的承兑汇票，将郑百文所欠货款直接付给长虹，郑百文在售出长虹产品后再还款给建行。

　　郑百文的领导为这种三角合作的关系赋予了高深的内涵，说商业银行的信誉、生产商的信誉和销售商的信誉加在一起，就是中国市场经济的基本框架。郑州建行更认为，依靠银行承兑这种先进的信用工具，支付企业扩大票据融资，是很有意义的探索。

　　在有关各方的一片喝彩声中，这种模式 1996 年起步后业务量一路攀升，1997年，建行为郑百文开具承兑总额突破 50 亿元，郑百文一举买断长虹两条生产线的经营权。这种模式后被推广到郑百文与其他厂家的业务中。三角关系建立后，家电公司立即成为郑百文下属各专业分公司中的"大哥大"和业务增长的主体。迄今为止，郑百文拖欠银行债务的 90%以上仍然在家电公司。

　　1998 年春节刚过，建设银行郑州分行就发现开给郑百文的承兑汇票出现回收难，此后的半年间，累计垫款 486 笔，垫款金额 17.24 亿元。

　　中国人民银行调查发现，原建行郑州分行与郑百文签订的所有承兑协议，不但没有任何保证金，而且申请人和担保人都是郑百文，担保形同虚设。总额达 100 多亿元的银行资金，就这样被源源不断地套出。

　　作为专门为清理不良资产而设立的资产管理公司，"信达"对接收的债权，既可进行资产重组，也可申请破产清算。资产重组是指通过剥离不良资产，引进优质资产使企业起死回生。

　　"信达"方面要求，郑百文资产重组的前提条件，是必须保证"信达"的资产回收数额不低于 6 亿元，即最大股东郑州市政府要拿出 6 亿元可变现良性资产注入郑百文。按照这一比例，"信达"公司的资产回收率只有 28.2%，而郑州市政府认为，郑百文资不抵债完全是企业行为，银行的资产风险理应由银行自己承担。

　　由于最大股东未能在"信达"规定的期限内拿出被认可的重组资产，2000 年 3月 3 日，"信达"公司一纸诉状把郑百文告上法院，申请郑百文破产还债，成为目前我国四家金融资产管理公司中的首例破产申请。

四、三方重组艰难进行

　　2001 年 1 月 3 日，郑百文公布股东大会公告称，2000 年第二次临时股东大会12 月 31 日在郑州召开，《关于公司资产债务重组原则的议案》获得通过，但由于公司董事会关于 ST 郑百文重组的具体细节和有关协议尚未出台,且还需下一次股东大会审议表决,因此,目前仍不排除公司有破产的可能。

（一）郑百文发布资产债务重组公告

2001 年 1 月 18 日,郑百文董事会通过了资产与债务重组的有关决议,并在 1 月 20 日和蛇年的第一个交易日 2 月 5 日的证券报作了披露。以下是公告内容的摘抄:

1.重组概述

（1）信达向三联出售对本公司的 14.47 亿元的债权,三联集团公司取得信达该债权的价格为 3 亿元人民币。

（2）三联向信达购买上述债权后将全部豁免。在三联豁免债权的同时,本公司全体股东,包括非流通股和流通股股东需将所持本公司股份的 50% 过户给三联集团公司。

（3）不同意参加重组将自己所持股份中的 50% 过户给三联集团公司的股东,将由公司按公平价值将其所持股份全部回购。

（4）百文集团购买本公司除部分房产外的全部资产,同时承接公司的部分债务。

（5）公司与三联进行资产置换。

2.重组方案的主要内容

以 2000 年 6 月 30 日为重组方案实施的基准日:

（1）郑百文已与百文集团签署了《资产债务承接协议》,百文集团与信达公司签署了《关于郑州百文集团有限责任公司承接郑州百文股份有限公司（集团）债务协议书》,与部分其他债权人签署了《债务转移协议》。根据上述协议,百文集团将按照经天健会计师事务所审计的郑百文的 2000 年 6 月 30 日的中期会计报表的数据,购买郑百文除 30 143 456.57 元房产外的全部价值为 970 607 842.03 元的资产,同时承接郑百文的债务 591 749 420.03 元（该 591 749 420.03 元的债务包括对信达公司的 502 000 000.00 元债务和对其他债权人的债务 89 749 420.03 元）,上述信达公司及其他债权人的债务转移已全部取得债权人的书面同意。百文集团购买郑百文资产和承接郑百文负债的差额 378 858 422.00 元,记为郑百文对百文集团的其他应收款。2000 年 6 月 30 日之后至上述资产购买和债务承接的实际交接日之间所产生的期间损益及其他责任将由百文集团承担（除债务豁免外）。

（2）上述郑百文对百文集团的 378 858 422.00 元的其他应收款中的 251 546 221.69 元将与三联集团公司的优质资产进行置换,其余 127 312 300.31 元其他应收款及 30 143 456.57 元房产与重组前产生的留在郑百文的债务 157 455 656.88 元相对应。

（3）郑百文已与百文集团及三联签署了《债务托管协议》。根据该协议,重组后的郑百文将委托百文集团处理重组前形成的,并在上述资产债务剥离后留在郑百文的除信达公司以外的全部债务。百文集团负责支付郑百文重组前形成的留在郑百文的除信达公司以外的债务,该债务包括全部账内负债及可能发生的全部账外,并且百文集团承担处理上述债务产生的费用。随着郑百文重组前债务的减少,郑百文对百文集团的其他应收款将等额减少。

(4)郑百文与百文集团以及三联集团签署了《担保协议》。根据该协议,三联将为百文集团偿还上述债务提供信誉担保。作为三联对百文集团偿还以上债务的反担保,百文集团将把其重组完成后所持的郑百文的股份质押给三联。

(5)2000 年 12 月 31 日,信达豁免郑百文 150 000 000 元债务,根据财政部《具体会计准则——债务重组》,该债务豁免可记为重组利润。郑百文的累计亏损降为 1 670 935 767.53 元。

(6)三联已与信达签署了《债权转让协议》。根据该协议,三联将以 3 亿元购买信达对郑百文剩余的 1 447 349 571.34 元债权。作为偿还信达 3 亿元的保证,三联将在重组完成后把全部流通股质押给信达。

(7)董事会决议提交股东大会讨论用 250 325 204.28 元资本公积金和 18 221 688.12 元盈余公积金弥补亏损的议案。如果该议案通过,将使郑百文的累计亏损降低至 1 402 388 875.13 元。

(8)本公司已与三联签署《债务豁免协议》。该协议规定,如果三联根据股东的选择取得郑百文约 50% 的股权,三联将豁免公司的 1 447 349 571.34 元债务。三联豁免的 1 447 349 571.34 元债务将形成资本公积,该资本公积冲抵累计亏损,使公司未分配利润为 0。

(9)本公司已与三联签署《资产置换协议》。根据该协议,三联将用 400 000 000 元资产与郑百文对百文集团的其他应收款 2 546 221.69 元进行置换,差额部分形成郑百文对三联的 148 453 778.31 元的其他应付款。

协议规定,2000 年 6 月 30 日之后至置入、置出资产的实际交接日之间,置入资产所产生的期间损益及其他责任由郑百文享有和承担,置出资产所产生的期间损益及其他责任由百文集团享有和承担。

本次重组签订的全部协议将在股东大会通过重组方案后生效,2001 年 6 月 30 日前出现下述任何一种情况:(1)有关本次重组的资产、债务交接没有完成;(2)三联没有取得 50% 的股权(因股份过户的操作问题导致超过期限不在此限);(3)选择由公司以公平价值回购的流通股股东的持股数多于 700 万股,则上述全部协议自动失效。

3.本次重组的具体步骤

(1)郑百文召开董事会,审议并通过了重组方案,然后将重组方案提交股东大会审议。

(2)郑百文召开股东大会讨论重组方案,方案内容包括:

①百文集团以差额承债的方式购买郑百文的除 30 143 456.57 元房产以外的

全部资产。

②三联集团购买的信达对郑百文的 1 447 349 571.34 元债权后将该本公司的债务豁免;在三联集团豁免债务的同时,郑百文全体股东,包括非流通股和流通股股东需将所持郑百文股份的 50% 过户给三联集团。其中涉及国有股权的转让和回购尚需获得财政部门的批准。

③不同意将自己所持股份中的 50% 过户给三联集团的股东的全部股份将由公司按公平价值回购。

④三联与郑百文进行资产置换。

⑤如方案获得股东大会通过,公司将以通知方式(具体方式见 3)请股东作出选择是否参加重组。

(3)股东大会通过重组方案议案并公告后,公司将再次向全体股东发出公告,公告包括如下内容:

①根据股东大会决议,不同意将 50% 的股份过户给三联集团的股东应按公告规定的时间(15 日内)及方式作出书面声明。

②如果公司在规定日期内未收到股东作出的书面声明,则表明股东是以默示的意思表达方式表示同意留在郑百文,并将所持的现郑百文的股份的 50% 过户给三联。

③由董事会根据股东大会决议及股东的选择代为办理相应过户或回购注销手续。

(4)公告之日届满之后,根据股东选择的情况,实施重组方案:

①三联豁免郑百文的债务并成为郑百文的股东。

根据股东的意思表示,公司将认定其愿意或不愿意参与重组,并据此董事会到证券登记公司办理股份变更手续,即给默示同意的股东办理 50% 的股份过户给三联的手续,给选择由公司按公平价值回购的股东办理注销手续。由证券登记公司进行相应的变更登记。

根据我国现行法律规定,公司的股份回购和注销不需要有关部门的批准。如果部分股东明示既不同意过户 50% 的股份又不接受公平价金注销股份,不公平享受重组带来的全部利益,却不承担任何风险和重组成本,从而损害绝大多数股东利益。这部分股东尽管可能同意重组,但由于他们不同意重组方案,故对于这部分股东按反对重组方案的情况处理,通知其接受公平价金,并且董事会代为办理注销手续。

本公司的国有法人股的过户,将由国有法人股股东——百文集团在股东大会通过重组方案后,通过地方财政部门报请财政部批准,并委托董事会代为办理过户手续。

②进行资产买卖和债务承接的具体操作。

③根据百文集团和三联签署的《股权质押担保协议》,办理百文集团所持本公

司股份质押给三联的手续。

④根据信达公司和三联签署的《股权质押担保协议》,办理三联所持本公司股份质押信达公司的手续。

4.关于本次重组的重要提示:

(1)本次重组中,三联集团公司在购买信达公司 14.47 亿元债务后将全部豁免,上述债务豁免的同时,公司的全体股东需将所持股份的 50% 过户给三联集团公司,不同意将股份的 50% 过户给三联集团公司的股东,公司将以流通股每股 1.84 元,非流通股每股 0.18 元回购其全部股份。

如果选择由公司回购的流通股股东所持的股份数多于 700 万股,三联集团公司不同意参与本次重组,重组不成功。

(2)本次重组成功的标志:

①本次重组相关的资产债务交接完成;

②三联集团公司取得约 50% 郑百文股份(含流通股与非流通股);

③上述两项应于 2001 年 6 月 30 日前完成(因股份过户的操作问题导致期限超过不在此限)。

(3)如果本次重组需要有关部门批准而未获批准,重组不成功。

5.相关方对重组公告的反应

2001 年 1 月 21 日《财政部关于郑百文资产与债务重组中有关会计处理问题的复函》中规定,中国信达资产管理公司 2000 年 12 月 31 日豁免郑百文 1.5 亿元债务不能以重组利润记入郑百文 2000 年利润表,而应转入资本公积科目(按 2000 年债务重组准则的规定,债务重组收益而计入当期损益)。有鉴于此,郑百文于 2001 年 2 月 5 日发布 2000 年预亏公告,明确表示,公司 2000 年将继续出现严重亏损,公司股票将有可能被暂停上市,从而进入"PT"之列。

郑百文重组公告见诸报端后,新闻媒体及众多投资者提出各种疑问。2 月 10 日,ST 郑百文发布董事会公告,就新闻媒体及投资者所提各种疑问,作出七点说明:第一,《资产置换协议》中约定置入总资产为 4 亿元而不是 2.5 亿元,是为了将三联下属 6 家家电公司的完整业务投入上市公司,使重组后的郑百文具有独立的可持续发展能力。第二,为购买信达对郑百文的 14.47 亿元债权,三联将分六期向信达支付 3 亿元现金。第三,重组后留在郑百文的其他债权人的债务既交给百文集团去解决,又有一定的财产作准备,从而使重组后的上市公司不受重组前债务的影响。第四,当郑百文股东大会通过重组方案后,三联将办理三联大厦抵押解除手续。第五,三联注入郑百文的土地使用权证,将于 2001 年 2 月 15 日前办理完毕。第六,三联截至 2000 年底的总资产为 56.34 亿元,净资产为 25.97 亿元,主营业务收入为 50.82 亿元,利润总额为 4 863.12 万元。第七,郑百文将申请从 2 月 19 日起停牌,直到重组所涉及的股份变动手续办理完毕或本次重组失败之后再申请复牌。

2001 年 2 月 22 日,在 ST 郑百文临时股东大会上,股东们虽然对郑百文的经营状况怀着极大的不满,但大多数股东还是选择了赞成重组方案。于是"默示原则"写入 ST 郑百文《公司章程》;与重组相关的《修改〈公司章程〉》《资产与债务重组》《资产与债务剥离》《股东采取默示同意和明示反对的意思表达方式》《资产置换》《用资本公积和法定公积金弥补亏损》《公司可能减少资本》《授权董事会办理股东股份变动手续》《重组后关联交易与同行竞争问题》等 9 个议案,分别获得九成以上的赞成票。至此,重组迈进了一大步,公司实质性重组启动。但仍面临主要的四个障碍:一是申请停牌能否得到交易所批准;二是能否获得要约收购的豁免;三是股权过户能否得到有关部门的配合;四是三联集团最终能否拿到 5000 万元股流通股股权。

2001 年 3 月 5 日,申请股票停牌被批准,3 月 20 日,ST 郑百文公布 2000 年度年报,2000 年亏损 4705 万元,每股亏损 0.2381 元,每股净资产－6.7557 元,调整后每股净资产－0.3802 元,同样,年报也被出具拒绝表示意见的审计报告。由于该公司已经出现连续 3 年亏损的情况,上海证券交易所决定自 3 月 26 日起暂停该公司股票上市,在暂停上市期间,提供股票特别转让服务。

2001 年 5 月 8 日,郑百文公司向上海证券交易所递交了《关于股票暂停上市宽限期的申请》,5 月 10 日收到上海证券交易所《关于给予郑州百文股份有限公司(集团)宽限期的决定》,决定给予公司 12 个月的宽限期,宽限期自 2001 年 3 月 27 日起计算。

(二)郑百文发布中报披露重组进程

2001 年 8 月 16 日,郑百文发布 2001 年中报,对重组的进程情况披露如下:

1.2001 年 2 月 22 日,郑百文 2001 年第一次临时股东大会通过了关于公司资产、债务重组的方案及有关决议。根据股东大会决议和对董事会的授权,为办理本次重组所涉及的股份变动,公司董事会于 2001 年 2 月 24 日—3 月 2 日在《上海证券报》发布了 6 次《郑百文董事会关于重组所涉及的股份变动程序的公告》。3 月 5 日—3 月 19 日为公司股东就是否参加重组及重组所涉及的股份变动进行选择的期限,截止到 2001 年 3 月 19 日 24 时,股东完成了选择,其结果已经得到了公证部门的公证。共有 68077 名股东以股东大会已经通过的默示的表态方式同意参加重组,将所持股份的 50％过户给三联。32 名股东明示既不同意过户也不接受公平价金,6 名股东意思表达不清,公司将通知其接受公平价金,并由董事会代为办理股份注销手续。

此后,公司董事会于 2001 年 3 月 26 日和 2001 年 4 月 26 日将董事会代理股东办理股份过户手续的申请、股东大会决议、《公司章程》、股东提交的《股东声明》、郑州市公证处的公证书等文件递交给上海证券中央登记结算公司,该公司两次复函公司认为:公司尚未提供必要的授权文件,目前暂无法办理过户手续。

2.国家股过户已经河南省财政厅批准于 2001 年 4 月 27 日报至财政部,财政部正在审查该项申请,目前尚未接到批准的文件。

3.郑百文资产、债务重组的有关当事人:中国信达资产管理公司、郑州百文集团、郑州百文、三联集团公司、郑州港澳新城建设开发有限公司于2001年6月3日签署了《关于郑百文资产、债务重组的备忘录》。备忘录规定,如果由于股份变动的操作手续问题导致2001年6月30日郑百文本次资产、债务重组仍未成功,各方同意将2001年1月18日签署的有关郑百文资产、债务重组的各项协议的效力延续到2001年6月30日之后。备忘录还同时表明在2001年6月30日之后重组各方均保留终止各方于2001年1月18日签署的有关协议的权利,并且不需要承担违约责任。

(三)财政部对郑百文重组案的批复

河南省财政厅向国家财政部报批的《关于郑州百文集团有限公司所持郑州百文股份有限公司(集团)国有股无偿转让及质押给山东三联集团公司的请示》于2001年10月12日得到财政部批复,主要内容是:

1.百文集团所持郑百文国家股零转让不违反国家有关国有股权转让的法律、法规,同意百文集团所持郑百文国家股2 887.7869万股中的50%即1 443.8934万股零转让给山东三联集团;股权转让后百文集团持有股权仍为国家股,山东三联集团持有股权为法人股。

2.按照《减持国有股筹集全国社会保障基金管理暂行办法》的有关规定,百文集团用于质押的国家股不得超过其所持国家股的50%。

3.本批复仅对此次郑百文国家股转让有效,郑百文重组方案涉及的其他问题,应当根据相关法律、法规处理。

(四)郑百文发布三季报和年报披露重组进程

1.2001年11月13日,郑百文公司发布2001年第三季度报告。报告称:目前有关各方正在全力以赴,按照重组方案和相关法律法规抓紧工作。如果重组成功,公司原有业务、资产全部剥离,全部债务得到豁免、合法转移或委托处理,重组完成后2001年度的损益应是新注入公司的资产、业务产生的损益,公司将有盈利。

2.2002年2月4日,郑百文公司发布2001年年度报告。年报称:2001年实现净利润3 820 836.54元,每股收益0.0193元,每股净资产-6.1656元,调整后的每股净资产-6.1662元。对重组的进程情况披露如下:2001年11月8日,郑州市中级人民法院以[(2001)郑经初字第417号]《民事判决书》确认了郑百文2001年度第一次临时股东大会作出的《关于股东采用默示同意和明示反对的意思表达方式的决议》、《关于授权董事会办理股东股份变动手续的决议》有效,并判令郑百文及其董事会于本判决生效后按照上述两项决议之规定,完成股份过户手续。2001年11月29日,郑州市中级人民法院作出《民事裁定书》,该裁定书裁定郑百文及其董事会即日起履行(2001)郑经初字第417号《民事判决书》确定的义务。郑百文及其董事会在接到该裁定后,按上述裁定书和2001年第一次临时股东大会的决议及股东选择的结果向登记公司报送了有关股份变动的材料,申请办理股份变动手续。登记公司于 2001 年 12 月 3 日发布了《关于协助执行郑州市中级人民法院司法判决办理郑百文股份过户事宜的公告》,登记公司在上述公告中称:"2001 年 11 月 29 日郑州市中级人民法院向本公司发出协助执行通知书,要求本公司按照郑州市中级人民法院的判决,协助办理郑州百文股份有限公司(集团)股份过户手续……本公司将根据郑州市中级人民法院协助执行的要求,按照郑百文 2001 年第一次临时股东大会作出的上述两项决议之规定办理股份过户手续,将郑百文相关股东持有的股份的 50%,过户到山东三联集团公司名义下……请托管郑百文股票的证券经营机构及相关人员,配合本公司协助执行上述司法判决。"

经公司申请,中国证券登记结算有限责任公司上海分公司已于 2001 年 12 月 31 日将百文集团所持郑百文国家股 28 877 869 股中的 50% 即 14 438 934 股零价格转让给三联持有,转入"三联集团郑百文重组专用账户"。其他股份的过户手续正在办理过程中。

(五)郑百文发布资产债务重组进展公告

2002 年 3 月 4 日,郑百文发布关于资产、债务重组进展情况的公告。公告内容如下:

1.2002 年 2 月 21 日,本公司领取了三联置入本公司的三联大厦的房屋所有权证,该房产的所有权人已经变更为本公司。

本次置入公司的三联大厦房产是根据 2001 年 2 月 22 日公司第一次临时股东大会审议通过的资产、债务重组方案,并按照 2001 年 11 月 30 日公司与三联签订的《资产置换协议》,与本公司资产、债务剥离后对百文集团的"其他应收款"进行资产置换的一部分。

按照本公司资产、债务重组方案以及本公司与三联签订的《资产置换协议》,三联用价值 400 000 000 元资产与郑百文对百文集团的其他应收款 251 546 221.69 元进行置换,差额部分形成郑百文对三联 148 453 778.31 元的其他应付款。

三联已经置入本公司资产共计 278 736 337.10 元,其中置入的三联大厦房产价值为 201 550 239.00 元。三联对应进入本公司的不足 4 亿元资产作出承诺:"对我公司须进入郑百文的资产,我公司承诺将全部到位。"

2.三联置入本公司的经营性资产中的价值 464 678.50 元的车辆过户手续(其中一部价值 20 059.2 元的车辆由三联以现金方式补足)已经办理完毕。

3.公司 2001 年年度报告已于 2002 年 2 月 7 日披露,根据公司第五届董事会第四次会议《关于公司股票恢复上市的决议》,公司已按中国证监会《亏损上市公司暂停上市和终止上市实施办法(修订)》和上海证券交易所《关于修订股票上市规则第十章及实施中有关问题的通知》制作恢复上市申请材料,拟向上海证券交易所提交恢复上布的申请。公司提出股票恢复上市申请的最后期限为 2002 年 4 月 2 日。

4.根据郑州市中级人民法院《民事判决书》[(2001)郑经初字第 417 号]和《民

事裁定书》〔(2001)郑法执字第702号〕、财政部财企字(2001)624号文、本公司2001年第一次临时股东大会的相关决议,百文集团持有的本公司国家股28877869股中的50%即14438934股零转让给三联,经公司申请,中国证券登记结算有限责任公司上海分公司已于2001年12月31日将上述股份转入"三联集团郑百文重组专用账户"。其余法人股、流通股股份的过户手续正在办理中。

5.三联已向中国证监会申请要约收购豁免,但尚未获得中国证监会的批准。

6.按照上海证券交易所《通知》的规定,公司股票从披露2001年年度报告后,上海证券交易所停止为本公司股票提供特别转让服务,直至批准恢复上市或者终止上市。

公司资产、债务重组工作虽取得实质性进展,2001年年度报告已按期披露,公司准备按有关规定向上海证券交易所提出公司股票恢复上市的申请,但仍存以下不确定因素和风险。

(1)2001年年度报告虽然显示盈利,但被山东天天恒信有限责任会计事务所出具了保留意见及带解释性说明的审计报告,将可能接受有关部门对公司盈利真实性的调查核实。

(2)上海证券交易所可能不受理公司股票恢复上市的申请。

(3)公司股票恢复上市的申请虽被上海证券交易所受理但可能最终未能获得恢复上市的核准。因此,公司仍有被终止上市的风险,公司郑重提醒投资者注意风险。

2003年5月22日,郑百文发布关于恢复上市工作进展情况的公告。2003年7月,先后发布了重组过程遗留股份处置情况及回购股份已基本过户的公告、恢复挂牌上市的公告。2003年7月18日,郑百文恢复挂牌上市交易,至此郑百文重组告一段落。

第三节　案例分析

一、郑百文存在的问题

(一)公司经营管理不善,财务状况恶化

1.公司内部控制制度不完善,会计核算方法不一致。从公司报告上反映出郑百文内部存在主要问题是:"重经营、轻管理;重商品销售,轻战略经营;重资本经营,轻金融风险防范;重网络硬件建设,轻网络软件完善;重人才引进,轻人员监管和培训。""由于公司快速扩张,管理工作严重滞后,管理成本提高;人才匮乏,战线过长,有效控制力弱化,跑、冒、滴、漏现象严重。"另外,在会计核算中公司必须遵循一致性的会计原则。如果会计核算随意性较大,前后期不一致,就很难正确地反映公司的财务状况和经营成果。

2.应收及预付款项数额巨大,资金周转困难。郑百文的应收及预付款项已达139 836万元,其中,账龄在1年以上的金额为人民币28 950万元,账龄在3年以上的金额为人民币3 328万元。由于公司在国内大量组建销售网点,战线过长,人才匮乏,管理有些失控,尤其是理财权限分散,这些债权收回的可能性无法合理估计。

公司流动资产为21.69亿元,其中应收及预付款项为13.98亿元,占流动资产的64.5%,公司到底能收回多少,很难合理估计;流动负债23.04亿元,其短期借款19.83亿元,流动负债的86.1%,而且在短期借款中"逾期承兑转入"为17.72亿元,占短期借款的89.4%;公司流动比率为0.94。从上述指标分析来看,郑百文在应收及预付款项中可能存在数额较大的坏账,而且又有大量借款需要在短期内偿还,公司偿还能力较低,资金周转困难,严重削弱了公司的融资能力。

3.公司高额负债,利息负担过重。长期以来,郑百文都是以厂商和零售商中间人的身份出现的,而且为了扩大销售额,该公司在取得金融机构支持的条件下,大量采用赊销方式,因此其债务负担沉重。仅短期借款就高达19.83亿元,占资产总额为23.66亿元的83.8%,公司1998年度列入财务费用的利息支出高达14 267万元,另外,还有1998年度借款利息7 509万元未计入财务费用,这两项利息支出合计为21 776万元。可见,公司已背上沉重的债务负担。

4.公司经营出现巨额亏损,财务状况恶化,持续经营陷入困境。从郑百文1998年度报告中,可知公司全年度亏损50 489万元,每股净资产由1997年度的2.2452元跌到0.2214元,调整后的每股净资产为负值。可以说,郑百文1998年度经营亏损,让股东亏本了。不妨再测算一下郑百文的负债比率,截至1998年末,公司资产总额为236 607万元,负债总额为230 531万元,资产负债率为97.4%。如果把公司未计入1998年度财务费用的利息支出7 509万元,再计入1998年度损益,就会增加公司7 509万元的亏损,此时的资产负债率可能会超过100%。可见,郑百文处于濒临破产的境地,持续经营已陷入困境。

(二)"工、贸、银"资金运营模式存在巨大弊端

被誉为"郑百文经验精华"的"工、贸、银"资金运营模式,按照郑百文董事长李福乾的话来说,郑百文像一个"转动盘子",盘子的两头是银行和生产商,资金越多,商品脱手得越快,郑百文这个盘子就转得越快。"快"成了郑百文的主要目标,利润这个商家必争的东西好像倒不在考虑之列了。

郑百文的合作伙伴主要是建设银行郑州分行和四川长虹,由建行提供商业承兑,长虹在不见现金的情况下就可以向郑百文大量供货。然后,长虹向建行要钱,郑百文向建行还钱。期间有6个月的承兑期,在这段时间里,已经出手的货款保留在郑百文手里。只要这个信用链条不断,"盘子"就能转下去,即使郑百文实际上在亏损,它的手头也不缺现金。由于建行的信誉很高,长虹乐得大量地给郑百文发货,郑百文拿到货后以低价格迅速出手,手头积累了大量的现金。有了钱,郑百文就开始铺摊子,在很短时间里,它在全国各地建立了自己的120多个商品经营部。

我们现在已经知道,这些投资大部分都是没有效益的,而且相当一部分钱被挥霍掉了。

事实已经表明,在现阶段市场信誉普遍较低的背景下,这种彼此之间没有任何制约关系的银企合作,很容易成为"空手道",最终的风险都转嫁给了银行。商业银行存在比较大的金融风险:一方面,银行无法保证郑百文能按承兑的期限把货卖完;另一方面,即使按时卖完货,郑百文也把货款大量挪作他用。更何况原建行郑州分行与郑百文签订的所有承兑协议,不但没有任何保证金,而且申请人和担保人都是郑百文,担保形同虚设。

二、对郑百文资产债务重组案的评价

从法律程序角度来看,从破产申请提出到破产程序结束,是一个漫长而复杂的过程。由于我国 1986 年制定的企业破产法仅适用于全民所有制企业,类似郑百文这样的案件,应以《民事诉讼法》中有关企业法人破产还债程序的规定为依据。根据该规定,企业因严重亏损,无力清偿到期债务,债权人或企业可向人民法院申请宣告破产还债。法院受理申请后,依法裁定进入破产程序,然后由清算组织负责破产财产的处理。

不过,郑百文的破产只是提出了有关申请,最终是否会破产,仍存在变数。单纯从程序来看,法院是否受理将是第一个不确定之处。其次,在进入破产程序后,如果债权人和公司达成和解协议,法院可以中止破产程序,而这种和解协议,往往与大规模的债务重组和企业重整计划相联系。

（一）信达在与郑州市的博弈中完胜

郑百文的第一大股东是郑州市国有资产管理公司,它拥有郑百文 14.6% 的股份。郑百文的社会法人股东也主要在郑州,这样,信达开始就还债问题与郑州市展开漫长的谈判。

从现在已经公布的材料来看,信达很快就把自己的底牌亮了出来:这 20 多亿元债务(本金不到 18 亿元)至少要收回 6 亿元,平均还款率为 30%。来自郑州市方面的信息非常少,不知道它亮出来的牌是什么。显然,它会把这笔债务归结为建行自己应该承担的失误。

很快,谈判就破裂了。2000 年 3 月 3 日,信达走了一着险棋:向法院提请郑百文破产。我们不清楚信达为什么要这么做,因为对信达来说,破产几乎是最坏的结局。唯一有力的解释是,信达这是在玩欲擒故纵,它在赌郑州市不会让郑百文破产。

按照企业破产后的还款顺序,首先应该支付的是破产清算费用;其次是企业职工的工资、劳保;再次是企业所欠税金;然后才是债务人的债务;最后是股东。以郑百文当时的财务状况,若真的进入破产程序,信达真正能拿到手的钱不会超过 1 亿元,所以破产并不符合信达的利益。另外,作为一家上市公司,郑百文有所谓的"壳资源"。据说,按照当时的行情,一个上市公司的"壳"卖个几千万不成问题。如果郑百文宣布破产,它自然要摘牌,"壳资源"也就消失了,而这部分本来是可以成为信达的收益的。

虽然信达怕郑百文破产,但是郑州市比信达更怕这个结果。郑州方面手里的牌显然比信达要小不少:下岗职工是一个问题;对郑州市乃至于整个河南省上市公司形象的负面影响显然也要考虑。信达赢了,郑州方面又回到了谈判桌。

在跟郑州市博弈的同时,信达在另外一条战线上又开了一个赌局:让郑百文的股东出让一部分权利,以便把郑百文的"壳资源"卖一个好价钱。信达拿出了一个方案:作为和解一方,郑百文的全体股东承诺把自己的50%股权无偿转让给郑百文的重组方。这个方案的新意在于,重组方能拿到50%的社会公众股,这是以前的重组没有出现过的,也使得郑百文的"壳资源"增分不少。

信达亮出这个方案后,有不少企业对重组郑百文表示了兴趣,其中实力最强、出价最高的就是三联集团,它喊出了3亿元现金的报价。据说,像郑百文这样的"壳",如果按照常规的操作方法,能卖个2 000万元就可以让信达称幸了。

从事件的发展看,信达公司基本上达到了它预期的目的。通过这一事件,不论最后郑百文是否会破产,对投资者的风险意识,无疑是一次巨大的警示。其实,企业破产是市场经济中一个正常的现象,对于资不抵债的企业,债权人完全有理由提出破产申请。在国外,上市公司破产的例子也有,美国铱星公司破产事件非常引人注目,而铱星公司就是在纳斯达克上市的。从国内来看,近年来一些效益很差的国有企业破产,已逐渐为人们接受,但上市公司破产,一时之间似乎还让人觉得"措手不及"。

(二)郑百文资产债务重组方案是一个"多赢的方案"

郑百文重组以2000年6月30日为方案实施的基准日,主要内容为:信达以3亿元向三联出售对郑百文的14.47亿元的债权;三联购买上述债权后将全部豁免,同时向郑百文注入4亿元资产和完整的主营业务;在三联豁免债务和注入资产的同时,郑百文全体股东,包括非流通股和流通股股东需将所持公司股份的50%过户给三联集团公司;不同意者其股份由公司按公平价金回购(回购价格为流通股每股1.84元,非流通股每股0.18元),回购股份注销;董事会将代"默示"同意的股东办理有关股权过户的手续,代"明示"反对的股东办理有关股权回购和注销手续;三联集团、百文集团与郑百文进行资产置换,最终实现上市公司的"脱胎换骨";如果选择由公司回购的流通股股东所持的股份数多于700万股,则该重组方案失败。

应该说,这还是一个比较市场化的方案。这一方案推出后,引起市场各方强烈关注。由于方案涉及和解、股权过户、默示原则、回购、持异议股东权利等很多法律问题,引起人们对现行《公司法》、《证券法》以至《民法》具体条款和立法精神的广泛争论。该方案的理论意义和实践意义都不可忽视。

任何一个重组方案都是各方利益妥协的结果,有得就有失,有赢就有输,郑百文的重组方案也不应例外。但是,自打郑百文董事会公告重组预案之日起,投资者从有关重组各方的嘴里听到的,只有赢家,没有输家。

"这是一个多赢的方案",从郑百文的债权人、大股东、战略投资者到财务顾问,他们在不同的场合、不同的时间,异口同声地重复这一评价。理由是:对信达而言,重组使它有望收回 6 亿元债权,其中包括从三联集团收回 3 亿元资金,从郑州市政府得到对 3 亿元债权的有效担保;对三联集团来说,成功借壳上市,轻取大股东地位,并廉价取得其他大股东难以得到的约 5000 万流通股,还频繁在各大媒体露脸;对地方政府来说,可避免面对所辖企业破产,开中国上市公司破产之先河的窘境;对股东来说,股票缩水一半总比颗粒无收强得多;对郑百文而言,它得以脱胎换骨,赢得新生。

郑百文的债务绝对值很大,本来必定破产无疑,但它幸运地遇到了改革的产物——中国信达资产管理公司。这个债权人有债务重组和债权豁免的权利,债权人权衡了利害,不愿公司破产,而是以破产相威胁,迫使各方接受自己的债务重组计划,从而挽回一定的债权损失。在这种情况下,郑百文当然就不会因为债权人逼债而破产关闭。郑百文债务重组后,上市公司实际上只需承担 3 个多亿的债务,这在沪深两市同等规模的上市公司中,债务负担是比较轻的。因此,它比起许多 ST、PT 的企业资产重组的难度要小得多,自然不会因破产而摘牌。

(三)郑百文为什么没有下市

监管部门包括交易所当时尚未制定出连续经营的上市公司下市摘牌的制度规定,因此,郑百文不适合任何现行规定而下市。即使按照 ST 或 PT 的排列,沪深股市最先应该被下市摘牌的显然是那些 PT 企业,特别是那些 PT 了一年仍无起色的企业。所以,还远远轮不到 ST 郑百文。

有人说,臭名昭著者如 ST 郑百文还不下市,牺牲的是整个中国证券市场。其实,证券市场的未来依赖于法制。如果说郑百文做虚假报表、违法违规要追溯处理,也要首先制定出因调整报表等违法违规行为而追溯处理的制度。即使如此,沪深股市上需要被追溯处理的企业现在至少有 PT 红光等几十家之多,郑百文当然不是第一家。独独挑出郑百文来处罚摘牌,如果它起诉执法不公,恐怕监管部门会败诉。但是,如果一视同仁,统统一下子追溯摘牌会引起多大的金融风险和社会风险是一个重大的政策问题,需要认真评估把握,绝不可意气用事。

换个角度看,这种追溯法是否公正也是要研究的。因为大股东控制的上市公司造假、欺骗中介机构乃至监管部门,在大股东股权本来就没上市的情况下,要广大中小流通股的投资人来承担主要责任以及这种并非市场本身的风险,恐怕未必适合。有人说,《证券法》等法规早有重大违法应予下市处罚的有关规定,错就错在有关部门有法不依,执法不严,貌似保护了个别个股的中小投资者,实际上养虎为患,造成如今违规成风的局面。其实,且不说虚假包装上市大体上都是有关地方政府和部门的大作,如何追究他们的责任,似乎法律至少到目前为止尚无能为力。就以《证券法》而言,尽管其中也使用了成熟市场中的一些规范条文,如重大违规可予以下市处罚等用语(在股权全流通的成熟股市中,这是对的,因为下市使控制公司的大流通股东损失最大,也是股市对上市公司所能采取的最高处罚),但由于历史原因和在发展中逐步规范的考虑,《证券法》回避了我国股市由于当初国家控股的考虑,股份分裂为流通股与非流通服这个特殊国情。因此,在这个基本国情也是股市几乎所有不规范的根源还没有改变之前,硬行实施这条没有实施细则的原则规定,就变成了不上市的非流通股东犯法,处罚中小流通股东下市,实在让人觉得不够公正。

我们不能因为郑百文被曝光后显得特别可恶就拿它(其实是它的流通股东)先开刀。这样做起来尽管也许一时解气,但结果不仅可能打错了对象,而且又落入了人治而非法治的窠臼,那倒真正让我们的证券市场成了输家。规则和程序是不能在事后改变的,否则可能是为了追求一时一事的公正,却损害了制度的连续和稳定性,从而损害了永久的公正性。

既然目前没有任何一条规定独独适合郑百文下市摘牌,债权人追求自己的合法权益又不愿郑百文简单破产,人们为什么会对郑百文在股市上继续存在有那么大的义愤呢?这一方面当然反映了人们对规范股市、培育正确的投资理念和尽快制定必要的下市规则的强烈愿望,另一方面也不能不说它反映了我们文化中潜藏了很深的非理性情结。与市场经济、法制社会中人们遇到问题首先搬法律、查规则的程序不同,我们还多少习惯于情感上的拍案而起,乃至痛感"不摘不足以平民愤"。实际上,这种情结恰恰是应该引起我们反思的。

三、郑百文案对财务管理的几点启示

(一)完善资本结构是我国上市公司发展的当务之急

从郑百文案中不难看到资本结构合理与否的重要性,而资本结构恰恰是相当多上市公司亟待解决的问题。"债转股"远非公司资本结构调整完善的万灵丹,与其等到债务负担高到无法承受时再调整,不如在公司运营过程中关注资本结构,避免铤而走险。尽管我国上市公司筹资渠道尚不完善,负债过高问题的解决并非旦夕之功,避免过高的财务杠杆仍是公司得以发展的前提。上市公司的资本结构应以有利于促进公司的长远发展,有利于提高资本收益率和有利于资本结构的再调整为原则,资本结构必须确保企业具有偿债能力,保证有足够的权益资本作后盾。同时,应合理确定债务结构,分散与均衡债务到期日,以免因负债到期日集中而加大企业偿债压力。

(二)建立财务风险预警系统是公司健康发展的必要

上市公司在市场经济环境下要承受较其他类型企业更高的风险,各种风险都会反映为公司现实的或潜在的损失。其中财务风险即公司在筹资、投资和用资活动中所面临的各类风险。显而易见,通过财务风险管理,对公司理财过程中存在的各种风险进行识别、测定和分析评价,并适时采取及时有效的方法进行防范和控制,对于公司的健康发展至关重要。回顾郑百文的经营管理,不难看出其并未进行

有效的财务风险管理。郑百文在年报中也承认公司"重经营、轻管理；重商品销售、轻战略经营；重资本经营、轻金融风险防范。"

进行财务风险管理的一个重要方面即为财务风险预警，这也是我国上市公司财务管理中欠缺的主要方面。财务风险预警可以使公司对潜在的风险未雨绸缪，使管理人员对理财活动持谨慎态度，及时发现财务风险隐患并发出警报，可见建立财务风险预警系统是上市公司健康发展的必需。试想如果郑百文具有健全的风险预警，它就不会一厢情愿地选择家电经销从而承受单一经营的高风险，而这对于其他公司也都值得引以为戒。尽管财务风险预警系统需依公司性质与特定的环境而异，其一般是运用报表分析、指标分析或专家意见对影响企业财务风险的因素进行历史、现状、趋势的分析评价，并与企业所处的行业、地区等比较，确定其变化的正常界限，如某指标接近临界值即出现警情，就必须及时采取有效措施以避免出现不利后果。

（三）提高会计信息质量的根源在于公司治理结构的完善

我国上市公司信息披露的质量问题可谓是老生常谈，但郑百文案再一次提醒我们提高信息披露质量的迫切性。其在上市前后存在"做假账"的行为，通过让厂家以欠商品返利的形式打欠条，然后以应收款的名目做成盈利入账。这种恶意违规使得越来越多的投资者觉得上市公司信息披露不可完全相信，保护投资者利益需要正本清源，这个"本"就是公司内部治理结构的完善。单纯依靠证券监管并不能从根本上提高信息披露的质量，只有从公司内部治理结构入手才能做到"防患于未然"。

现代公司的特性即所有权和经营权分离，这就不可避免地产生契约关系下的代理成本问题。为了降低代理成本、减少道德风险和逆向选择问题发生，所有者通过完善的公司治理结构、通过一系列激励和监督机制促使经营者为实现股东财富最大化而努力，从而实现企业经营目标。这在所有者产权明晰条件下成为可能，而我国国有企业股份是改造中由于存在所有者缺位问题使股东无法实现真正行之有效的激励和监督机制，使经营者即内部人控制企业，国家所有者被架空，股东权益受到损害。郑百文案再一次提醒我们公司治理结构是公司制度的核心，只有完善公司治理结构，建立规范有效的公司治理结构，才能使提高信息披露质量成为可能，否则净化证券市场只能是一句空话。

【思考题】

1.请你谈谈对郑百文债务重组方案的看法。

2.企业财务管理最核心的内容是什么？

3.如何评价债权转股权？

第六章

借鸡生蛋，以蛋买鸡

——Z市供水公司融资租赁案例

教学内容与目标

　　本章介绍了融资租赁的方式，界定标准、特征，与其他融资方式的区别，业务流程等基本知识，阐述了Z市供水公司的经营现状和发展规划、融资来源决策分析过程及其售后回租的流程，在此基础上剖析了融资租赁方式的比较优势和可能遇到的风险，并阐明融资租赁业务发展的前提和保障。

　　本章要求同学们掌握融资租赁这一融资方式的特点、业务流程及其比较优势，并学会运用所学专业知识按特定要求进行案例分析。

　　随着全球金融业的不断发展，在经济发达国家，融资租赁已成为仅次于银行信贷的第二大资金供应渠道。特别是美国、日本和欧洲，融资租赁的渗透率已达到15％—20％。而在我国，融资租赁业虽然起步于1980年，但30年来发展速度缓慢，截至2012年6月，渗透率仅6％左右，全国融资租赁资产总额1.28万亿元，全行业规模仅及一家全国性中型股份制商业银行的资产总额（如：华夏银行1.25万亿元，深发展银行1.37万亿元）。

　　融资租赁在中国没有得到很好的发展，也没有很好地服务于经济增长，更没有充分地支持产业升级。究其原因，更多的是因为整个经济界，包括政府和经济管理者，以及职业经理人，对于融资租赁理念的缺失。本案例意图剖析融资租赁的比较优势和可能遇到的风险，让经济活动的参与者解放思想，强化租赁观念，用好融资租赁这一新兴融资工具。

第一节 知识准备

一、融资租赁的含义及方式

融资租赁是租赁行业发展到一定阶段的产物。1952 年,美国人 H．叙思费尔创立美国金融贴现公司,开创了融资租赁业的先河,以此为标志的世界租赁行业进入了一个集融资、融物为一体,具有金融性质的崭新发展阶段。

(一)融资租赁的含义

融资租赁是指出租人根据承租人对租赁物的特定要求和对供货人的选择,出资向供货人购买租赁物,并租给承租人使用,承租人则分期向出租人支付租金,在租赁期内,与租赁物有关的全部风险和报酬都转移给承租人,但租赁物的所有权属于出租人所有,承租人拥有租赁物的使用权。租期届满,租金支付完毕并且承租人根据融资租赁合同的规定履行完全部义务后,对租赁物的归属没有约定的或者约定不明的,可以协议补充;不能达成补充协议的,按照合同有关条款或者交易习惯确定,仍然不能确定的,租赁物所有权归出租人所有。

(二)融资租赁的方式

融资租赁的方式有很多种,下面只介绍四种主要方式。

1.直接租赁

直接租赁是指出租人依据承租人对租赁物和出卖人的选择,向出卖人购买租赁物后出租给承租人使用,承租人依据约定支付租金并于租赁期满时(有时也在租赁开始时)选择留购租赁物、续租或退租的一种融资租赁方式。直接租赁是最典型、最常见的融资租赁方式之一。直接租赁中的出卖人不是承租人自己,而是承租人以外的第三人。

图 6—1 直接租赁流程

2.售后回租

售后回租是指出租人依据承租人的选择,选择承租人已经享有所有权的物件作为租赁物,并选择承租人自己作为出卖人,向承租人购买物件后又出租给承租人使用,承租人依据约定向出租人支付租金并于租赁期满时(有时也在租赁开始时)选择留购租赁物、续租或退租的一种融资租赁方式。售后回租中的承租人与出卖人为同一人,租赁物在售后回租前属于承租人所有。通常情况下,承租人最终或融资租赁开始时都选择以名义货价或象征性价格留购。

图6-2 售后回租流程

3.杠杆租赁

杠杆租赁是指一项融资租赁交易中,出租人只支付部分租赁物购买款,并以支付的部分租赁物购买款为杠杆,牵动银行等其他出资人对该融资租赁交易提供无追索权贷款或其他方式融资的融资租赁方式,又称第三方权益租赁或平衡租赁。杠杆租赁中,出租人通常只需支付20%—40%的租赁物购买款,其余60%—80%的购买款全部由银行等其他出资人提供。杠杆租赁的租赁期间,出租人对租赁物享有所有权,银行等其他出资人对租赁物不享有所有权,但是,通常出租人必须以租赁物的第一抵押权、融资租赁合同和收取租金这一债权作为银行等出资人能实现债权的担保。杠杆租赁是目前国际上采用比较广泛的一种融资租赁方式。

4.风险租赁

风险租赁是指融资租赁公司对获得租赁物总投资额应当具有的收益,一部分以确定的债权——固定收益形式获得,另一部分以参与享受承租人浮动收益的方式获得,并且,最终以固定收益和浮动收益的总和作为投资回报的一种融资租赁方式。目前,这种融资租赁方式实践中应用较多的是合同能源管理类融资租赁项目,在这类项目中,出租人除与承租人(节能服务公司)约定定期收取一定固定金额的租金外,通常还约定参与分享承租人(节能服务公司)可能获得的节能收益。

二、融资租赁的界定

租赁可以分为融资租赁和经营租赁。

国家财政部 2006 年 2 月 15 日颁布的《企业会计准则第 21 号——租赁》中规定，满足下列标准之一的，即应认定为融资租赁，除融资租赁以外的租赁为经营租赁。

（一）在租赁期届满时，资产的所有权转移给承租人。

（二）承租人有购买租赁资产的选择权，所订立的购价预计远低于行使选择权时租赁资产的公允价值，因而在租赁开始日就可合理地确定承租人将会行使这种选择权。

例如，出租人和承租人签订了一项租赁协议，租赁期限为 3 年，租赁期届满时承租人有权以 10 000 元的价格购买租赁资产，在签订租赁协议时估计该租赁资产租赁期届满时的公允价值为 40 000 元，由于购买价格仅为公允价值的 25%（远低于公允价值 40 000 元），如果没有特别的情况，承租人在租赁期届满时将会购买该项资产。

（三）租赁期占租赁资产使用寿命的大部分。这里的"大部分"应理解为租赁期占租赁开始日租赁资产使用寿命的 75% 以上（含 75%，下同）。这条标准强调的是租赁期占租赁资产使用寿命的比例，而非租赁期占该项资产全部可使用年限的比例。如果租赁资产是旧资产，在租赁前已使用年限超过资产自全新时起算可使用年限的 75% 以上时，则这条判断标准不适用，不能使用这条标准确定租赁的分类。

例如，某项租赁设备全新时可使用年限为 10 年，已经使用了 3 年，从第 4 年开始租出，租赁期为 6 年，由于租赁开始时该设备使用寿命为 7 年，租赁期占使用寿命的 85.7%（6 年/7 年），符合第 3 条标准，因此，该项租赁应当归类为融资租赁；如果从第 4 年开始，租赁期为 3 年，租赁期占使用寿命的 42.9%，就不符合第 3 条标准，因此该项租赁不应认定为融资租赁（假定也不符合其他判断标准）。假如该项设备已经使用了 8 年，从第 9 年开始租赁，租赁期为 2 年，此时，该设备使用寿命为 2 年，虽然租赁期为使用寿命的 100%（2 年/2 年），但由于在租赁前该设备的已使用年限超过了可使用年限（10 年）的 75%（8 年/10 年＝80%＞75%），因此，也不能采用这条标准来判断租赁的分类。

（四）就承租人而言，租赁开始日最低租赁付款额的现值几乎相当于租赁开始日租赁资产公允价值；就出租人而言，租赁开始日最低租赁收款额的现值几乎相当于租赁开始日租赁资产公允价值。这里的"几乎相当于"掌握在 90% 以上。

（五）租赁资产性质特殊，如果不作较大修整，只有承租人才能使用。这条标准是指租赁资产是由出租人根据承租人对资产型号、规格等方面的特殊要求专门购买或建造的，具有专购、专用性质。这些租赁资产如果不作较大的重新改制，其他企业通常难以使用。

下面用表格（表 6-1）的形式比较一下融资租赁与经营租赁的区别。

表 6—1　　　　　　　　　　　融资租赁与经营租赁的比较

对比项目	融资租赁	经营租赁
适用法律	《中华人民共和国合同法》第14章融资租赁合同	《中华人民共和国合同法》第13章租赁合同
交易当事人	承租人、承租人及设备供应商	承租人与出租人
对设备及供货商的选择权(设备瑕疵责任)	承租人	出租人
承租人的目的	中长期融资	临时使用设备
融物与融资是否结合	是	否
租赁合同的撤销	不可撤销,在租期内双方均无权撤销合同	可以
租赁资产的类型	大型生产设备	方便移动的设备
设备的维修与保养	承租人	出租人
承租人会计处理	纳入承租人资产负债表	不纳入承租人资产负债表
谁提折旧	承租人	出租人

三、融资租赁的特征

(一)融资租赁至少涉及三方当事人和两个合同

融资租赁的当事人包括出租方、承租方和供货方,三方之间需要签订并且履行购货合同与租赁合同,才能构成一笔完整的租赁交易。购货合同与租赁合同的关系是:租赁合同的签订和履行是购货合同签订与履行的前提,购货合同的履行是一笔租赁业务完成不可缺少的组成部分。可见,出租方有责任和义务根据购货合同购买物件并且支付货款,根据租赁合同承租方则有租赁物的使用权,并且有责任和义务按合同规定的条款支付租金。

(二)使用权与所有权长期分离

通常银行融资是由企业直接向银行贷款自行购买设备,设备的使用权与所有权集于企业一身。而融资租赁则不同,在租赁关系存续期间,租赁物的所有权与使用权分离,租赁物的所有权在法律上属于出租方,租赁物的使用权在经济上属于承租方,即所有权不变,只发生使用权的让渡。使用权与所有权的分离,不同于传统的财产占有观念,所有权因素被淡化,可以适应社会化大生产的要求,利于确定现代化的经营方式。

(三)融物与融资相结合

融资租赁是由出租方融通资金为承租方提供所需设备,它不同于一般借钱还钱,借物还物的信用形式,而是通过借物达到借钱,借物还钱,它使融资与融物相结合。

租赁公司拥有金融机构和贸易机构的双重职能,因此,它比起银行具有更强的约束力。同时还有利于促进产销结合,原因在于融资租赁将设备的实际使用单位与设备的生产厂商连接起来。

（四）承租方有对租赁物及供货方进行选择的权利

与传统的租赁业务不同,融资租赁中准备租赁的租赁物是由承租一方来选定的,而出租一方只需要按照客户的要求进行融资、购买租赁物,并没有负责租赁物拖延交货、租赁物有缺陷等责任和维修管理的义务;承租一方也不可以因这些原因而拒付和拖欠租金。

（五）分期支付租金以超前获得使用价值

在租赁合同签订生效以后,承租人就可以获得租赁物的使用权,并投入使用,使承租人获得利益。而需支付的租金,是可以在租赁期内分期偿付的,并且在整个合同期内租金不能轻易改变,所以承租人不易受到通货膨胀的影响,以此来降低投资成本,获得较大的经济效益。

四、融资租赁与其他融资方式的比较

（一）融资租赁与直接贷款

直接贷款是银行等金融机构按一定利率等条件出借货币资金给借款人的一种信用活动形式。融资租赁和直接贷款都涉及债权人和债务人,都能为债务人融资,为债权人带来一定收益,都要注意债务人的未来现金流和利润,都存在一定信用风险。但它们是两种完全不同的融资方式,至少存在以下区别:

1.融资性质不同

直接贷款是一种纯粹提供资金的融资形式,其目的仅限于获得资金,实物是否存在不是必需条件。而融资租赁是一种融资融物相结合的融资形式,债务人通过融资租赁方式融资必须要有实物作为融资的桥梁,如果不以实物为桥梁,即融资租赁合同约定的实物或标的物不存在,而纯粹是资金的融通或直接以资金作为融资租赁方式融资的桥梁,那么,该融资租赁方式是违法违规的,融资租赁合同也会因此而无效。

2.融资担保条件及额度不同

直接贷款关系中的债权人（贷款人）通常要求债务人提供抵押、质押或保证金等担保,不太接受保证担保这种信用担保方式,并且债权人对抵押物、质押物或保证金等担保物的评估值相对较低,仅为公允价值的较小比例。因此,直接贷款的贷款额度相对于担保物的公允价值而言较小。

融资租赁关系中的债权人（出租人）通常不要求债务人额外提供抵押、质押等担保,因为融资租赁涉及的标的物（租赁物）本身即具有一定的担保功能。融资租赁关系中,债务人偿还全部债务前,标的物的所有权属于债权人所有。而且融资租赁的融资额度相对较高,因为融资租赁的标的物本身未来即可创造现金流,也具有相当的价值。

3.标的物及征信评价系统不同

直接贷款涉及的标的物为资金,而融资租赁的标的物为实物,通常为机器设备等动产。

直接贷款的债务人(借款人)从银行等金融机构融资的融资情况会记入中国人民银行征信系统,如果借款人存在不能及时或不能偿还部分或全部贷款等情况,会使其在中国人民银行征信系统中的信用降低,很可能对借款人以后融资造成不良影响。

融资租赁的债务人(承租人)从出租人等融资租赁公司融资的融资情况不记入中国人民银行征信系统,如果承租人存在暂时不能支付部分或全部应付租金等情况,可以先与出租人协商调整租金支付时间和额度,不会影响其在中国人民银行征信系统中的信用度,从而对其以后融资的不利影响较小。

4.涉及法律关系不同

直接贷款涉及的法律关系主体只有两方——贷款人和借款人;而融资租赁涉及的法律关系主体有三方——出租人、承租人和出卖人。

直接贷款仅涉及借款合同一种合同法律关系,而融资租赁至少涉及融资租赁合同和买卖合同两种合同法律关系。因此,融资租赁涉及的法律关系比直接贷款涉及的法律关系复杂。

5.会计处理不同

直接贷款的借款人,对于直接贷款获得的资金在会计处理上是直接记入负债。但是,融资租赁的承租人在会计处理上应将应付租金记入长期应付款,分期摊销。

(二)融资租赁与信托

信托是一种以信用为基础的法律行为,指委托人基于对受托人的信任,将其财产权委托给受托人,由受托人按委托人的意愿以自己名义,为受益人的利益或者特定目的进行管理或者处分的行为。信托也涉及三方当事人:委托人、受托人和受益人。信托和融资租赁一定程度上都具有中介性质,二者的主要报酬或收益来源都包括手续费或服务费;信托财产和融资租赁的租赁物都有不属于破产财产的特性。

但是信托和融资租赁本质上是不同的,信托是一种以信用为基础的特殊委托关系,融资租赁是具有融资特性的租赁行为,此外,两者还存在以下不同:

1.融资的主体不同

信托是一种融资方式,但不是为信托关系涉及的委托人、受托人和受益人中任何一方当事人融资,其融资主体是这三者以外的他方当事人,例如,利用资金(金钱)信托资金的房地产公司。但是,利用融资租赁方式融资的主体,是融资租赁关系涉及的三方当事人之一——承租人。

2.标的物的范围不同

信托的标的物既包括股票、债券、物件、土地、房屋和银行存款等有形财产,也包括保险单、专利权、商标、信誉等无形财产,甚至包括一些诸如人死前立下的遗嘱等自然权益。

融资租赁的标的物都是机器、设备、房屋等有形财产,并且主要是机器、设备等动产,而不包括权利、商誉等无形财产(软件、技术等无形财产附在机器、设备、交通工具等有形财产上除外)。

3.信托公司和融资租赁公司的设立要求及监管主体不同

信托公司的设立要求和门槛比融资租赁公司高,设立信托公司要求的最低注册资本为3亿人民币或等值可自由兑换货币。融资租赁公司最低注册资本的要求根据其类型不同而有所差别,分别是1亿元人民币、4 000万元、1 000万美元,明显比信托公司的注册资本门槛低得多。另外,各类信托公司的监管机构统一都是中国银行业监督管理委员会,但是,融资租赁公司的监管机构依据其类型不同而不同,有中国银行业监督管理委员会、中华人民共和国商务部和中华人民共和国国家税务总局。

4.信用基础、功能和涉及的合同关系等不同

信托对信用的依赖程度比融资租赁高得多,因为信托完全是一种以信用为基础的法律关系,而融资租赁虽然也需要一定的信用基础,但融资租赁的租赁物本身即具有担保功能。

信托的基本功能是理财、金融、投资和公益服务等,特别是理财功能,是信托首要的基本功能。融资租赁的基本功能是促销和资产管理等,并且促销功能是融资租赁最原始的功能。

信托通常只涉及信托合同这一种合同关系,且信托合同是《合同法》上的无名合同,融资租赁涉及融资租赁合同和买卖合同两类合同关系,且这两类合同均是《合同法》中的有名合同。

(三)融资租赁与私募股权投资

私募股权投资是指以非公开方式募集资金后对没有上市的企业进行权益性投资,并且最终通过被投资企业上市、并购或管理层回购等方式退出而获利的一种投资。私募股权投资与融资租赁都具有融资性,需要向第三方募集资金,主要投资已经形成一定规模的企业,可能主要投资中小企业,需要尽职调查,属于中长期投资等特性。

但私募股权投资和融资租赁在标的物、风险控制方式、获利方式和退出机制等方面存在很大差异,是性质完全不同的两种融资方式。

表6—2　　　　　　　　PE和募股权投资与融资租赁的比较

	私募股权投资	融资租赁
标的物	被投资企业的股权(无形资产)	机器、设备等有形财产
风险控制方式	约定购买被投资企业优先股	除标的物自身担保外,还可要求额外担保
获利方式	股权增值、分红	手续费、资金的利息差或利息
退出机制	被投资企业上市、并购或管理层回购	承租人退租或留购

五、融资租赁的业务流程

融资租赁业务一般需要如下五个步骤：

（一）承租企业确认拟租赁设备

承租企业根据自身需要,通过广泛询价,在最佳性价比的基础上,确认拟向租赁公司申请租赁的设备型号及该设备的供应商。

（二）承租企业向租赁公司提交融资租赁申请及有关材料

1.承租企业必须具备的条件：

（1）经工商行政管理机关核准登记,具有法人资格,并实行独立经济核算。

（2）财务结构合理,资金周转正常,对外信誉良好,生产效益明显,有按期偿还租金的能力。

（3）项目符合国家的法律、法规,符合国家的行业政策。

2.承租企业应提供的资料：

（1）承租企业申请租赁报告及申请租赁设备清单。

（2）承租企业的基本情况,包括经年检的营业执照、企业章程、验资报告、信用等级证书、贷款卡复印件等,企业最近三年的审计报告及最近一个月的资产负债表、利润表、现金流量表等。

（3）承租企业所上项目的基本情况,包括可行性报告、环评报告、环评报告批文、可行性报告批文及资金落实情况等。

（4）担保单位的基本情况,包括担保单位经年检的营业执照、企业章程、验资报告、信用等级证书、贷款卡复印件等,担保企业最近三年的审计报告及最近一个月的资产负债表、利润表、现金流量表等。

（5）租赁公司对企业评审所需要的其他资料。

（三）租赁公司对承租企业的租赁申请进行调查、审查、审批

1.租赁公司深入调查核实承租企业提供的申请租赁资料的真实性、合法性、合规性。

2.租赁公司根据各方面资料综合评估承租企业的经营能力、经济实力、资金结构、经济效益、发展前景、租金支付能力和项目情况。项目符合租赁条件的,按公司项目评审流程,完成项目的审批。项目不符合租赁条件的,租赁公司及时向承租企业说明原因,并退回资料。租赁公司在评审过程中,对承租企业提供的各种资料严格保密,切实保护承租企业权益。

（四）双方签订《融资租赁合同》,租赁公司支付设备价款,完成租赁投放

1.直租项目：

（1）租赁公司与承租企业签订《融资租赁合同》。

（2）租赁公司与承租企业选定的设备供应厂商签订《设备购货合同》,承租企业按《融资租赁合同》规定支付相应的保证金和服务费。

（3）供应商按《设备购货合同》要求提供承租企业所需的设备,交付给承租

企业。

（4）承租企业验收设备,租赁公司支付给供应商设备款,取得租赁设备的所有权,设备由承租企业使用。

2.回租项目：

（1）承租企业提供回租设备发票原件,租赁公司对回租设备所有权、使用状况、价值、是否抵押等情况进行审核。

（2）租赁公司与承租企业签订《融资租赁合同》和《回租设备转让协议》,承租企业将回租设备所有权转让给租赁公司,并按《融资租赁合同》规定支付相应的保证金和服务费,租赁公司将设备款支付给承租企业。

（五）承租企业支付租金,履行融资租赁合同所约定的义务

1.承租企业按《融资租赁合同》规定按期支付租赁公司租金。

2.承租企业按《融资租赁合同》约定享有租赁设备的使用权,并按《设备购货合同》规定,由供应商对租赁设备提供售后服务。

3.承租企业租金全部偿付完毕,按《融资租赁合同》约定的方式处置租赁设备,融资租赁合同结束。

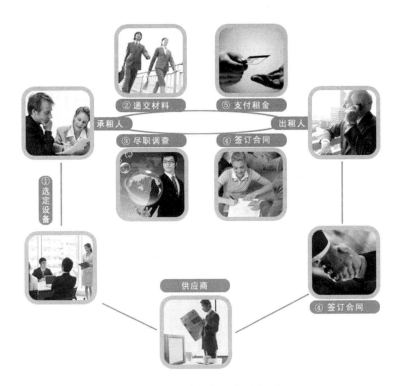

图 6—3　融资租赁业务流程图

第二节　Z市供水公司融资租赁案例

一、案例背景

Z市供水公司(以下简称"Z公司")是成立于1953年的国有供水企业,负责向省会城市Z市提供自来水供应和相关服务。2009年12月经市国资委批准,由全民所有制企业改建为国有独资的有限责任公司,现经营范围包括:对城乡用水供给,水质监测;供排水管网及设备的铺设,管理和维修;供排水相关配套服务;项目及股权的投资和管理。公司通过4个水厂和郑州中法原水有限公司向全市供水,供水水源主要为黄河地表水和黄河滩区地下水,备用水源为常庄水库和尖岗水库,形成了以黄河水为主、地下水为辅、水库水备用的供水格局。

(一)Z公司经营现状

Z公司设计供水能力107万立方米/日,实际供水能力92万立方米/日,管网长度2 330公里,供水面积约310平方公里,供水用户约69万户,实际利用能力只有86%,供水设备利用率有待提高。另外,根据相关部门测算,每天约有30万立方米水来自黑井,这部分黑井的供水也大大降低了Z公司供水设备利用率。

Z公司是Z市政府投资的国有供水企业,其经营收入全部为水费收入,在成本大幅持续攀升的情况下,水价的定价权始终掌握在政府手中,不能根据实际情况及时调整到位,Z市政府也未建立合理的补偿机制,及时给予Z公司财政补贴,造成Z公司逐年亏损的财务状况,也严重制约了Z公司的经营管理和持续发展。

(二)Z公司的发展规划

为满足Z市发展需求,公司加快了水厂建设和管网改造步伐,并提出了中长期发展目标。

1.总体发展目标

按照公用事业市场化的要求,以改革、发展统揽全局,通过产权多元化,建立、完善法人治理结构,逐步建立"政企分开、科学管理、产权清晰、权责明确"的现代企业制度;通过完善机制,增强活力,加快企业发展,满足郑州市加快城市化进程、经济持续增长和人民生活不断提高的需要,使主要经济技术指标达到同等城市先进水平;科技进步水平、企业管理水平达到国内同行业先进水平;供水安全可靠,服务水平一流,经济效益和社会效益显著;通过加快管网改造,提高输水水质,供水水质5至10年内在符合《城市供水水质标准》的基础上,达到美国《国家饮用水水质标准》。

进一步确立企业的区域性主导地位,通过深化改革,建立科学规范的投资与经营体制,逐步实现城乡供水一体化、供排水一体化的经营战略;通过五年时间,把 Z 市自来水公司发展成为集筹资、投资、建设、经营、管理、服务为一体,自主经营、自负盈亏、自我约束、自我发展,满足社会主义市场经济要求,产权多元化、经营市场化、服务优良、管理科学、跨地区跨行业经营的大型供水企业集团。

2.主要经济技术指标规划

(1)供水规模。根据城市发展情况新建、扩建供水厂,并通过资本运作收购兼并部分区县供水企业,形成城乡供水一体化,"十二五"末由"十一五"末的日供水能力 107 万立方米扩大到 180—200 万立方米/日,达到大型一类供水企业标准。

(2)新增改造管网长度。根据 Z 市加快城市化建设发展的需要,结合发展规划,新铺设管网和老管网改造相结合,形成布局合理,压力均衡,可靠性高,满足提高水质和用户需要的城市供水管网体系。"十二五"时期铺设管网 300km,其中 DN300mm 以上管道 200km;计划到 2015 年管网总长度达到 2 100km,其中 DN300mm 以上管网长度达到 1100km。

(3)供、售水量。供水量:"十二五"各年度供水量在"十一五"末年供水量的基础上逐年递增 1%、2%、2%、3%、5%,年平均递增 2.6%;"十二五"末,年供水量达到 24 410 万立方米,日均供水量达到 150 万立方米。售水量:考虑到户表改造、水价上涨、产业结构调整以及各个新区逐步建成等因素,"十二五"期间年售水量在"十一五"末年售水量的基础上每年平均增长 1%、1%、2%、2%、3%,年平均递增 1.8%;"十二五"末,2015 年日售水量争取达到 110—130 万立方米。

(4)水质指标。"十二五"期间,出厂水水质达到或逐步超过 2005 年 6 月 1 日实施的《城市供水水质标准》规定的水质要求及相应的检定监测水平:出厂水浊度 ≤0.5NTU,管网水浊度≤1.0NTU,出厂水 9 项、管网水 7 项指标检验合格率 99.00%以上,综合合格率、国标 35 项合格率达 96%以上。

(5)服务指标。根据城市建成区面积扩大,增设管网压力测试点,2015 年达到每 2 平方公里 1 个;管网干线末梢压力不低于 0.14 兆帕;管网压力合格率不低于 99%;管网修漏及时率达到 98%以上;管网主动检漏率提高到 90%;完成一表一户改造,每年 8—10 万户。

二、Z 公司融资来源决策

根据《Z 市国资国企发展和改革"十二五"专项规划纲要的通知》,Z 公司"十二五"期间建设南水北调配套和城市供水项目 13 个,计划总投资 53.61 亿元。根据《国务院关于调整固定资产投资项目资本金比例的通知》,供水项目资本金比例最低为 20%,那么 Z 公司至少需筹集项目资本金约 10.6 亿元,剩余大部分则需要负债融资。对于如此大规模的资金需求,Z 公司很难完全通过财政资金加以解决,实际操作中财政资金只能覆盖很少的一部分需求,负债融资将会是资金的主要来源。

(一)Z 公司财务状况及盈利能力分析

通过分析 Z 公司的财务报表,可以了解到其资产结构、债务结构、偿债能力、变现能力及其经营业绩、管理能力以及现金获得能力。

1.主要报表科目

对公司的主要报表科目(最近年报中金额变化较大或金额较大的科目)加以分析,就可以较为清晰地了解公司的资产结构和质量、资金的来源结构和稳定性以及或有负债情况等。具体明细见表6—3。

表6—3　　　　　　　Z公司2009和2010年报表主要科目　　　　　　单位:万元

	2009年12月31日		2010年12月31日		变化(%)
	金额	占比(%)	金额	占比(%)	
流动资产	23 781	11.81	28 982	14.20	21.87
货币资金	15 057	7.48	12 031	5.89	—20.22
应收账款	3 277	1.63	2 689	1.32	—17.94
预付账款	240	0.12	205	0.10	—14.58
其他应收款	4 590	2.28	13 531	6.63	194.79
存货净值	617	0.31	544	0.27	—11.83
非流动资产	177 503	4.43	175 084	85.80	—1.36
固定资产净值	148 125	73.59	144 358	70.74	—2.54
在建工程	9 325	4.63	7 280	3.57	—21.93
总资产	201 284	100.00	204 066	100.00	1.38
流动负债	48 703	24.20	25 827	12.66	—46.97
短期借款	17 400	8.64	0	0.00	—100.00
应付账款	449	0.22	190	0.09	—57.68
预收货款	0	0.00	0	0.00	0.00
其他应收款	21 930	10.90	22 570	11.06	2.92
长期负债	73 158	36.54	106 861	52.36	46.07
长期借贷	32 900	16.35	69 400	34.01	110.94
总负债	121 861	60.54	132 688	65.02	8.88
主营业务收入	34 528	—	36 509	—	5.74
净利润	—13 794	—	—15 337	—	11.19

从表6—3中可以发现:首先,Z公司的资产结构中固定资产占比最大。近两年Z公司固定资产净值分别为14.8亿元和14.4亿元,占比均在70%以上,

同时还有较多在建工程,这与其实际经营情况相一致。其次,Z公司负债结构中以长期负债为主。2009年Z公司长期借款较短期借款多出近一倍,2010年调整贷款结构,将一年期短期流动资金贷款全部调整为中期流动资金借款。再次,Z公司的负债水平明显增长。2009年末,Z公司总负债12亿元,资产负债率为60%,其中短期借款和长期借款共计50300万元;2010年末,Z公司总负债13亿元,资产负债率较2009年提高5个百分点,达到65%,其中短期借款和长期借款共计69 400万元,即银行借款增加1.9亿元。最后,Z公司连续亏损,且亏损额较大。2009年Z公司主营业务收入3.5亿元,亏损1.4亿元;2010年主营业务收入仅增长5.7%,亏损额却增加11.2%,反映Z公司因低水价和高成本影响,处于持续亏损经营的局面。

2.盈利能力

盈利能力就是指公司在一定时期内赚取利润的能力,利润率越高,盈利能力就越强。通过对盈利能力的分析,即对公司利润率的深层次分析,可以发现经营管理环节出现的问题。根据Z公司近三年年报,计算出相关盈利能力指标,见表6—4。

表6—4　　　　　　　　　　　Z公司盈利能力指标表

	行业平均	2008年	2009年	2010年
毛利率(%)	23.92	1.04	−12.15	−11.94
营业收入收益率(%)	2.21	−32.41	−39.95	−42.01
资产收益率(税后)(%)	0.45	−5.89	−6.85	−7.52
股本收益率(税后)(%)	0.98	−16.91	−17.37	−21.49

由表6—4可知,2010年Z公司的毛利率、营业收入收益率、资产收益率等主要盈利能力指标分别为−11.9%、−42.0%、−7.5%,全部为负值,且近三年大体呈现逐年下滑的趋势,这与其连续亏损的经营业绩相一致;与全行业平均水平相比较,行业整体处于微利水平,而Z公司亏损较严重,各项盈利指标值均远低于平均值。总体而言,Z公司的盈利能力较差。

3.偿债能力

偿债能力是指企业偿还到期债务的能力。能否按时偿还债务可以反映企业财务状况好坏。通过对偿债能力的分析,可以判断出企业持续经营的能力和风险,有助于对企业未来收益进行预测。根据Z公司近三年年报,计算出相关偿债能力指标,见6—5。

表 6—5   **Z 公司偿债能力指标表**

	行业平均	2008 年	2009 年	2010 年
速动比率	0.82	0.19	0.38	0.57
流动比率	0.86	0.34	0.49	1.12
息税前利润保障比率	1.73	−2.06	−4.26	−3.01
资产负债率	0.54	0.65	0.61	0.65

由表 6—5 可知,一方面,Z 公司流动比率和速动比率均呈现逐年提高的趋势,反映其短期偿债能力逐年改善。其中,流动比率达到 1.12,已高于全行业平均水平,而速动比率则较行业平均水平低 0.25;另一方面,Z 公司的长期偿债能力明显偏弱,由于持续亏损,息税前利润保障比率也为负值,而且资产负债率高出平均水平 9 个百分点。以上数据表明该公司偿债能力较弱。

4.发展能力

发展能力是指企业扩大规模、壮大实力的潜在能力。分析发展能力主要考察以下指标:总资产增长率、营业收入增长率、营业利润增长率和营业收入三年平均增长率。

表 6—6   **Z 公司发展能力指标表**

	行业平均	2008 年	2009 年	2010 年
营业收入增长率%	15.93	8.78	5.61	5.74
利润增长率%	10.51	−80.32	−24.02	−11.19
固定资产增长率%	7.09	0.15	5.51	−3.70
总资产增长率%	11.31	1.93	6.67	1.38

根据表 6—6 显示的 Z 公司发展能力指标,营业收入增长速度基本保持稳定,与全行业平均水平相比仍有较大差距;固定资产增长率有所下降反映了近两年 Z 公司新建项目较少;利润增长率持续为负,与 Z 公司持续亏损一致,与之不同的是全行业利润增长巨大,主要是 2010 年许多城市均上调水价,使不少供水企业扭亏为盈,全行业利润大增。总体来看,Z 公司的发展能力欠佳。

(二)Z 公司融资现状及其困境

1.Z 公司融资现状

Z 公司目前的融资形式只有银行信贷,在各家银行的贷款余额高达 69 400 万元,涉及的授信品种多为中期流资贷款和项目贷款。具体明细见表 6—7。

表 6—7   Z 公司融资情况明细表(截止 2010 年 12 月 31 日)

金融机构	起始日	到期日	金额	利率	担保
农业银行	2009—03—31	2014—03—30	6400	基准	信用
交通银行	2009—09—29	2012—09—28	2800	基准	水费收费 权质押
交通银行	2009—11—18	2012—11—18	3700	基准	
交通银行	2009—11—24	2012—11—23	4500	基准	
交通银行	2009—11—27	2012—11—26	3000	基准	
交银信托	2009—12—18	2014—12—18	49000	基准	
合 计	—	—	69400	—	—

从表 6—7 可以发现:第一,Z 公司的融资渠道相对单一。Z 公司通过银行贷款和信托贷款融资,就目前银监局对银信合作业务的监管和指导意见而言,Z 公司的信托贷款到期后较难再以此形式继续融资,从而只能以银行贷款作为单一融资渠道。第二,Z 公司的资金需求以中长期为主。该公司融资余额共计 69 400 万元,融资期限全部在 3 年以下(含 3 年)。第三,Z 公司对融资成本的要求较高。各家银行贷款利率以及信托贷款利率全部为基准利率,在近两年信贷规模趋紧,全社会融资成本走高的背景下,其贷款利率仍然维持基准反映了其压低融资成本的迫切要求。

2.Z 公司的融资困境

随着市场融资渠道不断拓宽,企业可以采用的融资方式越来越多,诸如,银行信贷、企业债券、短期融资券、中期票据、上市融资、引进外资、股权转让等。但 Z 公司的现状限制了这些融资方式的运用。

(1)信用评级较低

公司通过各种渠道进行外部融资时,通常会由金融机构或第三方评级机构对其进行信用评级,然后根据评级情况确定是否能给予融资,或者在同意融资的前提下确定融资规模和结构等具体要素。尽管不同评级主体所采用的评级方法不尽相同,但是核心部分都是围绕公司所处行业状况、公司经营管理情况和财务情况这三个方面加以综合考虑,通过测算各项评价指标值,确定信用风险等级。

根据前文对 Z 公司的经营及财务状况的分析,经营方面受制于低水价而持续亏损,财务方面的多项指标也表现不佳,如资产负债率、营业收入收益率等指标与行业平均水平存在较大差距,从而影响其信用风险评级。以 Z 公司在 J 银行的评级为例,J 银行对客户的信用风险评级分为 1—15 级,其中:1—8 级为正常类客户,9—12 级、13 级、14 级和 15 级分别对应关注类、次级类、可疑类和损失类客户。通过对 Z 公司的各项财务和非财务因素评级,最终确定其信用风险评级为 9 级,即属于关注类授信客户。按照 J 银行的相关规定,不得向关注类客户发放信用贷款,不得对其新增授信等等。此外,信用评级较低也直接影响 Z 公司通过发行债券、短券/中票或上市融资。因此,Z 公司较低的信用风险评级制约着其进行外部融资。

(2)市场融资成本较高

2010 年以来,国家调整宏观经济政策,从宽松的货币政策逐步转变为稳健的货币政策,此后,通过调整存贷款基准利率、调整金融机构存款准备金率等措施收紧市场流动性,使得金融机构信贷规模逐步压缩,全社会资金供给趋紧,金融机构贷款利率大幅提高,全社会的融资成本也不断走高。

Z 公司因其公用事业性质,原本盈利能力就较弱,加之近年的连续亏损,对外部融资的成本极为敏感。Z 市目前的金融机构综合融资成本,通常在同期基准利率上浮 30%—50%水平,而这已经超出 Z 公司的可承受范围。如果接受高额融资成本,Z 公司的经营压力会更大。因而对于需要外部融资支持发展的 Z 公司而言,必须做更多的比较,尽可能地以最低的融资成本获取资金。

(3)融资规模较大

从 Z 公司的长期发展规划和 Z 市"十二五"专项规划来看,Z 市的供水管网和设备投资额巨大,以 Z 公司现有的经营实力和财务状况,特别是每年不到 4 亿元的水费收入和水价调整的严重滞后,同时考虑到持续收紧的货币政策,想全部从银行获得如此大规模的信贷资金支持项目建设非常困难。即便银行审批同意给予 Z 公司相应授信额度,在实际贷款发放时,也会受到银行信贷规模的限制,而且固定资产贷款必须与资本金同比例发放,面对巨额的资本金压力,Z 公司获得贷款也会困难重重。

(三)融资租赁对 Z 公司的适用性

Z 公司作为 Z 市的国有供水企业,具有公用事业性质,由于公司持续亏损,面对"十二五"巨大的投资规模,从现有融资渠道即商业银行进行融资难度较大。尽管财务指标不佳,但其资产规模较大,且总资产中供水管网及厂房设备等固定资产的占比非常大,若能将这部分固定资产盘活进而筹集资金,将会极大缓解 Z 公司资金压力。

融资租赁业务对于公用事业企业灵活运用资产、盘活固定资产、优化资产结构等方面具有独特的优势,主要体现在三个方面:

首先,从业务准入来看,公用事业行业,包括水务、燃气、热力等,都是融资租赁的主要投向,通常准入标准为直辖市、省会城市和计划单列市的国有控股水、煤、气、热力企业,且具备经营能力和自偿性而非政府融资平台。Z 公司作为省会城市的国有供水企业,具备实体经营和自偿性,也未被列入政府融资平台名单,因此符合业务准入条件。

其次,从业务操作层面来看,Z 公司拥有规模较大的经营性资产,即供水管网及设备,若采用售后回租方式将其中一部分固定资产出售给租赁公司,然后通过回租方式继续维持原资产的使用权直至融资期届满，则不仅能实现盘活资产增加融资渠道的目的，还能有效优化资产结构和改善财务报表。

再次，从融资方案来看，融资租赁融资规模较大，理论上只要Z公司有需求就可以将其所有供水管网、水厂及设备等共约15亿元的固定资产出售给租赁公司并通过回租保留使用权，即可在不改变正常经营的情况下获得足够资金；融资租赁业务期限通常为中长期，通过融资租赁Z公司能获得中长期融资，这与Z公司的资金偏好一致，同时，以租金形式分期支付也能有效缓解其到期一次偿付本金的压力；在融资成本方面，融资租赁较之银行融资对价格市场敏感度更高，具有一定弹性，通常能提供低于或相当于银行贷款利率的融资成本。

最后，在资金使用方面，银行贷款资金的发放和支付受监管要求严格，相对而言，通过融资租赁进行融资的资金自主支配权限较大。银行贷款只能用于供水项目建设，而且根据银监局《固定资产贷款管理办法》的规定，固定资产贷款要根据项目资本金到位进度同比例发放，在资本金不到位的情况下，商业银行不得发放固定资产贷款，并且必须采用受托支付方式支付信贷资金，用于项目建设。融资租赁取得的资金用途更宽泛，根据银监局制定的《金融租赁公司管理办法》对融资租赁的界定，通过融资租赁方式获得的资金是非信贷资金，资金使用范围相对广泛，既可以用于项目建设，也可用于日常流动资金周转，还可以用作项目资本金，或者置换现有高成本的贷款，Z公司完全可以根据自身经营状况和项目建设进度灵活安排资金，更有效的缓解资金压力。

三、Z公司售后回租流程

如前文所述，Z公司采用售后回租方式融资。因此，承租人与供货商实际上为同一主体，但在具体操作的法律文本上仍为三方当事人。具体业务流程分为申请租赁、确定租赁物、签订合同、交付租赁物/支付租金、处置租赁物五个步骤。

（一）申请租赁

Z公司确定采用融资租赁方式进行融资后，按要求向租赁公司提交租赁申请书以及相关基础资料，通常包括：企业法人营业执照（经年检）、组织机构代码证（经年检）、国/地税税务登记、公司最新章程、公司最新验资报告、法定代表人身份证明及个人信息、法定代表人授权委托书、董事会名单及最新签字样本及公司公章样本、近三年及近期财务报表、贷款卡及其密码等。

（二）确定租赁物

租赁公司在进行初步风险评审并同意受理Z公司的租赁申请后，双方协商确定出售回租业务的标的物为企业的部分管网，由Z公司提供该管网立项建设、环境评估等相关政府核准文件，并出具Z市国资委同意确认该资产的批复文件。同时，Z公司需委托租赁公司认可的专业评估机构对拟出售管网资产实行评估，并出具正式评估报告以确认资产价值。

（三）签订合同

Z公司与租赁公司对融资的金额、期限、租金及费用等要素以及具体合同条款进行商务谈判,达成一致后双方分别签订买卖合同和融资租赁合同,并落实担保措施。

（四）交付租赁物/支付租金

Z公司按照双方签订的买卖合同向租赁公司出售并交付租赁物,租赁公司按约定价格支付货款给Z公司,此时,Z公司用于融资的部分管网所有权转让给租赁公司,但并无实质性的交付手续,Z公司根据双方签订的融资租赁合同拥有上述管网的使用权并按期向租赁公司支付租金。

（五）处置租赁物

租赁期届满后,按照融资租赁合同中约定的方式处置租赁物,通常,Z公司会以市场公允价值留购出售给租赁公司的部分管网,重新取得其所有权。

第三节 案例分析

一、融资租赁融资方式的比较优势

根据前文所述,面对巨大的融资需求,Z公司通过传统的银行贷款方式很难获得足够资金支持,而自身的经营特点与融资租赁业务十分契合,通过选择融资租赁,Z公司将其拥有的部分供水管网出售给租赁公司并进行回租,保留其使用权,不仅能根据需要确定融资规模、灵活使用资金、降低融资成本,而且能有效改善其财务结构,还能为其减轻税负。

（一）增加融资渠道,扩大融资空间

Z公司现有融资集中于商业银行,融资渠道单一,特别是由于外部监管、资产负债比例等原因,Z公司的银行融资渠道明显受阻,较难从银行获得的授信额度或者获得的授信额度不足以支持其扩大经营之需,因而亟须开拓新的融资渠道以缓解其资金短缺压力。

融资租赁正是Z公司增加融资渠道的有效办法。银行在发放信贷资金时往往因考虑风险因素只能满足客户的一部分融资需求,而融资租赁则能够给予全额的资金支持。供水管网投资规模大,企业通过长期贷款筹资的难度较大,即使银行能满足其融资规模要求,Z公司也必须自筹至少20%的资本金。如果通过融资租赁,Z公司则只需按期支付租金,而无须一次性支付大额款项,就可购置先进的设备,同时也可以避免银行借款合同中的很多限制性条款,还可以选择按月、按季或按年支付租金,显得更为灵活。而且承租人通过融资租赁方式获得的融资金额,不占用授信额度,也不记入银行贷款卡,增加了承租人再融资的机会,降低了机会成本。同时,因为不记入人民银行征信系统,所以承租人逾期还款不直接影响其在银行的信用。

（二）盘活已有设备,融得更多资金

对于已有设备的企业,融资租赁类似于"设备抵押"贷款。但大多数银行不接受设备抵押,设备最多只能作为房地产抵押的补充,而且抵押率仅 30%－40%,而从租赁公司通过回租方式可融到设备现值 70%－80%,甚至 90%—100% 的资金。

本案例中的 Z 公司将其部分供水管网约 5 亿元的固定资产出售给租赁公司并通过回租保留使用权,即可在不改变正常经营的情况下获得足够资金。如有需要,Z 公司可以将全部供水管网、水厂及设备都出售给租赁公司,之后回租,从而继续使用这些供水设备,同时融得巨额资金。

(三)灵活性大,手续简便

融资租赁业务中,由于租金支付的方式可由租赁双方协商约定,通常会更贴近实际现金流状况,因而使得 Z 公司的现金流预算编制更加灵活。如果利用银行贷款购置设备,在到期日当天需要归还大量的贷款本金,必将造成 Z 公司的运营资金周转困难。利用融资租赁就会避免这一困境,因为租金分期支付的数额是由出租人和 Z 公司在考虑了各自的经营特点后确定的,这就会使其在资金运转上将带来很大的灵活性。售后回租式融资租赁融获资金的用途不太受监管,可以依据承租人的投资需求灵活安排,出租人也不会像银行等金融机构一样,强制要求承租人将融获的资金存放在自己的账户内,等等。

融资租赁方式融资的手续较简便,主要表现在:第一,其不像银行等金融机构贷款一样,需要经过较长期限的逐级审批程序;第二,其将融资和融物结合,简化了融资和机器设备等采购程序。总之,融资租赁方式融资的效率较高。

(四)规避通货膨胀

银行贷款通常随着贷款基准利率的变动使融资成本随之变化,而融资租赁则不同,Z 公司可根据需要与出租人进行协商,采用固定租金支付方法,即租金在租赁期间保持不变(除非另有特殊规定),从而为 Z 公司规避通货膨胀的风险。不仅如此,通常在通胀期内,当租赁合同结束时,按当时的市场公允价格,租赁物的实际残值将会远远高于当初合同签订时约定的残值价格,于是,Z 公司可选择留购获得通胀的收益。

(五)加速折旧,延迟交税

《企业所得税法实施条例》规定,融资租入固定资产应当提取折旧费用,分期扣除。财政部、国家税务总局《关于促进企业技术进步有关财务税收问题的通知》(财工字[1996]41 号)规定,企业技术改造采取融资租赁方法租入的机器设备,折旧年限可按租赁期限和国家规定的折旧年限孰短的原则确定,但最短折旧年限不短于 3 年。所以,如果承租人技术改造时通过融资租赁方式租入机器设备等固定资产,可以通过对融资租赁期限的约定改变机器设备等固定资产的折旧年限,从而在一定程度上加速机器设备等固定资产的折旧年限,扩大当期成本,降低当期所得税的交纳,使承租人享受到延缓交税,税务融资之益。

例如,国家规定某种机器设备的折旧年限为 8 年,承租人以融资租赁方式购入时,可以通过约定 3—8 年(不包括 8 年)的融资租赁期限来减少机器设备的折旧年限,从而大大加速了机器设备等固定资产折旧,并且折旧额用于税前偿付租金时,可以节约税赋。

二、融资租赁中承租人的风险应对

融资租赁融资方式无疑给承租人带来诸多好处,但同时也可能会面临一系列风险。融资租赁资产技术含量和使用要求的提升,改变了承租人单纯的融资需求,将融资安排扩展到包括资产运营管理和技术服务在内的经营决策领域,由此承租人面临的不只是融资租赁的财务风险,还应包括经营风险和操作风险,这就需要用系统的、连贯一致的风险应对策略管理融资租赁风险。

(一)财务风险

承租人在融资租赁中的财务风险主要存在于租赁资产的购买方式、报价条件的综合评价、租赁期的确定、利率的确定、租赁资产余值的确定、支付币种及汇率等方面,具体表现为现金流动性风险、余值风险、利率风险、汇率风险等。

1.现金流动性风险

现金流动性风险是指由于市场经营环境的变化,承租人在租赁期内不能按期支付租金的风险。现金流动性风险可以分为项目层次的现金流动性风险和整体资产层次的现金流动性风险。当租赁资产项目的收入不能满足其租金支付时,则会发生项目层次的现金流动性风险,那么就需要承租人以其他资产的现金盈余来支付租金;当其他资产的现金盈余仍然不能弥补租赁项目的现金缺口时,则现金流动性将超出承租人整体资产的可承受范围,承租人将产生不能按期支付租金的违约风险,出现现金流动性风险。出租人为了避免风险和尽早收回投资,一般将租赁期限定为5—10年,通常大大小于租赁资产的可使用寿命,这样也加大了承租人每期偿还租金的压力,从而也增大了承租人的现金流动性风险。

对于承租人出现这种不能按期支付租金的违约情况,出租方通常在租赁合同中提出较为苛刻的惩罚条款,另外在租金合同中通常还规定"连带违约条款",该条款规定承租人只要有一项租赁物的租金没有按时足额偿付,则视同所有租赁合同全部违约,与合同有关的所有租赁物和担保物都要承担违约责任,对流动性较强的租赁物则进行扣押变卖处理。

承租人在租赁期内支付的租金包括需要偿还的本金和利息,租赁期(即还款期限)将影响每期的租金和利息的偿还金额。还款期限越长,每期租金越少,但总的利息就越多;还款期限越短,每期租金越多,但总的利息就越少。因此,确定合理的租赁期,既能降低融资租赁业务资金成本,又能确保现金的流动性。

为规避现金流动性风险,在融资租赁业务中应考虑承租人的以下因素:①以往资金需求状况及未来资金需求预测;②当前拥有现金及可随时变现的流动资产的数量;③租赁项目经营现金流量及未来稳定性;④公司整体资金来源结构和未来资金来源的稳定性;⑤资产结构与负债结构匹配情况;⑥对自身资产、负债的管理和控制能力。同时,可在合同中增加灵活性较强的租金支付条款,例如:延期支付、递增或递减支付等;承租人可根据自己的资金安排提前付款;如果该租赁项目的确有较大的发展潜力,只是短期内不能产生较好的经济效益,也可以适当延长支付期限。

2.余值风险

租赁资产余值,是指在租赁开始日估计的租赁期届满时租赁资产的公允价值。租赁资产担保余值,是指由承租人或与其有关的第三方担保的资产余值,也就是在租赁开始日估计的租赁期届满时出租人可收回租赁资产的价值,承租人或与其有关的第三方往往向出租人承诺,当租赁资产的租赁期届满其实际价值低于资产担保余值时,由其补足这一差额。为规避余值风险,出租人通常希望由承租人在租赁期届满后留购买该租赁资产,一般租赁资产的余值风险都是由承租人承担,故未担保余值几乎为零。

资产担保余值由租赁合同规定,其不同于租赁期届满时租赁资产的公允价值,也不同于该租赁资产的残值。租赁资产的公允价值由租赁期届满时租赁资产的实际内在价值和市场因素决定;租赁资产残值是该租赁资产的使用期届满,其已无法再行使用而预计的残存价值,残值金额一般较小,可以不考虑市场因素。

资产担保余值对承租人的影响主要表现在最低租赁付款额的确定上。最低租赁付款额的现值＝各期租金付款额现值＋资产担保余值的现值。资产担保余值越高,租金就越少;资产担保余值越低,租金就越多。因此,资产担保余值的设定会对承租人的租金和经营现金流产生较大的影响。

虽然资产担保余值设定较小时,前期的租金支付压力会比较大,但租赁期届满时承租人支付较少的余值金额就可以拥有租赁物的所有权;而确定较大的资产担保余值虽然可以使承租人的支付压力转移至租赁后期从而缓解承租人的前期资金压力,但是租赁期届满时承租人支付担保余值来拥有资产的所有权时,将会面临担保余值与市场公允价值不一致的风险,若担保余值大于公允价值,其差异即是承租人将要承担的损失。在有关资产余值的谈判中,出租人由于掌握着更多的信息资源而处于主导地位,承租人要想控制资产余值风险需要获得更多的信息,特别是租赁资产的未来技术发展和市场需求信息,接受可以承担的风险。确定资产担保余值的大小时,应该以承租人和项目的未来状况预测及租赁资产的未来市场价格的变化趋势为依据,并综合考虑未来现金流量和融资租赁的成本情况。

3.利率风险

利率风险是利率变动致使融资租赁中承租人所支付的租金遭受经济损失的风险。融资租赁业务中承租人支付的租金通常是以固定利率计算的,但当市场的利率变动时,尽管各期租金在数额上是固定的,但如果以市场利率作为贴现因子计算的最低租赁付款额的现值必然发生变化,这就意味着最低租赁付款额的现值存在利率风险问题。利率上升,则最低租赁付款额的现值下降,对承租人有利;利率下降,则最低租赁付款额的现值上升,即承租人租赁资产的总支出会增加,对承租人不利,承租人还租负担会加重,可能还会出现违约拖欠租金的情况,存在信用风险。另外,融资租赁的未来存续期限越长,利率风险越大。

融资租赁期限一般较长,通常为5—10年,币值在如此长的期间内变化频繁,因此固定的利率对于出租人和承租人而言都是不尽合理的。从而双方可以在合同中约定租金变动条款,根据利率变动的幅度采取相应措施,在约定的范围内,合同租金不作变动,超出范围再作调整。对于期限较长的融资租赁业务,也可以变动后的利率作为贴现因子重新调整计算最低租赁付款额的现值。另外,承租人也可以适当作相应的利率调整。

4.汇率风险

融资租赁业务中由于承租人所收到货币的币种与支付的租金和费用的币种往往不同,存在不同币种的兑换、支付,且汇率变动会导致汇率风险。汇率风险主要可分为:①外汇交易风险,汇率变化前发生、汇率变动时仍未清算的未到期(未实现)债权债务价值的变动,承租人的应付租金、应收账款、应付账款等债权债务及远期外汇买卖都会涉及交易风险。②外汇折算风险,是指在进行会计处理时和进行债权债务结算时,由于汇率变动引起的将外币转化为记账本位币时价值损失的风险。

承租人为规避汇率风险,应考虑以下几个方面的因素:①收入的币种结构与支付租金的币种结构的匹配性,即考虑外汇收入与外汇成本支出的合理搭配。②远期外汇买卖或外汇期权交易。如果承租人经营合同约定收到货币的币种与其所应偿付货币的币种不一致,则可以通过远期外汇买卖取得所需要的货币。由于远期外汇买卖都是中长期交易(通常不超过5年),因此对于长期租赁项目,则可根据租金支付日期通过多次远期外汇买卖或掉期交易的交叉运用来达到规避汇率风险的目的。③相关币种汇率的走势。选择可以自由兑换的有利币种,融资租赁双方在选择币种时,宜选择币值稳定的计价单位,如果为了分散风险也可以选择"一揽子"货币。

(二)租赁合同风险

由于信息不对称性,也由于资产性能维持因环境造成的不确定性的存在,增加了租赁合同的不完整性,为未来资产使用发生的额外费用负担的不确定性埋下了伏笔,不可预计的成本费用是融资租赁经营中面临的不可回避的风险。出租人出于对资产使用安全,延长使用技术性能的考虑,往往在合同中对资产的使用做出一些限制性条款,也为将来责任分担产生了变数。

应对合同陷阱或风险的办法是选择有经验的技术和法律专家参与融资租赁合同的谈判,而不仅仅是财务人员,以便将租赁合同订立的更加完备。在合同中要明确资产使用环境和条件,人员培训要求,回避资产性能意外损坏带来的风险。在合同中确定资产预防性维修保养或性能改造方式方法,技术性服务要求,明确资产性能达不到合同使用寿命所做的资产更换和损失补偿,维持尽可能长的资产最佳使用期，可以有效降低资产运营风险。

（三）技术与服务风险

企业经营能否产生足够的经营活动现金流以支付租金有赖于租赁资产是否像其设想的那样发挥效用。如果租赁资产达不到技术性能要求，将直接影响到产品服务性能和质量，最终波及企业经营现金流。随着技术发展和租赁资产使用消耗，技术更新和后续服务不到位也将对企业经营产生负面影响，最终影响租金支付的能力。

企业可以要求出租人不断地提供技术服务和对资产进行更新改造，选择有技术服务实力的出租人或制造商的产品，可以减轻技术老化对企业经营产生的冲击。

尽管企业经营现金流取决于租赁资产与其他资产磨合程度和企业营运水平，但租赁资产毕竟是企业提高经营现金流的关节点，在租赁资产性能保证方面，技术与服务水平高，可以减轻产品服务性能不稳带来的风险，增强企业产品和服务能力，保持经营现金流的稳定。

三、融资租赁业务发展的前提和保障

（一）所有权和使用权分离是融资租赁业务发挥变相融资功能的前提

不管是直租式融资租赁还是回租式融资租赁业务，出租人均必须先购买承租企业所需要设备，然后以租赁方式让与承租人使用。不同的是，回租式融资业务是向承租企业购买设备，而直租式融资业务是向承租人以外的企业购买设备。但不管哪种模式，租赁期限内，出租人始终拥有设备所有权，而承租人拥有设备使用权。正是这种所有权和使用权的分离，一方面，出租人可以随时管理和处置租赁设备，监督维护设备安全。另一方面，承租人在期初支付少量租金情况下就可以获得企业正常营运所需的设备资产，如果是直租式融资租赁，承租企业可以因此获得新增设备，用以扩大规模；如果是回租式融资租赁，承租企业可以因此盘活现有设备资产，释放流动资金，实现变相融资。可见，所有权和使用权分离是实现变相融资的基本前提。案例中，Z公司将部分管网出售给租赁公司，租赁公司又将这些管网出租给Z公司使用，租赁期限内，租赁公司始终拥有设备所有权，在设备运行过程中均采取跟踪监督和风险约束措施，在有效监督和风险约束机制下，拥有使用权的Z公司履约守信，按时支付租赁费用。融资租赁业务最终完成对Z公司的变相融资。

（二）有效监督约束机制是融资租赁业务安全运作的基本保障

融资租赁业务中，租赁期内租赁设备的所有权归出租方，而且一旦承租人不能按期支付租金，出租方可以通过转租或处置方式实现资金回笼。表面看，融资租赁业务风险并不大，但事实上，如果承租方因经营不善逃逸或变相处理租赁设备，融资租赁业务风险将仍有可能发生。因此，融资租赁业务必须建立有效的约束监督机制，避免道德风险，融资租赁业务才可安全运作。案例中，租赁公司为确保租赁设备安全，除要求Z公司每月提供财务报表及设备使用情况并不定期检查外，还合同约定Z公司必须为租赁设备以出租人为受益人购买保险，不仅设备运行的安全性方面予以监督,而且对可能发生的损失也预置了风险补偿。不仅如此,租赁方在融资租赁业务开办后,还可以将融资租赁业务在人民银行征信系统中予以登记公示,并逐笔记录承租方租金归还等具体情况,使承租方信用状况处于社会监督之下,促使承租方履约守信,确保融资租赁业务运作安全。

【思考题】

1.分析长期偿债能力和短期偿债能力的指标有哪些?Z公司的长期、短期偿债能力分别表现如何?

2.Z公司采用售后回租这一融资方式的原因有哪些?

3.除案例中列示的以外,融资租赁还有哪些优缺点?

第七章
阿里巴巴与风险投资的合作与博弈

教学内容与目标

　　本章首先阐述风险投资的概念、特征与要素,分析了风险投资运作的步骤和一般程序,同时对风险企业如何获取风险投资进行了论述。然后详细介绍了阿里巴巴集团在创业初期以及快速发展过程中,数次引入风险投资的过程。最后对阿里巴巴屡获风险投资青睐的原因,阿里巴巴成功引入风险投资的策略及其融资启示进行了分析探讨。

　　通过本章的学习,学员应了解风险投资的基本概念、特点和运作流程,对风险企业如何引入风险投资有个直观的认识,从而学会在实践中加以运用,并学会识别和防范风险企业融资中潜在的融资风险。

第一节　知识准备

一、风险投资概述

(一)风险投资的含义

　　风险投资译自英文 Venture Capital,是将资本投入到新兴的、迅速发展的、有巨大增长潜力的未上市的中小企业的一种承担高风险、追求高回报的权益投资行为。

　　风险投资突出地表现为高风险和高收益。风险投资存在高风险,主要有三个原因:第一,风险投资选择的主要投资对象是处于发展早期阶段的中小型高科技企业(包括企业的种子期、导入期和成长期),这些企业存在较多风险因素,如:处于种子期的企业,从技术酝酿到实验室产品,再到粗糙的样品完成,需要进一步的投资以形成产品,但此时它们在技术上还存在许多不确定因素,产品还没有推向市场,企业也刚刚创建,因而投资的技术风险、市场风险、管理风险都很突出。第二,风险投资是长期投资,投资的回收期一般是 4—7 年,且资金的流动性也较差。第三,风险投资是连续投资,资金需求量可能很大,而且在投资初期很难准确估计。

风险投资可能获得高收益,这是因为:第一,风险投资公司的投资项目是由非常专业化的风险投资家经过严格的选择程序而获得的,选择的投资对象是一些潜在市场规模大、高风险、高成长、高收益的新创事业或投资计划。第二,由于处于发展初期的小企业很难从银行等传统金融机构获得资金,风险投资家对它们投入的资金是"雪中送炭",因而同时,风险投资家也因之能获得较多的股份。第三,风险投资家丰富的管理经验弥补了一些创业家管理经验的不足,从而保证企业能够较快地取得成功。最后,风险投资会以企业上市的方式,从成功的投资中退出,从而获得高额资本收益。

(二)风险投资的基本特征

风险投资是投资者围绕萌芽状态中的高新技术及其商业机遇建立资助性投资机制的企业投资行为。这种行为有以下几方面特征:

1.投资活动的高风险性

科技创新活动是一个探索的活动,能否成功,客观上具有很大的不确定性,而且失败的概率很大。一项科技成果通常要经历无数次艰难曲折和失败才能取得,有些项目在进行一段时间后,被证明在现有条件下难以成立,不得不放弃;有的项目在立项时是先进的,但到完成时,别人已捷足先登获得了专利或抢占了市场,或者出现了更好的替代产品,或者市场需求发生了变化,从而使该项目失去了投资意义;有的科技成果本质是成功的,但受传统观念的约束,尚不能为市场接受,从而未能取得预计的成效等。总之,风险投资的投资风险是客观存在的,而且是不能预先消除的。风险投资的投资对象多为处于发展早期的中小型新兴高科技企业,投资时间长而成功率低,成功率通常只有20%左右。

2.投资回报的高收益性和长期性

风险投资的项目一旦成功,就能够生产出别人没有的,或更好、更便宜的,而又为市场广泛接受的产品或服务,从而可以获取更大的市场份额或开拓新的市场。投资者通过这种投资活动所获得的收益要超过任何常规投资收益。这种高风险性和高收益性相伴随的特点,正是风险投资的最大魅力所在。风险投资者和风险企业家都偏好风险,然而,他们绝非赌徒,他们是顺应科学技术发展规律、适应时代发展潮流的开拓者和进取者。风险企业虽然成功率很低,但一旦成功,其收益率却是惊人的,风险投资者所追求的正是这种潜在的但往往是投资额数倍、数十倍,甚至更多的高收益。风险投资以追求高收益为目标,以高风险为代价,风险投资者的目标毛利一般在40%—50%,税后净利在10%以上,期望在5年以后以15倍的市盈率套现。

风险投资属于长期投资,投资时间通常是4—7年。对美国157家风险企业的调查资料表明:这157家企业平均用30个月时间实现收支平衡,用75个月时间恢复原始股本价值。正因为如此,人们将风险资本称为是"有耐心和勇敢"的资金。

3.投资产业的高新技术性

风险投资集中于高新技术产业,一般来讲,这些项目的技术及市场尚存在巨大风险,但盈利潜力很大。20世纪50年代后,高新技术日益呈现出技术周期短,更新速度快,发展范围广的特征,每天都有大量的高新企业问世,这就为风险投资业的发展提供了巨大的发展空间。

4.投资管理的超强操作性

风险投资不仅投入资金,而且投入管理。这种投资方式与传统金融投资只提供资金求得利息收入而不干涉企业经营管理的方式是很不相同的。风险投资家把"筹码"完全押在风险企业的成功上,没有任何保险和抵押。这就要求风险投资家在高科技风险企业的创建过程中,从产品的开发到商业化生产,从机构的组建到经理人选的确定,从产品上市到市场的开拓以及企业形象的策划,自始至终与风险企业家捆在一起,风险同担,患难与共。风险投资家是高科技企业的强有力操纵者,他有权决定对一家新兴企业投资与否,他可以在中途罢免企业的经理,亲自执掌企业的大权,直到找到新的企业领导人。这一切都要根据技术发展、市场需求、企业经营状况来决策。因而要求风险投资家具有广博的高科技专业知识、管理现代企业的技能和丰富的社会经验,否则难以当此重任。

5.资本运营的再循环性

风险投资家的着眼点和志趣主要集中在风险企业的开拓阶段,而不是成熟阶段。一旦创业成功,风险投资家便会在市场上抛售所持有的风险企业股票,收回资本,获得巨额利润。这时,由于创业初期的高风险已逐渐弱化,普通资本便纷纷进入到这些高科技企业中去寻求一般市场利润,风险资本已完成其使命。风险资本退出后,带着新的更大的投资能力,去寻求新的风险投资机会,扶持新的高科技企业。正是由于风险资本的不断循环运作才使得高科技企业不断涌现,从而加速高新技术产业化的进程,带来经济的增长和繁荣。

6.投资主体的紧密合作性

投资者、投资家和创业家之间必须充分合作与信任,以保证投资计划的顺利执行。风险投资实际上通过风险投资家特有的评估审视眼光,将创业家具有发展潜力的投资计划和投资者充裕的资金有机结合起来。在这个过程中,风险投资家一方面要和普通投资者进行广泛接触和密切联系,通过广泛游说和宣传等手段筹集到充裕的风险资本;另一方面要积极参与风险企业管理,和创业家紧密合作,辅导企业经营,促进被投资企业成长。

7.主要采取股权投资方式

风险投资以股权方式参与投资,但并不对企业占有和控制,待被投资企业发挥潜力和股权增值后,通过企业上市和被购并实现资本增值。风险投资家既向创业者提供股权资本,也要提供企业管理、经营等方面的帮助和咨询。所投资对象多属于市场潜力巨大的高成长性的企业或产品。投资以股权方式为主,可以达到参与管理、分散投资、规避风险的目的。

8.投资对象以中小企业为主

风险投资的对象一般是处于发展早期阶段的中小型新兴企业,这些中小企业由于处于创建发展的初期,面临着各种各样的风险,在资本市场上筹资困难。但这些中小企业一旦获得资金支持,往往会焕发出强大的生命力,其产品会显现出广阔的市场前景,所以风险投资以这些具有高成长性的中小企业为首选投资对象,以期获得未来的超额投资回报。

(三)风险投资的构成要素

风险投资的基本构成要素包括风险资本、风险企业、风险投资人以及风险资本市场。

1.风险资本

风险资本是指由专业投资人提供的投向快速成长并且具有很大升值潜力的新兴公司的一种资本,是用于风险企业创建和早期发展阶段的铺垫资本。在通常情况下,由于被投资企业的财务状况不能满足投资人于短期内抽回资金的需要,因此这些企业一般无法从传统的融资渠道获得所需资金,这时风险资本便通过购买股权、提供贷款或既购买股权又提供贷款的方式进入这些企业。风险资本的风险含义来源于以下两个方面:第一,风险企业由于开发的是无先例可循的高科技产品,能否成功,没有绝对把握,因此,风险特别大;第二,由于对这些企业的资本投入规模很大,破产后资本往往得不到补偿。

2.风险企业

这是专门开发高新技术,并将其转化为产品,达到商业目的的企业。如果说风险投资家的职能是价值发现的话,风险企业的职能是价值创造。风险企业家是一个新技术、新发明、新思路的发明者或拥有者。他们在其发明、创新进行到一定程度时,由于缺乏后续资金而寻求风险投资家的帮助。除了缺乏资金外,他们往往还缺乏管理的经验和技能,这也是需要风险投资家提供帮助的。风险企业的一般特点是创建时期规模小,属于微型企业,由少数员工组成。其员工集技术发明家、企业家为一体,工人和管理者为一体,突破了大学、研究所和企业的传统界限。这些企业风险特别大,但是,一旦成功,其利润十分惊人。作为新技术产业的温床,风险企业所从事的技术开发具有广阔的发展前景,能够代表一个新经济时代的到来,是一国经济的增长点和高新技术产业发展的催化剂。20世纪60年代以来,西方各国把发展风险企业作为开发高新技术的重要形式。美国硅谷的风险企业绝大多数属于高新技术企业。世界各国和地区类似硅谷的科学园区、技术城都是靠风险企业发展起来的。事实证明,发展风险企业是发达国家走过的技术发展之路,也必然成为发展中国家建立高新技术产业的必由之路。

3.风险投资人

风险投资人是风险资本的运作者,其工作职能是:辨认、发现机会,筛选投资项目,决定投资,促进风险企业迅速成长、退出。

风险投资人大体可分为以下四类:

第一类是风险投资家(adventure capitalists)。他们是向其他企业家投资的企业家,与其他风险投资人一样,他们通过投资来获得利润。风险投资家所投出的资本或者全部归其自身所有,或者是受托管理的资本。

第二类是风险投资公司(venture capital firm)。一般来说,个人风险投资主要是属于刚刚创业的小公司,资本规模小,风险最大。因此,其起始阶段是个人投资或合伙投资。随着企业的扩大,规模经济的增长,要求有更大的资本投入,仅凭个人的资本根本满足不了资金的需求,另外由于资本需求扩大,风险相应增加,从分散风险的角度,个人也难以承担融资任务,因此出现了一些专门从事风险投资的公司。资金经由风险投资公司的筛选,流向风险企业,取得收益后,再经风险投资公司回流至投资者。风险投资公司由技术人员和财务人员组成。技术人员的主要任务是评估申请投资项目的技术可行性。财务人员则是进行公司的财务管理,可见风险投资公司是一个知识和资金密集型的企业组织。

风险投资公司的种类有很多种,但是大部分公司通过风险投资基金来进行投资,这些基金一般以有限合伙制为组织形式。

第三类是产业附属投资公司(corporate venture investors/direct investors)。这类投资公司往往是一些非金融性实业公司下属的独立的风险投资机构,他们代表母公司的利益进行投资。和专业基金一样,这类投资人通常主要将资金投向一些特定的行业。

第四类是天使投资人(angels)。这类投资人通常投资于非常年轻的公司以帮助这些公司迅速启动。在风险投资领域,"天使"这个词指的是风险企业的第一批投资人,这些投资人在公司产品和业务成型之前就把资金投入进来。天使投资人通常是创业企业家的朋友、亲戚或商业伙伴,由于他们对该企业家的能力和创意深信不疑,因而愿意在业务远未开展进来之前就向该企业家投入大笔资金。

4.风险资本市场

风险资本市场是一个与一般资本市场相对应的概念,是资本市场中一个具有较大风险的子市场。一般资本市场是政府和较为成熟的大中型企业筹集长期资本的市场,它包括了通常意义上的证券市场、私人股份融资市场和项目融资市场等,而风险资本市场则是对处于发育成长期的新生高新技术企业进行股份融资的市场。

风险资本市场是风险投资实现增值变现的必经之路,没有发达完善的风险资本市场,就不可能使风险投资获得超额回报,从而使风险投资者丧失了进行风险投资的原动力。

风险资本市场中存在着比一般资本市场更高的风险,这种风险来源于市场中的信息不完全和信息不对称,是由新生高新技术企业本身的特点所决定的,它与资本市场上衍生产品的风险有本质区别。衍生产品所具有的风险是由其自身运作上的复杂性和市场的杠杆放大作用所带来的,而风险资本市场的风险来源于发行股份的高新技术企业的不确定性。

(四)风险投资的类型

根据接受风险投资的企业发展的不同阶段,我们一般可将风险投资分为四种类型。

1.种子资本

那些规模很小,或者刚刚处于发展早期的企业,既不可能从传统的银行获取信贷(原因在于缺乏可抵押的财产),也很难从商业性的投资公司获得风险资本。除了求助于专门的金融渠道(如政府的扶持性贷款)以外,这些企业将更多的目光投向提供"种子资本"的风险资本。种子资本主要为那些处于产品开发阶段的企业提供小笔融资。由于这类企业可能在很长一段时期内(一年以上)都难以提供具有商业前景的产品,所以投资风险极大。对"种子资本"具有强烈需求的往往是一些高科技公司,如生物技术公司。它们在产品明确成型和得到市场认可前的数年里,需要定期注入资金,以支持其研究和开发。尽管这类投资的回报可能很高,但绝大多数商业性投资公司都敬而远之,其主要原因是对投资项目的评估需要相当的专业化知识。由于产品市场前景的不确定性,这类投资风险太大,商业投资公司一般都不愿意进行投资。

2.导入资本

当一个公司拥有了确定的产品,并具有较明确的市场前景后,由于资金短缺,企业便可寻求"导入资本",以支持企业的产品试验和市场试销。但是由于技术风险和市场风险的存在,企业要想激发风险投资家的投资热情,公司本身必须达到一定的规模,对导入资本的需求才能达到相应的额度。因为从交易成本(包括法律咨询成本、会计成本等)角度考虑,投资较大公司比投资较小公司更具有投资的规模效应。从抵御市场风险能力的角度考虑也需要公司有一定的规模。

3.发展资本

"发展资本"是用于企业扩张期的风险资本。这种形式的投资在欧洲已成为风险投资的主要部分。以英国为例,目前"发展资本"已占到风险投资总额的30%。这类资本的一个重要作用就在于协助那些私人企业突破杠杆比率和再投资利润的限制,巩固这些企业在行业中的地位,为它们进一步在公开资本市场获得权益融资打下基础。尽管该阶段风险投资的回报并不太高,但对于风险投资家而言却具有很大的吸引力。原因就在于所投资的风险企业已经进入成熟期,包括市场风险、技术风险和管理风险在内的各种风险已经大大降低,企业能够提供一个相对稳定和可预见的现金流。而且,企业管理层也具备良好的业绩记录,可以减少风险投资家对风险企业的介入所带来的成本。

4.风险并购资本

风险并购资本是一种特殊的风险投资工具,一般适用于较为成熟的、规模较大并具有巨大市场潜力的企业。与一般杠杆并购的区别在于,风险并购的资金不是来源于银行贷款或发行垃圾债券,而是来源于风险投资基金,即收购方通过融入风险资本来并购目标公司的产权。以管理层并购为例,由于风险资本的介入,并购所产生的营运效果(指并购后反映在营运现金流量上的效果)也就更加明显。目前,并购所涉及的风险资本数额越来越大,在英国已占到风险投资总量的 2/3。但交易数量却少得多,原因在于风险并购的交易规模比其他类型的风险投资要大得多。

二、风险资本的运作流程

风险资本运作的基本流程是:风险投资机构或个人募集或积累风险资本,选择具有高速成长潜力的中小企业进行投资,风险投资家参与受资企业的经营管理,在企业发展成熟后通过资本市场转让企业的股权,实现风险资本退出,获取高额利润回报。

风险投资机构是风险资本的管理机构,负责管理和运营所筹集的风险资金。风险投资机构成立后,风险投资家选择投资项目,设计投资方式(普通股,优先股,可转换债券等),把资金投入风险企业,并参与监督管理所投资的风险企业,向企业提供资本、技术、商务、财务及经营上的支持。风险投资的最终目的不在于控股风险企业,而在于投资变现,取得高额投资收益。风险资本退出风险企业即完成了一个投资循环,投资者得到投资收益回报,并重新选择新的投资项目。

世界各国的风险投资虽然在具体的运作上各有特点,但基本程序是一致的,已经形成了一套比较规范的运作流程。以美国为例,美国的风险投资运作大体上分五个阶段:初选阶段、谈判阶段、试办阶段、投资阶段、投资回收阶段。

(一)初选阶段

风险投资公司收到各种要求投资的申请书后,通常按一定程序对申请书进行初选,之后须经过面谈,进一步了解申请人的经历、知识和思考问题的方法,是否具有创业者的素质,从而决定能否进行风险投资合作。

(二)谈判阶段

谈判阶段是指风险投资公司和项目申请人就创办新技术公司有关事项及双方权益进行的谈判过程。谈判的内容主要解决以下两个问题:

第一,出资额的大小与股份分配。风险投资公司出资多少是关键问题,与此相关的是股份的分配问题。因为项目申请人提出的创业设想,以及为此进行的实验、技术开发都投入了资金,付出了一定的劳动,这些付出也应折算成一定的股份,这是需要讨价还价的,合作双方都力求在未来的公司中占有更多的股份。

第二,公司人员与对方各自担任的职务。谈判的时间通常是 2—3 个月,个别则需较长的时间。谈判成功率在 1/3 左右。

风险投资的判断标准有以下几点:一是有快速增长的市场潜能。技术必须能解决工作或生活的问题,且顾客能购买得起。二是有可持续的竞争优势。风险公司提供的产品或服务方案比竞争对手更符合社会需要,且这个优势可持续到未来。三是技术上有创意。可以申请到专利或作为商业机密进行保护,竞争者难以模仿。另外,风险投资除了关注以上技术优势和前景等因素外,最看中的还是创业者的个人因素,如主要负责人的经历、背景和学识等。因为风险投资其实是投资于人。风险投资每年接受成千上万份的申请,然后根据不同行业,聘请相关专家进行评审,不断地进行筛选,最后只剩下几个有较高技术和创新含量的申请。被选中的企业或项目,在每年执行过程中,风险投资公司如果发现投资效果和开发前景不理想的,也会果断中止,最后真正获得成功的,是千里挑一的企业。

（三）试办阶段

这个阶段通常不超过一年。由于风险投资是充满风险的经济活动,必须经过试办,以检验其经济合理性和技术可行性。在试办过程中,风险投资公司对项目开发的用款支出实行逐笔监督。经过试办,公司认为项目确有发展趋势,则进行继续投资,否则就中断投资,清理已有资产和成果,尽可能减少损失。

（四）投资实施阶段

经过复查,投资项目具有良好发展前景,风险投资公司则要集中资金,追加投资。成功的项目一般在两三年之内能够显出效果,新创业公司的股票就可以申请上市。

高科技产业化是从实验室的成果到产品走向市场的过程,大致要经历种子期、导入期、成长期、扩张期和成熟期五个阶段,各阶段的资金需求和风险程度皆不相同。

种子期是从实验室的样品形成正式产品。这个时期所需求的资金量小,尚无正式产品,风险最大。

导入期是从形成正式产品到中试结束。这个时期需求的资金显著增加,逐渐排除技术风险,但还有市场风险和经营风险。

成长期是从中试之后到形成初步规模。这个时期风险企业已度过创业阶段,产品开始进入市场。由于生产规模的扩大,需要较多的资金投入。随着技术的完善和市场的开拓,风险逐步降低。

扩张期是从产品进入市场到大规模占领市场。这个时期企业已占有相当的市场份额,生产规模急剧扩大,需要大量资金。同时,技术、管理日趋成熟,风险进一步降低。

成熟期是从生产形成基本规模到开始收缩。这个时期企业规模最大,生产经营比较稳定,对资金的需求量大,风险最小。

在各个不同阶段,有不同的资金供给者。种子期资金需求量少,一般由国家支持和创业者自行解决。成熟期,由于有巨额资产和较好的业绩,企业可在资本市场或从银行获取所需要的资金。企业导入期、成长期和扩张期,资金需求就得靠风险投资来满足了。一般来说风险投资的周期不超过 3—4 年,不能期望投资者"死跟到底"。因为他们投资的目的不是控投,而是希望带着丰厚的利润从风险企业退出。

（五）投资回收阶段

风险公司的股票上市以后,风险投资公司就可以选择有利时机将手中占有的风险公司股票逐渐出手,收回在此项目上的投资,并取得丰厚的利润,实现风险资本退出。

风险投资的退出一般可归纳为五种方式:出售、公开上市、购并、回购和清算。

1.出售

出售就是产权所有者将其持有的股份卖给其他投资者,这是种子期投资的风险投资家最主要的退出方式。在产品的生命周期中,种子期需要的资金量相对较小,但投资风险最大,风险投资家们可占有的股权比例相对较大,这需要风险投资机构具有一定的专业知识和对企业发展的良好判断力,能适时地进入和退出。种子期投资的收益倍数很高,机会成本也很大,一旦产品生命周期进入成长期或成熟期,风险投资家就会坚决择机退出,将股权卖给后期风险投资公司或其他投资者,而不会过问公司是否上市。

2.公开上市

企业成功的上市行为,将给企业风险投资家以市场化的回报,这是风险投资家可以得到的最公允的回报。公司公开上市,使公司运作规范化和市场化,公司价值声誉迅速上升,公司创业者和风险投资家收益得到实现,形成双赢的结局。但上市过程复杂,牵扯领导者的精力费用巨大,上市公司运营成本也很惊人。内部信息披露使公司的重大经营活动完全暴露在公众面前,为经营者操作规定了上下空间,经营者能否适应上市公司的运作是许多上市公司面临的重要问题,而风险投资必须在上市一段时间后才能完全退出,上市过程中的风险也是风险投资家必须考虑并能驾驭的。

3.购并

无论是其他企业还是战略投资者出于什么目的,对企业提出兼并收购的要求对风险投资家来说都不是一件坏事。收购的时间一般是在风险企业上市之后也可能发生在上市之前,收购的价格会由于收购者目的不同有巨大的差异,企业收益折现值是定价的基础,但不一定是定价的唯一依据。风险投资家的预期回报值应根据收购事件对对方的重要性程度、市场竞争、市场行情及自身的情况等因素进行调整,谈成一个满意的价格即可。

4.回购

在公司章程规定的投资期限到期后,风险公司仍未能以上述方式转让其股权,风险投资家有权要求企业以既定的价格和支付方式回购其股份,这一保守的退出方式一般都事先以协议的方式商定并体现在公司的章程及附件中。公司得以正常地持续经营,有能力通过票据支付或银行借款来实现风险资金的退出。一般情况下都是企业和风险投资家以预先达成谅解的形式回购公司股票。回购是风险资金退出的保守方式。

5.清算

风险投资家非常重视机会成本,能否根据企业经营管理、市场环境、人员工作状况等因素变化果断决定清算退出,是风险投资家是否成熟的一个标志。及时清算能使风险资金有效利用,同时能使资本得以有效保全,其重要价值不亚于盈利。

以上五个阶段是风险投资公司的完整运作过程,从这个过程看,风险投资公司主要是向技术创新企业以投资入股的形式运用自己的资产,主要资本形态是股权,所以,风险资本是高新技术企业的创业资本。

三、风险企业如何获得风险投资

风险企业在国外又称"冒险企业"、"高新技术风险企业"、"科研开发尖端技术公司",是寻求并接受风险资本的企业。从其名称就可以看出,风险企业是技术密集、人才密集、资金密集、经营管理高效化的从事高新技术产品开发的冒险性科研型企业。这种企业专门在风险极大的高新技术产业领域进行研究开发、生产和经营,是主动向市场风险进行挑战的"斗牛士"。他们通常处于未成熟期,需要资金谋求发展,且发展迅速,可能有良好的发展前景,并有希望获得丰厚的利润和巨大的市场价值,成为经济生活中很有份量的角色,这也是他们能吸引风险投资的原因。

风险企业作为风险投资资金的接受方,是风险投资活动运营的主体,也是风险资金的需求者。对风险投资资金具有巨大需求的主要有三类企业。

1.创业型中小企业

风险投资对中小型企业的划分是以企业发展阶段为标准进行划分的,一般划分为种子阶段、创业阶段、扩张阶段和成熟阶段四个阶段。创业型的中小企业在由创业走向成熟的过程中,会遇到各种各样的困难,如资金短缺、管理不健全、购销渠道不畅通、技术相对落后、无法收集到重要信息等,企业的发展过程就是解决这些问题的过程。除资金短缺外,企业发展所存在的其他问题都是相对隐性的问题,这些隐性问题平时集中表现在资金短缺方面,当资金量充足时,隐性问题开始逐一显现。

2.高科技企业

风险投资主要投资于高科技企业。高科技企业通常具有两大特点:一是具有创新性;二是属于中小型企业。不具有创新性的企业不应属于高科技企业。高科技企业可以分成两大类:一类是以生产高技术为主的企业,这类企业的产品就是创新成果,如教育机构附属的研究所、大企业下属的研究部门、独立的实验室等;另一类是以应用创新成果为主的企业,他们将创新成果实际应用于生产或管理方面,以商品或服务为载体广泛传播创新成果,连续不断地创造出更能提高人们生活品质的商品和服务。

3.高成长企业

高成长企业是指企业销售额和利润额每年增长高于100%,并且可以连续3年以上保持这种高速增长的企业。风险投资与高成长企业的目标是一致的,即股东财富最大化。因此,高成长企业很容易获得风险投资的资金支持。高成长企业的高成长与新技术的引进密不可分,特别是在发展中国家,高成长企业的成长期会很快被竞争者的加入缩短,企业只有通过技术进步才能保持竞争中的优势地位。

风险企业在其发展的过程中经常处于缺少发展资金的困难境地。即便是在最崇尚创业精神、政府限制最少、风险资本供应最充足的美国,情况也基本如此。对于风险企业的创业家来说,如果能申请到企业发展所需的投资资金,风险企业就已成功了一半。因此,种子期资金和后续各阶段发展资金是否充足,就成为创业家创业能否成功的最关键因素。

(一)风险企业成功获得风险投资的必要条件

风险企业要成功获得风险投资,一般必须具备的基本条件是具有较高素质的创业家和管理人员。创业家必须有冒险和献身精神,有决策能力,有信心、有勇气、忠诚正直,有较高的领导能力,并能激励下属为共同目标而努力工作和奋斗。为了一个自己所追求的目标而不图回报,这方面的成功例子非常多。通过投资创建一个风险企业,还可以帮助某些风险投资家实现他们自己创业的梦想。

现在的风险投资公司越来越不愿意和一个缺乏经验的创业家合作,尽管他的创意、技术或产品可能非常具有吸引力。在一般的投资项目中,风险投资家都会要求创业家有在该行业企业的工作经历或成功经验。如果一个创业家只有一个好的想法或创意,但他又从来没有在这一行业工作过,风险投资家就会怀疑这一投资项目的可行性,这时创业家就很难得到所需的风险投资。

(二)准备申请风险投资的主要文件

风险投资家在筹集到用于风险投资的资金后,最重要的工作是在许多申请投资的项目中,选择并决定对哪些项目进行投资,其核心工作也就是对这些投资项目进行评估。风险投资家在进行投资评估时,首先要对创业家提交的投资项目计划书进行分析评估。这对风险企业的创业家来说,是十分关键的一步,如果评估没有通过,创业家连和风险投资家见面的机会都没有,更不要说争取其为企业投资。

因此,投资项目计划书是创业家申请风险投资的最重要文件,它虽然也可以看作是创业者自我描绘的事业发展蓝图,但写出投资项目计划书的最主要的目的,还是作为向外界筹集资金的沟通工具。因为几乎所有的风险投资家和投资机构,都是在看到一份富有吸引力和可以接受的投资项目计划书之后,才会展开相关的投资评估,进而作出投资决策的。风险投资家需要投资项目计划书的主要原因,是为了从中获得企业经营的有关数据和信息,以便迅速作出正确的投资决策。

(三)选择风险投资公司

1.选择合适的风险投资公司

风险企业在寻求风险投资时,创业家必须事先了解目前风险投资市场的情况。其一方面可以通过互联网或"风险投资公司大全"这样的参考书籍进行查阅,在这些书籍中,一般会有关于风险投资公司投资规模、投资范围和投资偏好等方面的信息。另一方面也可以了解一下本行业中那些成功引进风险投资的创业家名单,通过直接访问这些创业家,从中了解和获得引进风险投资的经验和教训。此后,创业家可根据本企业的特点和资金需求量的大小选择若干符合条件的风险投资公司。在筛选时,其所要考虑的主要因素是:风险投资公司所能提供的投资数额,风险投资公司的地理位置,风险投资公司的投资范围和偏好,本企业所处的发展阶段和发展状况,企业的销售额及盈利情况,企业的经营范围和所需引进的风险投资的数额等。

在筹集风险资金的过程中,有时创业家需要找到一个主要投资者。这个主要投资者将会和创业家一起向其他风险投资公司介绍、评价和提出投资建议,并最终达成投资协议,引进风险投资。在此过程中,这个主要投资者还会把其他的投资者组织起来,形成一个投资该风险企业的投资集团。创业家应从中选择最具实力的投资者作为最主要投资者,这将有利于风险企业今后的再次融资。

2.与风险投资公司接触

在当今通讯发达的社会里,创业家与风险投资家的接触一般都是从电话联系开始,通过电话联系一是可向风险投资家介绍企业的基本情况;二是了解风险投资公司的业务范围是否与风险企业相适合,有无投资的意向。对于这种联系和交流,绝大多数的风险投资家都是欢迎的,因为风险投资家也需要获取投资项目或企业的有关信息,如果不和创业家进行沟通联系,风险投资家也不知道下一个好的投资项目会从哪儿来。然而,随着风险投资市场的发展,现在有很多创业家在寻求风险资金,因此有许多的投资项目可供风险投资家选择,风险投资公司对提出投资申请的风险企业,需要有一个筛选的过程。如果创业家能得到某些令风险投资公司信服的律师、会计师或风险企业所处行业的权威专家的推荐,则获得风险资金投资的可能性就会大大提高。

为了保证风险企业的筹资能够获得成功,有的创业家喜欢同时与很多风险投资家进行接触,但结果往往不尽如人意。较可靠的方法是先选定一定数目(如6—8位)有可能对项目感兴趣的风险投资家作为初选的对象,然后再开始逐个与他们接触。在进行接触之前,创业家要认真了解这些风险投资家们的基本情况,并准备一份候选表格。这样,如果在联系过程中,一个风险投资家对投资项目表示不感兴趣,企业家不仅可以立即知道被拒绝的原因,而且还可以及时修订投资方案,继续寻找另外的候选风险投资家进行接触。总之,创业家不应一次把项目介绍给太多的风险投资家。风险投资家一般不喜欢像开产品展销会那样的项目推介形式,他们更希望通过私下的接触来发现那些不被人注意的好的投资机会。

(四)会谈和达成投资协议

1.与风险投资家会谈

风险投资家在接到创业家提供的投资项目计划书之后,通常风险投资家需要经过几周的时间来作出判断和决定。如果投资项目计划书经风险投资家初步审查后,认为有进一步会面详细了解的价值,他们就会决定与资金申请者进行会谈。整个会谈可能需要举行几次,创业家和风险投资家之间将会围绕投资项目计划书而进行会谈。对风险投资家来说,了解风险企业的技术和产品是非常重要的。因此,在会谈时创业家带上一件企业生产的产品或原型,将会大大加深风险投资家对产品功能和市场定位的了解。

2.与风险投资家达成投资协议

风险投资家和创业家双方签署有关投资文件后,标志着创业家争取投资过程的结束,同时也标志着双方建立长期战略合作伙伴关系的开始。在投资协议书中,创业家和风险投资者双方必须明确以下两个主要问题:一是风险投资公司的投资数额、分期投资的次数和在风险企业中股份所占的比例;二是创办企业的人员组织和风险投资家双方在企业中担任的职务。为了保护风险投资公司的权益,协议中经常还要作出一些必要的规定:

第一,要求风险企业定期向风险投资家提供企业财务报表和其他重要的经营情况的报告。

第二,风险投资家应在公司董事会中占有一定的席位。

第三,在一定情况下风险投资家有拒绝进一步投资的权利和出售所持股份的权利,当企业经营情况恶化时有直接参与经营管理的权利。

第四,风险投资家有参与企业年度经营计划、重大投资和管理人员工资的审批权,参与企业重大决策的决策权。

第二节　阿里巴巴屡获风投案例

一、背景资料

(一)阿里巴巴集团概况

阿里巴巴集团由本为英语教师的中国互联网先锋马云于 1999 年带领其他 17 人在杭州创立,他希望将互联网发展成为普及使用、安全可靠的工具,让大众受惠。阿里巴巴集团由私人持股,现在大中华地区、新加坡、印度、英国及美国设有 70 多个办事处,共有 20 400 多名员工。

阿里巴巴集团以“让天下没有难做的生意”为使命,自 1999 年成立以来,阿里巴巴集团发展了消费者电子商务、网上支付、B2B 网上交易市场及云计算等领先业务,旗下事业群包括:中国最受欢迎的网上购物平台淘宝网(www.taobao.com);中国领先的优质品牌产品零售网站天猫(www.tmall.com);全面的网上购物搜索引擎一淘(www.etao.com);分别向从事全球贸易和中国本地贸易的小企业提供领先的 B2B 网上交易市场的阿里国际业务(www.alibaba.com)及阿里小企业业务(www.alibaba.cn);以及致力开发云计算、数据管理与流动服务平台的阿里云计算(www.aliyun.com)。中国最多消费者和商家采用的网上支付服务支付宝(www.alipay.com)为阿里巴巴集团的关联公司。集团以促进一个开放、协同、繁荣的电子商务生态系统为目标,旨在对消费者、商家以及经济发展做出贡献。

(二)阿里巴巴发展历程和重大事件

阿里巴巴发展的数十年时间,大致可以分为初步成长期、快速发展期及业务整合期。

1.初步成长期(1999－2002 年)

阿里巴巴于 1998 年 12 月在开曼群岛注册成立。1999 年 3 月,马云以 50 万元在杭州创建了营运公司阿里巴巴中国,为网上 B2B 交易提供软件及技术服务。1999 年 6 月,马云在开曼群岛注册成立阿里巴巴集团。1999 年 10 月,阿里巴巴获得 Investor AB、高盛、富达投资(Fidelity Capital)和新加坡政府科技发展基金投资的 500 万美元"天使基金"。2000 年 1 月,软银集团(SOFT BANK)与阿里巴巴集团正式签约,向其投资 2000 万美元。2000 年 7 月,因创建全球最优秀的电子商务网站,马云成为近 50 年来第一个登上《福布斯》封面的中国大陆企业家。2002 年 2 月,阿里巴巴进行第三轮融资,日本亚洲投资公司注资 500 万美元。2002 年 3 月,阿里巴巴推出中国第一个网上信用管理平台——"诚信通"。几个月后,发布日文网站(http://japan.alibaba.com),全面进军日本市场并一举成为全球最大的网上贸易平台。B2B 模式成为中国互联网的一大看点,受到风险投资基金的青睐。

2.快速发展期(2003－2007 年)

这一阶段阿里巴巴不断推出新的业务,先后组建了淘宝网、支付宝、雅虎中国、阿里软件和阿里妈妈等多家公司,此外还战略收购国内颇具影响的社区网站——口碑网,业务范围涵盖了企业间业务、个人间业务、搜索、支付、商务软件和广告买卖等。2006 年 10 月底,为了满足业务长远发展的需要,阿里巴巴进行了组织架构调整,成立控股公司,分别组建了针对个人(C)、企业用户(B)的事业群,提升原事业部为子公司,提升原事业部总经理为子公司总裁。

2003 年 5 月,阿里巴巴投资 1 亿元人民币推出个人网上交易平台淘宝网,致力打造全球最大的个人交易网站;2004 年 7 月,又追加投资 3.5 亿元人民币;2005 年 10 月,再次追加投资 10 亿元人民币。2003 年 10 月,阿里巴巴创建独立的第三方支付平台——支付宝,正式进军电子支付领域。目前,支付宝已经和国内的中国工商银行、中国建设银行、中国农业银行和招商银行,国际的 VISA 国际组织等各大金融机构建立战略合作,成为全国最大的独立第三方电子支付平台。2005 年 8 月,阿里巴巴和全球最大门户网站雅虎达成战略合作,兼并雅虎在中国所有资产,阿里巴巴因此成为中国最大的互联网公司。

2007 年,阿里巴巴正式成立阿里软件,不久又推出阿里妈妈网商广告交易平台。

2007 年 11 月 6 日,阿里巴巴 B2B 业务在香港联交所主板挂牌上市。阿里巴巴网络公司上市首日,市值超过 200 亿美元,融资 17 亿美元,成为国内最值钱的互联网公司。阿里巴巴的 B2B 业务获得国际投资者的认可。作为中国最大的电子商务公司,阿里巴巴是自 2004 年 Google 在美国上市后三年来筹资最多、市值最大的网络股。阿里巴巴被誉为可以和 Amazon、Yahoo、Google、eBay 比肩的商业模式。

3.业务整合期(2008 年至今)

进入 2008 年以来,为了适应外部市场环境及集团运营、发展的需要,阿里巴巴集团的新兴业务与平台整合并进,搭建了一个容纳买家、卖家、支付、物流、金融、搜索、营销为一体的网上商务生态系统。

4.阿里巴巴发展大事记

1999 年	马云带领下的 18 位创始人在杭州的公寓中正式成立了阿里巴巴集团。
1999 年— 2000 年	阿里巴巴从软银、高盛、美国富达投资等机构融资 2500 万美金。
2002 年	阿里巴巴 B2B 公司开始盈利。
2003 年	依然在马云位于杭州的公寓中,个人电子商务网站淘宝成立。
2003 年	发布在线支付系统——支付宝。
2005 年	阿里巴巴集团与雅虎美国建立战略合作伙伴关系。同时,执掌雅虎中国。
2006 年	阿里巴巴集团战略投资口碑网。
2007 年	一月:以互联网为平台的商务管理软件公司——阿里软件成立。 十一月:阿里巴巴网络有限公司在香港联交所挂牌上市。 十一月:阿里巴巴集团成立网络广告平台——阿里妈妈。
2008 年	六月:口碑网与中国雅虎合并,成立雅虎口碑。 九月:阿里妈妈与淘宝合并。 九月:阿里巴巴集团研发院成立。
2009 年	七月:阿里软件与阿里巴巴集团研发院合并。 八月:阿里软件的业务管理软件分部注入阿里巴巴 B2B 公司。 八月:作为"大淘宝"战略的一部分,口碑网注入淘宝,使淘宝成为一站式电子商务服务提供商,为更多的电子商务用户提供服务。 九月:阿里巴巴集团庆祝创立十周年,同时成立阿里云计算。
2010 年	三月:阿里巴巴集团宣布成立大淘宝战略执行委员会,其成员来自淘宝、支付宝、阿里云计算和中国雅虎的高管,以确保"大淘宝"战略的成功执行。 五月:阿里巴巴集团宣布,从 2010 年起将年度收入的 0.3% 拨作环保基金,以促进全社会对环境问题的认识。 十一月:淘宝商城启动独立域名 Tmall.com。
2011 年	一月:阿里巴巴集团宣布将在中国打造一个仓储网络体系,并与伙伴携手大力投资中国物流业。 六月:阿里巴巴集团将淘宝网分拆为三个独立的公司:淘宝网(taobao.com)、淘宝商城(tmall.com)和一淘(etao.com),以更精准和有效地服务客户。

续表

2012 年	一月:淘宝商城宣布更改中文名为天猫,加强其平台的定位。 六月:阿里巴巴网络有限公司正式从香港联交所退市。 七月:阿里巴巴集团宣布将现有子公司的业务升级为阿里国际业务、阿里小企业业务、淘宝网、天猫、聚划算、一淘和阿里云七个事业群。 九月:阿里巴巴集团完成对雅虎初步的股份回购并重组与雅虎的关系。 十一月:淘宝网和天猫平台本年度的交易额突破人民币 10,000 亿元。
2013 年	一月:阿里云计算与万网合并为新的阿里云计算公司。 一月:阿里巴巴集团重组为 25 个事业部,以更好地迎接中国增长迅速的电子商务市场所带来的机会和挑战。

(三)阿里巴巴的企业文化

阿里巴巴集团及其子公司基于共同的使命、愿景及价值体系,建立了强大的企业文化,作为公司业务的基石。阿里巴巴的业务成功和快速增长有赖于阿里巴巴尊崇企业家精神和创新精神,并且始终如一地关注和满足客户的需求。

阿里巴巴的使命:让天下没有难做的生意。

阿里巴巴的愿景:分享数据的第一平台、幸福指数最高的企业、"活 102 年"。

阿里巴巴集团拥有大量市场资料及统计数据,为履行对中小企的承诺,努力成为第一家为全部用户免费提供市场数据的企业,希望让他们通过分析数据,掌握市场先机,继而调整策略,扩展业务。同时希望成为员工幸福指数最高的企业,并成为一家"活 102 年"的企业,横跨三个世纪(阿里巴巴于 1999 年成立)。

阿里巴巴的价值观:"客户第一、员工第二、股东第三"。

阿里巴巴集团有六个核心价值观,是其企业文化的基石和公司 DNA 的重要部分。该六个核心价值观为:

客户第一:客户是衣食父母。

团队合作:共享共担,平凡人做平凡事。

拥抱变化:迎接变化,勇于创新。

诚信:诚实正直,言行坦荡。

激情:乐观向上,永不言弃。

敬业:专业执着,精益求精。

二、阿里巴巴与风险投资的合作与博弈

(一)首获风投

1998 年冬季的北京,滴水成冰,马云决定从北京回杭州创业。当时整个公司团队共 18 人,马云只给他们 3 天时间考虑,回杭州的条件是每月只有 500 元工资,在加拿大 MBA 毕业的也一样。一边是实惠,一边是梦想,大家被梦想所激动,没有一人留在北京。他们来到长城,宣誓"要做一个伟大的企业"。1999 年春节后,在杭州的创业动员会上,大家把各自口袋里的钱掏出来,凑了 50 万元,开始创业。同年 3 月 10 日,阿里巴巴网站正式推出,并确定了 B2B 的商业模式。

在阿里巴巴网站成立不到两个月的时间里,其注册会员总数已超过 2 万人,其中中英文网站会员均突破 1 万人。同时,在马云不遗余力的鼓动和宣传下,美国《商业周刊》、《亚洲华尔街日报》和英国《经济学家》等多家境外媒体相继报道和转载阿里巴巴网站。自此,阿里巴巴网站受到全球互联网界的广泛关注。在成立不到半年的时间内,阿里巴巴网站就相继推出了三个版本,质量一个比一个高,服务一个比一个全,并且起初全部都是免费的。他们所提供的服务可通过一个小例子生动地说明:一个想买 1 000 只羽毛球拍的美国商人可在阿里巴巴上找到十几家中国供应商;而远隔千里的中国西藏和非洲加纳的用户,仅用几分钟就能在阿里巴巴上成交一笔药材生意。

好的企业必然会引起风险投资家的注意,随着阿里巴巴在国内外影响力的不断扩大,在当时互联网大潮汹涌澎湃的背景下,越来越多的国际风险投资商聚集在阿里巴巴周围,寻找投资机会,最多时达到四十多家。因此,当时的情况是风险投资商寻找阿里巴巴,而不是阿里巴巴寻找投资商。在多次比较、沟通和协调后,马云最后选定了五家风险投资商。1999 年 10 月 26 日,阿里巴巴与高盛(Goldman Sachs)、汇亚(Transpac)、新加坡政府辖下科技发展基金(Singapore TDF)、瑞典 Investor AB 和美国 Fidelity 等机构正式签署投资协议,第一轮 500 万美元风险投资正式投入阿里巴巴。

在此轮投资过程中,有一件事情引起了风险投资界不小的震动。原为瑞典 Investor AB 亚洲代表的蔡崇信,从香港飞赴杭州与马云洽谈投资。经过多次深入交谈,以及与马云一段时间的接触后,深感阿里巴巴的发展前景将无限广阔。因此,蔡崇信不但促成了 InvestorAB 成功投资阿里巴巴,最后竟然把自己也"投资"到了阿里巴巴! 他说:"马云,那边我不干了,我要加入阿里巴巴!"马云吓了一跳:"不可能吧,我这里的月薪只有 500 元人民币啊!"两个月后,蔡崇信就出任了阿里巴巴首席财务官。

"如果当初您不让他进阿里巴巴,他会恨您一辈子的。"蔡夫人后来对马云说。

(二)软银(Softbank)介入

1.首次接触孙正义

几乎在风险投资首度接触阿里巴巴的同时,IT 风险投资界大佬——软银(Softbank)董事长孙正义出现在北京,约了众多国内互联网企业的 CEO 面谈,其中包括王志东、张朝阳、丁磊等人。因来访的人太多,孙正义只给了每人 20 分钟时间。马云在发言当中,没有提"钱"字,而且话讲得也很张狂,孙正义的表情果然不一样,立马主动提出给阿里巴巴融一笔资金。出乎意料,而马云却表示自己已经融到 500 万美金,不想要钱,一口回绝了。

第二天,孙正义委托软银中国区的一位负责人联系马云,并请他一定要到东京。就在获得首次风投资金的第二天,马云登上了飞往日本的飞机。在东京,两人相谈甚欢,相见恨晚,马云关于互联网商务深邃的理解和精辟的论述给孙正义留下了深刻的印象,同时,两人意气相投、英雄相惜也使马云感到十分振奋。"从第一天起,我就知道马云和亚马逊的贝佐斯、雅虎的杨致远是一个级别的。"孙正义后来多次说。

2000 年 1 月 17 日,软银与阿里巴巴在东京达成合资合作协议,第二笔 2 000 万美元风险投资进入阿里巴巴。与此同时,孙正义也正式成为阿里巴巴的首席顾问。

2.熬过互联网严冬

接下来的日子就是互联网泡沫的破灭,纳斯达克指数狂跌,所有的网络企业陷入寒冬期。

马云至今回忆起来仍心有余悸,"很庆幸,我们没有上市","不上市不是有先见之明、绝顶聪明,而是运气好"。

互联网的寒冬期最终他们还是挺过来了。其中主要原因有两点,一是成本控制。马云在创建阿里巴巴时就宣称,计划三年内不赚钱。因此,即使有雄厚的风险资本做后盾,他们还是能省就省,在国内网络界,阿里巴巴以不烧钱而著称;二是坚持走公司商务的路线。在阿里巴巴成立之初就决定做 B2B,不管外面的潮流怎么变,都没有动摇他们这种决心。外界各种新概念确实很诱人,其他的机会也很多,阿里巴巴也面临很大的压力,但他们还是朝着既定的方向往前走,走自己的路,用心去做,为中小企业服务。

后来,当别人被迫转向时,阿里巴巴先停下来"换跑鞋",潜心全面改写技术平台,那段时间,阿里巴巴几乎每月都有新产品出来。阿里巴巴独特的技术平台和优秀的商业模式给投资者树立了更加坚定的信心。在互联网处于低潮时期,阿里巴巴的业务不但没有萎缩,而且还东进日本,西征欧美,并坚持不取消免费会员。与大多数网站急于向投资人表明自己盈利能力、解释盈利模式不同,阿里巴巴一直保持着自己盈利模式的神秘感,众多媒体和分析家百般拷问而不得知。

事实证明马云的选择是正确的。到 2001 年初,阿里巴巴已经拥有来自 202 个国家的 42 万个商人会员。欧洲很多商会都与他们签订协议,把阿里巴巴推荐给中小企业。美国商务部也重点推荐阿里巴巴给其用户。他们所开创的为商人与商人之间实现电子商务而服务的模式,被认为是符合亚洲,特别是符合中国发展特点的B2B 模式。2001 年 12 月,阿里巴巴注册商人会员突破 100 万,成为全球首家超过百万会员的商务网站。同时,当月冲破收支平衡线,盈利达几万美金。它标志着中国互联网公司冲出了烧钱岁月,向新经济公司盈利迈开了第一步!

3.推出"诚信通"

起初,阿里巴巴仅是买方与卖方的一个简单交易平台,后来会员飞速增加,海量信息也意味着虚假信息的增长,商家身份的甄别成为阿里巴巴发展壮大的最大掣肘。经过一次次与客户交流、调查,阿里巴巴发现有 87% 的企业最担心的问题是诚信。马云意识到,如何在寻找信息的过程中解决诚信问题,已经成为电子商务发展的关键。虽然诚信体系的加入在当时可能意味着会员的减少,但是马云还是义无反顾,因为他相信,诚信是最终实现网上成交所必经的独木桥,是电子商务最大的瓶颈,也是最大的机会。

2002年3月10日,阿里巴巴发表《共建诚信商务社区》宣言,宣布即日起,对所有加盟会员用"诚信通"服务进行诚信认证,每家会员企业都要进行4级审核。他们与工商银行合作,并且由几家商业调查机构和阿里巴巴合作调查会员的信用,这使得通过阿里巴巴达成的交易更让人放心,"诚信通"的会员比普通会员成交量大10倍。马云曾担心实行"诚信通"后会员可能会减少,但后来的事实证明,诚信体系的加入构成了他们日后会员得以几何式增长的基础,并成为阿里巴巴的两个主要盈利点之一。

(三)再获注资

虽然2002年初的互联网业仍然处于低潮时期,但阿里巴巴的发展脚步并没有停止,随着业务不断向全球扩展,马云在考虑引进另外一个战略投资者。2002年2月,日本亚洲投资公司与阿里巴巴签署投资协议,500万美元的战略投资再次投入阿里巴巴,阿里巴巴由此也完成了第三轮融资。同年10月,阿里巴巴正式发布日文网站,全面进军日本市场,此举成为阿里巴巴构建全球最大的网上贸易市场的重要行动。

(四)四获风投

1.淘宝网的推出

本来马云不看好C2C业务发展的,但有一件事情改变了他的看法。在一次与一个美国朋友闲聊的时候,当时她非常自豪地告诉马云,自己身上穿的、戴的,大部分都是从网上"淘"来的,网上"淘"货在美国的年轻人中已经成为一种时尚。这让以前从来都号称只做B2B老大的马云有些心动。心动的结果是,2003年7月,阿里巴巴宣布投入1 200万美元打造C2C的交易网站淘宝网。仅过了半年,在全球最权威的独立域名评级机构alexa.com的评级中,淘宝网就闯入前50位。按照马云的说法,投资淘宝是首次将电子商务的价值链打通,将电子商务的各种形态结合在一个平台上运行。同时,淘宝网将继续阿里巴巴的策略,在相当长的一段时间内集中精力培育网上平台的商气,完善包括信用评估、支付手段和交易流程等环节,而不是收取交易费用。目前淘宝网已成为国内最大的3个C2C网站之一。

2.风投再度降临

回溯到2003年2月,为了考察全球电子商务发展趋势,马云带领公司副总裁金建杭、李琪等一行远赴日本考察。几天后,孙正义得知马云即将起程回国并已经到达机场的当口时,马上打电话给马云,约他第二天面谈。马云遂匆匆从机场返回。结果一谈之下,两人对中国互联网未来的看法乃至全球电子商务发展竟惊人的一致,但是,马云这一次同样没有开口要钱。

2003年"非典"之后,孙正义从日本打来电话,主要是说服马云接受软银的新一轮投资。几天后,马云与公司首席财务官蔡崇信一起飞往日本。在东京,孙正义和马云并未多谈融资细节,而是整天坐而论道,就互联网发展大势交换看法。快到签字的时候,两人在卫生间碰头,马云提了一个数目——8200万美元,孙正义不假思索就同意了。

"全世界没几个人可以这么快作出如此大数额的融资决定的",蔡崇信事后对《财经时报》说。在8200万美元的总额当中,孙正义的软银就有6000万美元,其余的投资者包括富达、TDF、Granite Global Ventures(GGV),除了GGV以外其他都是阿里巴巴的老股东。而阿里巴巴首次融资时领衔的高盛却没有参与这次投资,马云透露,阿里巴巴以刚刚引进的战略投资者替换掉少部分有兑现周期的风险资金,这种此消彼长的做法有利于公司的健康发展。

本次融资完成后,马云的创业团队占40%左右的股份,软银接近30%股份,富达约18.8%,其他几家股东合计约15%。

(五)引入雅虎:阿里巴巴"导演"风投退出

2005年8月11日,中国互联网最大的并购交易浓重登场:阿里巴巴宣布收购雅虎中国全部资产,并获雅虎10亿美元投资;雅虎同时获阿里巴巴40%的经济利益和35%的投票权,雅虎成为阿里巴巴的最大股东。阿里巴巴公司也将因此享有雅虎公司的强大搜索技术平台,丰富的内容资讯以及其遍布全球的渠道资源在中国的独家使用权。

1.风投急于套现

从马云给阿里巴巴引入第一笔风投开始,注定了他必须在一定时间后面对风投们的上市压力,因为那无疑是最好的退出方式。但5年后,马云不急,风投却急了。

1999年3月10日马云在杭州开始创业;当年10月,阿里巴巴引入了包括高盛、富达投资(Fidelity Capital)和新加坡政府科技发展基金、Invest AB等在内的首期500万美元天使基金;2000年1月,日本软银(SOFTBANK)向阿里巴巴注资2000万美元;2002年2月,阿里巴巴进行第三轮融资,日本亚洲投资公司注资500万美元;2004年2月17日,阿里巴巴宣布又获得8200万美元的战略投资,这是中国互联网业迄今为止最大的一笔私募基金,投资者包括软银、富达投资、Granite Global Ventures和TDF风险投资有限公司等四家公司。其中软银投资6000万美元,被公认为阿里巴巴最大的机构投资者。

6年后,阿里巴巴已经成为全球最大的B2B电子商务网站,淘宝也在短短的两年之内在中国C2C市场战平eBay。此时风投开始急了。通常情况各风投事先都会为各项投资设立期限,一般为3年,最长不会超过5年。即使以5年投资期限计算,到2005年,包括高盛在内的早期投资阿里巴巴的风险投资已经全部到期。于是,一些投资年限已经到期的机构投资对马云说,阿里巴巴上市的时机已经成熟,现在应该上市。

但马云却一直认为阿里巴巴上市的机会还不成熟,马云在内部多次讲到,他的目标是当阿里巴巴每天能为国家纳税 100 万元时再上市,即每年要达到上缴税款 3.6 亿元(约 4500 万美元)。而据阿里巴巴披露的数据显示,公司 2004 年营收为 6800 万美元左右,每天的营收不过刚刚超过 100 万元,距离纳税 100 万元的目标还很遥远。

巨大的投资成功后,风险投资商却无法享受上市套现的喜悦,而马云还坚持要等淘宝战胜 eBay、阿里巴巴和淘宝垄断 B2B 和 C2C 市场后再上市,而为了与 eBay 继续胜负难料的激烈竞争,淘宝还需要进一步加大投资。是继续投入支持马云的电子商务帝国梦,还是享受投资的阶段性成功套现退出?不同类型和不同风格的风险投资商对此有不同的判断。

对此,各风投不得不开始考虑其他退出方式。根据国外风险投资的退出模式,既然独立上市被否决,那么寻求更强大的公司收购就成了风投退出的次优选择。

2.阿里巴巴引入雅虎——应对风投套现

上市的要求可以不理,但套现的要求却不能拒绝,而与 eBay 的竞争却处于攻坚阶段,需要真金白银的巨大投入,丝毫不能大意,这考验着马云的智慧。

在双方共同的机构投资者——软银的撮合下,阿里巴巴寻求雅虎的合作迅速进入实质阶段。再加上雅虎(中国)的发展一直未能达到杨致远的期望,彻底本土化的思路开始显得异常强烈,于是双方一拍即合。

至此,阿里巴巴将从合作中获得 10 亿美金,一举解决马云的多个困难:

首先,阿里巴巴管理层和其他股东将套现 5.4 亿美元,其中包括雅虎购买股票的 3.9 亿美元和软银购买股票的 1.5 亿美元。这一价格完全可以让阿里巴巴早期的风险投资全部退出,还不包括软银最终套现的 2.1 亿美元。而阿里巴巴公司将拥有淘宝的全部股份,曾经受风险投资商套现压力的马云可以放心,淘宝再不会被"吞并"了。另外,这也能让部分早期创业者手中的股权得以变现,对整个团队是个很大的激励。

其次,通过协议,阿里巴巴公司将得到 2.5 亿美元的现金投资,这是阿里巴巴公司在整个交易中拿到的全部现金。有了这笔钱,马云底气十足,在 2003 年承诺淘宝"三年免费"之后,2005 年 10 月宣布再投入 10 亿元人民币,让淘宝继续免费三年,并号召 eBay 放弃收费,一起免费为网民提供服务,进而做大电子商务的蛋糕。

3.马云紧抓控制权

虽然这次交易使马云从阿里巴巴的主要拥有者变成了职业经理人,但他仍然使雅虎至少在最近几年内,仍需依赖于他的本土操作。在某种意义上,马云成为了"绑架"外国资本的本土企业家。从股东协议中,我们也可以感受到马云的强势。

首先,相当长的时间内,马云不允许任何人绝对控股阿里巴巴。根据协议规定,没有马云的书面同意,在(1)阿里巴巴 IPO 两周年、(2)本协议签订五周年、(3)马云不再担任 CEO、(4)马云持有阿里巴巴不足 1%的股份四者中任一事件发生之前,任何协议方及其附属机构总共持有阿里巴巴股份不能超过50%。

其次,马云的股权被稀释,但仍然拥有对阿里巴巴绝对控制权。协议规定,马云将继续担任公司的CEO直到(1)阿里巴巴IPO、(2)本协议签订五周年或(3)马云退休、辞职、死亡、能力不胜任三者中任一事件发生之时。这样,马云仍然可以按照自己的思路驾驭阿里巴巴。

此外,还有一条规定影响深远,即只要马云还有一股阿里巴巴的股票,就始终在公司的董事会占有一席之地。虽然对马云而言,到只持有阿里巴巴一股的时候,阿里巴巴对他的利益已无足轻重,但对千百万阿里巴巴和淘宝的中国电子商户来说,马云的这一席位意义重大。从长期看,阿里巴巴最后将无可避免地成为雅虎全球战略的一颗棋子,雅虎为了自身利益而牺牲阿里巴巴的利益也并非不可能。马云的"黄金一股"在一定程度上可以约束雅虎可能的不利行动,起到维护中国千百万电子商户利益的作用。

4.潜在的风险——控制权丧失之忧

表面上看马云是此次合作的大赢家,但同时也埋下了丧失控制权的隐患。通过协议,雅虎对阿里巴巴的未来发展进行了一些原则上的约束。

在公司的经营上,协议规定,阿里巴巴、软银和雅虎每个季度都要进行三方会议,阿里巴巴如同上市公司一样,每个季度都要向股东(软银和雅虎)汇报经营业绩。阿里巴巴的战略计划、年度预算和预算外开支的计划,单笔1000万美元、一年累计5000万美元的资产处置、资产购买和贷款担保的交易,审计委员会人员的任命都要经过董事会的批准。

对公司的控制上,协议规定,如果软银减持交易完成日所持阿里巴巴股票的50%,将没有权利在董事会中任命董事,由雅虎增加一名董事顶替空缺;公司管理层总共持股25%以上才能在董事会中保持两名董事;5年之后,雅虎任命的董事数将是,按协议雅虎能够任命的人数与公司管理层任命的董事两者中较大者。这样,5年之后,与软银联合,雅虎就能在任何情况下进一步全面加强对阿里巴巴的控制。不仅如此,协议还规定,除非有雅虎的书面同意,任何协议方不得将股份转让给雅虎的竞争者,雅虎将提供竞争者的名单,IPO之前15个,IPO之后8个,名单雅虎每隔6个月更新一次。这样,阿里巴巴就完全控制在雅虎的发展规划中了。

(六)巨额回购雅虎股权——马云夺回阿里巴巴的控制权

2012年5月21日,阿里巴巴与雅虎达成股权回购协议。2012年9月18日,阿里巴巴集团宣布对雅虎76亿美金的股份回购计划全部完成,这意味着马云重新拿回阿里集团控股权。阿里巴巴集团宣布,以63亿美金现金及价值8亿美金的阿里巴巴集团优先股,回购雅虎手中持有阿里巴巴集团股份的50%。同时,阿里巴巴集团将一次性支付雅虎技术和知识产权许可费5.5亿美元现金。在未来公司上市时,阿里巴巴集团有权优先购买雅虎剩余持有股份的50%。

交易完成后的阿里巴巴集团董事会,软银和雅虎的投票权之和将降至50%以下。同时作为交易的一部分,雅虎将放弃委任第二名董事会成员的权力,同时也放弃了一系列对阿里巴巴集团战略和经营决策相关的否决权。阿里巴巴集团董事会将维持 2∶1∶1(阿里巴巴集团、雅虎、软银)的比例。

"股份回购计划的完成,让公司的股份结构更加健康,也意味阿里巴巴集团进入了一个新的发展阶段。"阿里巴巴集团董事局主席、首席执行官马云说。"过去七年,非常感谢雅虎对我们的支持,我们也非常高兴能为包括雅虎在内的阿里巴巴集团股东创造丰厚的回报。我期待与雅虎在未来有更多的合作。"

不可否认的是,这纸回购协议事实上是双方的一纸"离婚协议",双方关系未来的"新篇章",只不过是在各自的生活里不再有对方的存在。阿里巴巴回购雅虎持有的股份,这是双方无奈的选择,也是唯一的选择。早在 2005 年 8 月,雅虎以 10亿美元加上雅虎中国业务作价,换取了阿里巴巴集团 39%的股权。这桩交易当时震惊了全球互联网业界,业界普遍认为马云做了一笔非常划算的买卖,包括马云自己。但是,7 年之后,不仅这笔当年只有 10 亿美元的投资,估值最少已在 150 亿美元;更重要的是,雅虎已经不复当年互联网老大之勇,其最值钱的资产,也就是持有的阿里巴巴股权。

2010 年 10 月,双方因为股东地位的变化,关系开始走向微妙。按照 2005 年的入资协议,雅虎的投票权从当时条款约定的 35%增加至 39%,并有权从 2010 年 10月起,在阿里巴巴集团董事会增加一名董事,而马云等管理层的投票权将从 35.7%降为 31.7%,软银保持 29.3%的经济权益及投票权不变。这意味着,雅虎将成为阿里巴巴名副其实的第一大股东。这笔 10 亿美元的收购在 5 年后威力大显,不仅使阿里巴巴的管理团队失去了第一大股东的地位,而且协议也不保证不解聘马云等管理团队,这让阿里巴巴的创始人马云及其管理团队如坐针毡。要么回购雅虎持有的股份,要么等着被雅虎扫地出门,这种困局成了马云重新夺回阿里巴巴第一大股东的最直接诱因,也成了马云必须完成的任务。

然而,在雅虎的创始人杨致远因为错误拒绝谷歌的高价收购而被迫辞职之后,新上台的 CEO 巴茨对阿里巴巴执行了强硬的政策。巴茨不仅多次拒绝马云及其管理团队试图购回阿里巴巴股份的建议,在阿里巴巴未来发展的战略上,雅虎也不再甘心做一个纯粹的财务投资者,而是开始提出自己的想法和建议。很显然,这是阿里巴巴创始人马云最忌讳的。因此,"离婚"对于双方而言,只是时间问题。

作为阿里巴巴的创始人,马云为了避免被雅虎扫地出门的尴尬,其有三大选择:一是回购雅虎持有的股份;二是联合软银的孙正义对抗雅虎;三是阿里巴巴反过来收购雅虎。马云最终选择了回购股份。当初的 10 亿美元,赎身高达 150 亿美元,自由的代价不可谓不昂贵。

事实上,这笔回购对于马云而言,仍然是一个非常理想的结果。首先,从财务上看,目前阿里巴巴的估值远不止 350 亿美元,而且未来随着阿里巴巴整体上市战略的实施,增值的空间还很大,马云以 350 亿美元的最低估值为标杆回购股份,在财务上就占了很大的便宜;其次,通过回购股份,马云团队获得了绝对的控制权,在董事会的构成上,雅虎也放弃了委任一名董事的权利,阿里巴巴重新成了马云的私人公司;第三,在获得阿里巴巴的控制权之后,马云未来在实施任何战略时,都将不受股东的制约,这为阿里巴巴未来整体上市创造了很好的条件。

第三节 案例分析

在数年时间内,来自众多国际知名风险投资机构的资金接二连三地投向阿里巴巴,阿里巴巴网站也从一家不知名的网站荣升为全球最大的网上贸易市场和商人社区。如今,它为来自220多个国家和地区的760多万企业和商人提供网上商务服务。

这些骄人的成绩与风险投资频频伸出援助之手是分不开的:从高盛等公司到软银,再到日本的亚洲投资公司,再到软银,最后又到雅虎。阿里巴巴能够多次融到巨额资金堪称中国融资史上的一大奇迹。

一、阿里巴巴屡获风险投资青睐的原因分析

(一)马云的个人魅力

风险投资在很大程度上投资的是创业者个人。高瞻远瞩的战略规划和执行能力,极强的凝聚力和领导才能以及非凡的人格魅力是马云多年来一直能吸引众多国际投资大腕的重要原因之一。马云坚守对电子商务的信仰和承诺:不做门户,不做网游,只做电子商务;他还具有强烈的责任感和使命感:让客户赚钱和做中国人最好的公司,做生存102年的企业以及培养业界的后续人才;马云也是个踏踏实实做事的人:他把总部设在杭州,避开浮躁,踏实做事,把电子商务做成一个网上集贸市场而不是豪华商场;此外他还具有强大的学习能力、过人的情商、灵活的应变能力和疯狂的求胜欲望,等等。

他所具有的这些个人魅力是阿里巴巴被众多风投看好的重要筹码。正如软银掌门人孙正义所表示的那样:软银更看重投资的战略性,这跟被投资方的领导者有相当大的关系。他看重领导者的领袖气质和战略决心,并表示,马云完全具备这个能力,他绝对信任马云,相信阿里巴巴将成为中国第一个世界著名的公司,它完全有能力创造出像雅虎一样的奇迹,因而对阿里巴巴和淘宝网绝对有信心。

(二)良好的激励机制为公司广纳贤才

马云用自己的个人魅力和良好的激励机制打造出了一个出色的团队,这个团队能够紧紧地围绕在马云的周围,为阿里巴巴效力。阿里巴巴的团队成员之间是一种平等的伙伴关系,股权分散是阿里巴巴的一大特点,马云的股份只有百分之十几,创业团队作为一个整体成为第一大股东,人数达一千多人。据马云透露,从阿里巴巴创立的第一天开始,他就从来没想过用控股的方式控制这家公司,也不允许

任何一个股东或者任何一方投资者控制这个公司。在他看来,伟大的公司必须要分享财富。他觉得阿里巴巴公司的股权需要分散,管理和控制一家公司主要是靠智慧,而不是一些形式的东西。

（三）独特的商业模式

阿里巴巴的营运模式遵循着一个循序渐进的过程。首先抓住基础,然后在实施过程中不断捕捉新出现的收入机会。从最基础的替企业架设站点,到随后的网站推广,以及对在线贸易资信的辅助服务,交易本身的订单管理,不断延伸。实践将证明".com"是一种很好的商业模式,一部分企业已经能够逐渐体现其中的优势。2002的一年中,阿里巴巴的收入增长了400%,并且已经实现盈利。而且,它好像只是做了一个热身运动,这种独特的商业模式的余热将在今后更大程度地发挥出来。

好的商业模式一定得简单。阿里巴巴现在的商业模式很简单,就是收取会员费。阿里巴巴公司在创立之初除了广告之外并无其他收入渠道,该公司营业额急剧上升的原因在于进入2001年后首次实施的会员收费服务。阿里巴巴的会员分为两种:一种是中国供应商;一种是"诚信通"会员。这两项收费服务是为打算向海外发展的中国企业以及想进入中国市场的日美欧企业提供 Web 站点的构筑和维护管理的服务。

中国供应商服务主要面对出口型的企业,依托网上贸易社区,向国际上通过电子商务进行采购的客商推荐中国的出口供应商,从而帮助出口供应商获得国际订单。其服务包括独立的中国供应商账号和密码,建立英文网址,让全球 220 个国家逾 42 万家专业买家在线浏览企业。目前,中国供应商的会员费是 6—8 万元/年。

"诚信通"更多针对的是国内贸易,通过向注册会员出示第三方对其的评估,以及在阿里巴巴的交易诚信记录,帮助"诚信通"会员获得采购方的信任。"诚信通"的会员费是 2300 元/年。

据阿里巴巴公布,截至 2005 年 5 月,通过阿里巴巴注册的中国供应商有 1 万家,"诚信通"会员注册用户接近 10 万家(2004 年底,阿里巴巴上中国供应商的数目为 8000 多家,而"诚信通"会员为 6 万家)。以此估算,阿里巴巴年营业收入应接近 10 亿元(其中"诚信通"每年应收会员费为 2.3 亿元,中国供应商每年应收会员费最高为 8 亿元)。

新颖的商业模式,加上卓越的领军人物和精诚团结的管理团队,正是阿里巴巴成为风险投资宠儿的奥秘所在。

二、阿里巴巴的创业融资策略分析

以 50 万元人民币起家的阿里巴巴能迅速发展,平稳渡过创业风险与危机,其强大的融资能力起到了重要作用。在融资过程中,创业者马云选择投资商的原则与方式在很大程度上也是其创业成功的重要因素。

（一）掌握创业主动权

马云和他的团队认为创业的主动权一定要掌握在自己手中,而不能交给风险投资商。马云认为:"创业者和风险投资商是平等的,风险投资(VC)问你 100 个问题的时候你也要问他 99 个。在你面对 VC 的时候,你要问他投资你的理念是什么? 我作为一个创业者,在企业最倒霉的时候,你会怎么办? 如果你是好公司,当 7、8 个 VC 追着你转的时候,你要把你的计划和方法写下来,同时把他的承诺每年是什么写下来,这是互相的约束,是婚姻合同。跟 VC 之间的合作是点点滴滴的,你告诉他我这个月会亏、下个月会亏,但是只要局势可控 VC 都不怕,最可怕的是局面不可控。所以跟 VC 之间的沟通交流非常重要,不一定要找大牌。在跟 VC 沟通的过程当中,不要觉得 VC 是爷,VC 永远是舅舅。你是这个创业孩子的爸爸妈妈,你知道要把这个孩子带到哪去。舅舅可以给你建议、给你钱,但是肩负把孩子养大的职责的是你,VC 不是来替你救命的,只是把你的公司养得更大。"正是基于这个理念,资金的数量并非是阿里巴巴选择风险投资商的最重要因素,而是期望在创业初期风险投资商除了资金之外,还能带来一些非资金要素,如海外市场、管理方法、持续性的投资机会等。所以在融资的过程中,阿里巴巴具有十分主动的地位,不仅仅是接受风险投资商的挑选,它也在筛选风险投资商。事实证明,独到的融资理念是阿里巴巴迅速成长的重要因素之一。软银不仅给阿里巴巴投入了资金,在后来的发展中还给了阿里巴巴足够的支持。尤其是 2001—2003 年的互联网低谷时期,投资人伴随阿里巴巴整个团队一路挺过来了。

(二)掌握控股权

按照掌握创业主动权的思想,在资本结构上,阿里巴巴历经 5 次融资都坚持其管理团队绝对控股。2004 年 2 月,阿里巴巴第 4 次融资,再从软银等风险投资商手中募集到 8200 万美元,其中软银出资 6000 万美元。马云及其创业团队仍然是阿里巴巴的第一大股东,占 47%的股份;第二大股东为软银,约占 20%;富达约占 18%;其他几家股东合计约占 15%。

2005 年 8 月 11 日,阿里巴巴引入雅虎,宣布收购雅虎中国全部资产,并获雅虎 10 亿美元投资;雅虎同时获阿里巴巴 40%的经济利益和 35%的投票权,雅虎成为阿里巴巴的最大股东。虽然这次交易使马云从阿里巴巴的主要拥有者变成了职业经理人,但他通过协议约定,在协议签订的五周年内,仍然紧紧抓住阿里巴巴的绝对控股权。

但是,2010 年 10 月,双方因为股东地位的变化,关系开始走向微妙。按照 2005 年的入资协议,雅虎的投票权从当时条款约定的 35%增加至 39%,并有权从 2010 年 10 月起,在阿里巴巴集团董事会增加一名董事,而马云等管理层的投票权将从 35.7%降为 31.7%,软银保持 29.3%的经济权益及投票权不变。这意味着,雅虎将成为阿里巴巴名副其实的第一大股东,已经掌握了阿里巴巴集团的绝对控制权。

为了进一步夺回对阿里巴巴集团的控制权,2012 年 9 月 18 日,阿里巴巴集团宣布,以 63 亿美金现金及价值 8 亿美金的阿里巴巴集团优先股,回购雅虎手中持有阿里巴巴集团股份的 50％。同时,阿里巴巴集团将一次性支付雅虎技术和知识产权许可费 5.5 亿美元现金。在未来公司上市时,阿里巴巴集团有权优先购买雅虎剩余持有股份的 50％。交易完成后的阿里巴巴集团董事会,软银和雅虎的投票权之和将降至 50％以下。同时作为交易的一部分,雅虎将放弃委任第二名董事会成员的权力,同时也放弃了一系列对阿里巴巴集团战略和经营决策相关的否决权。阿里巴巴集团董事将维持 2∶1∶1(阿里巴巴集团、雅虎、软银)的比例。此举意味着马云重新拿回阿里集团控股权,但付出的代价也是巨大的。

三、阿里巴巴的创业融资启示

(一)在阿里巴巴的案例中,风险投资商采用了联合投资、分段投资的策略

分段投资体现在阿里巴巴在上市前共进行了 3 轮融资;联合投资体现在阿里巴巴在上市前的第一轮和第三轮融资都是投资者一起投资的,如第一轮是高盛、富达投资、新加坡政府科技发展基金等 4 家投资者一起投资,第二、三轮是软银、富达投资、IDF、雅虎一起联合投资的(第二轮是软银单独进行投资的)。

1.对于风险较大、投资额较高的项目或企业,投资人往往联合其他投资机构或个人共同投资,牵头的投资人持有的股份最多。这样,对于创业企业来讲,一方面比较容易实现绝对控股,另一方面也可以享有更多的投资者的资源。但也不是投资者越多就越好,因为投资者太多,难免发生冲突和内耗。

2.在风险企业发展的早期,各方面的风险很大,资金需求则相对较小。而随着时间的推移,风险逐步减小,资金需求却逐步增加。对于发展情况不是逐步趋好而是趋坏的项目,投资人可以在下一轮投资时慎重考虑是否进一步追加投资;对于那些已经没有挽救希望的企业,则通过清算等手段尽可能收回前期投资。这种分阶段多次投资的策略,使投资人可以根据风险的变化进退自如,尽可能避免投资损失。软银对于阿里巴巴的投资显然是采取了分段投资的策略。

(二)成功的融资可以实现风险企业和风险投资商的双赢

2007 年 11 月 6 日,阿里巴巴网络有限公司(B2B 业务)在香港联交所挂牌上市。作为阿里巴巴集团的两个大股东,雅虎和软银在阿里巴巴网络有限公司上市的当天在账面上获得了巨额回报。雅虎间接持有阿里巴巴 28.4％的股权,其市值高达 73 亿美元;此外,雅虎还以基础投资者身份,投资 7.76 亿港元购买了阿里巴巴新股,购入价格为 13.5 港元每股,占 7.1％的股份,IPO 当天升值到 22.7 亿港币。阿里巴巴招股说明书显示,软银持有阿里巴巴集团 29.3％的股份,而在行使完超额配售权之后,阿里巴巴集团还拥有阿里巴巴公司 72.8％的控股权。由此推算,软银间接持有阿里巴巴 21.33％的股份。到收盘时,阿里巴巴股价达到 39.5 港元,市值飙升至 1980 亿港元(约 260 亿美元),软银间接持有的阿里巴巴股权价值 55.45 亿美元。若再加上 2005 年雅虎入股时曾套现 1.8 亿美元,软银当初投资阿里巴巴集团的 8000 万美元如今回报率已高达 71 倍。

(三)从阿里巴巴控制权之争看融资风险防范

如前所述,为了应对风投套现的压力,阿里巴巴 2005 年引入了雅虎,收购

雅虎中国全部资产,并获雅虎10亿美元投资,雅虎同时获阿里巴巴40%的经济利益和35%的投票权,雅虎成为阿里巴巴的最大股东。此举导致协议签订的5年后阿里巴巴的控制权落入雅虎之手,马云创业团队面临被雅虎更换的危险。自2010年起,马云创业团队为夺取对阿里巴巴集团的控制权一直与雅虎展开博弈,最终于2012年9月18日,在付出了71亿美元的高昂代价后,完成了对雅虎手中持有阿里巴巴集团股份的50%的回购,从而夺回了对阿里巴巴集团的控制权。

从阿里巴巴的控制权之争的案例中,国内的创业企业家必须增强自己的风险意识,以防范类似融资风险的发生。

1.增强融资风险防范意识

首先,风险企业要把融资风险防范工作提到关乎企业生存的高度来看待。增强融资风险意识,招聘有实践经验的高素质的财务人员,以强化融资决策的科学性。其次,创业者更应该在平时有意识地注重自我学习,把理论运用到融资实践中。从融资的可行性、科学性着手,有意识地防范、规避融资风险,增强融资的合理性、实用性,降低融资的风险性。

2.风险企业家要注重保持对企业的绝对控制权

在风险企业发展初期,急需资金的情况下,由于公司的市场竞争力不强,除了股权之外尚无可交换之物,此时应特别注重交换的股权比例。风险企业家在引入风险投资时,要注意风投的来源及其所占股权的比例的设计,以保持对公司的绝对控制权。

3.合理确定债务融资与股权融资的结构

在企业进入高速增长期,如果企业拥有较强的市场竞争力,应合理确定债务融资和股权融资的结构,不宜完全依赖风险投资而导致融资结构的单调和僵化。此案例中,阿里巴巴进入快速成长期,具有了强劲的市场竞争力,可以考虑通过发行债券来部分筹集业务发展所需资金,而不必一味地以交换股权的方式来引入风险投资商,如此则能够避免引入雅虎之后导致控制权丧失的风险。

【思考题】

1.风险投资与传统的投资相比有何不同?

2.为获得风险投资,风险企业应做什么样的准备?

3.你认为风险投资商的投资动因有哪些?

4.从阿里巴巴引入风险投资的案例中,你可以吸取哪些经验和教训?

第八章

股票融资的风光与隐忧
——南洋科技成功上市案例

教学内容与目标

　　本章主要介绍股票的有关基本概念,企业股票融资的条件,以及企业通过发行股票方式融资的优缺点,并结合南洋科技成功上市的案例,从募集资金投资项目的市场前景,企业的财务状况、盈利能力、面临的风险进行了全面分析。

　　通过本案例的学习,使学员掌握公司股票融资的有关政策规定、基本理论和基础知识,熟悉企业实施股票融资的决策要点和应注意的主要问题。

第一节　知识准备

　　股票是股份公司发行的用以证明投资者的股东身份和权益并据以获得股息或红利的凭证。股票是一种有价证券,是一种不同于物权证券,也不同于债权证券的所有权资本证券。股票融资是资本市场融资的重要途径,在企业发展的各个阶段都可采用。

一、公司股票公开发行的条件

　　根据《中华人民共和国公司法》、《中华人民共和国证券法》及《股票发行与交易管理暂行条例》的有关规定,股份有限公司申请股票上市必须符合下列条件:

　　1.股票经国务院证券管理部门批准已向社会公开发行。

　　2.公司股本总额不少于人民币 5000 万元。

　　3.公司成立时间须在 3 年以上,最近 3 年连续盈利。原国有企业依法改组而设立的,或者在《中华人民共和国公司法》实施后新组建成立的公司改组设立为股份有限公司的,其主要发起人为国有大中型企业的,成立时间可连续计算。

4.持有股票面值达人民币 1000 元以上的股东人数不少于 1000 人,向社会公开发行的股份不少于公司股份总数的 25%;如果公司股本总额超过人民币 4 亿元的,其向社会公开发行股份的比例不少于 15%。

5.公司在最近 3 年内无重大违法行为,财务会计报告无虚假记载。

6.国家法律、法规规章及交易所规定的其他条件。

二、股票筹资的优缺点

(一)股票筹资的优点

发行股票是公司筹集资金的一种基本方式,其优点主要有:

1.能提高公司的信誉。发行股票筹集的是主权资金。普通股本和留存收益构成公司借入一切债务的基础。有了较多的主权资金,就可为债权人提供较大的损失保障。因而,发行股票筹资既可以提高公司的信用程度,又可为使用更多的债务资金提供有力的支持。

2.通过发行股票来实现创业资本的增值。在股票发行市场上,股票的发行价总是和企业的经营业绩相联系的。当一家业绩优良的企业发行股票时,其发行价都要高出其每股净资产的许多,若遇到二级市场的火爆行情,其溢价往往能达到每股净资产的 2—3 倍或者更多,而股票的溢价发行又使股份公司发起人的创业资本得到增值。如我国上市公司中国家股都是由等量的净资产折价入股的,其一元面值的股票对应的就是其原来一元的净资产。而通过高溢价发行股票后,股份公司每股净资产含量就能提高 30% 甚至更多。

3.没有固定的到期日,不用偿还。发行股票筹集的资金是永久性资金,在公司持续经营期间可长期使用,能充分保证公司生产经营的资金需求。

4.没有固定的利息负担。公司有盈余,并且认为适合分配股利,就可以分给股东;公司盈余少,或虽有盈余但资金短缺或者有有利的投资机会,就可以少支付或不支付股利。

5.筹资风险小。由于普通股票没有固定的到期日,不用支付固定的利息,不存在不能还本付息的风险。

(二)股票筹资的缺点

发行股票筹资的缺点主要是:

1.资本成本较高。一般来说,股票筹资的成本要大于债务资金,股票投资者要求有较高的报酬。而且股利要从税后利润中支付,而债务资金的利息可在税前扣除。另外,普通股的发行费用也较高。

2.容易分散控制权。当企业发行新股时,出售新股票,引进新股东,会导致公司控制权的分散。另外,新股东分享公司未发行新股前积累的盈余,会降低普通股的净收益,从而可能引起股价的下跌。

三、股票融资的主要方式

（一）国内直接上市

国内直接上市是指企业直接以自己的名义在上海或深圳证券交易所挂牌上市交易，即通常所说的发行 A 股和 B 股。

A 股股票是指已在或获准在上海证券交易所、深圳证券交易所流通的且以人民币为计价币种的股票。这种股票按规定只能由我国居民或法人购买，所以我国股民常说的股票一般都是指 A 股股票。在国内 A 股市场上公开发行股票的公司必须符合《中华人民共和国公司法》、《中华人民共和国证券法》、《股票发行与交易管理暂行条例》及相关的法律、法规和规范性文件的规定，符合首次公开发行上市条件和信息披露的要求。

B 股是境内上市外资股的简称，又被称为人民币特种股，是以人民币标明面值，以外币认购和买卖的股票。它是在中国境内注册的股份公司发行的在境内证券交易所上市交易的股票，采用记名股票形式。B 股市场是在 20 世纪 90 年代初，为了吸引境外的外汇资金支援我国经济建设，同时在人民币不可自由兑换的情况下，筹备建立的股票市场。

（二）境外直接上市

境外直接上市是指直接以国内公司的名义向境外（包括香港地区）证券交易主管部门申请发行的等级注册，并发行股票（或其他衍生金融工具），向当地证券交易所申请股票挂牌上市交易。通常所说的 H 股、N 股、S 股等，就是这些在境外（包括香港地区）上市的股票。H 股，是指中国企业在香港联合交易所发行并上市的股票，取香港第一个英文字母"H"为名；N 股，是指中国企业在纽约交易所发行并上市的股票，取纽约第一个英文字母"N"为名；同样，S 股是指中国企业在新加坡交易所发行并上市的股票，取新加坡第一个英文字母"S"为名。

通常，境外直接上市都是采用 IPO 方式进行，企业境外直接上市的好处在于：第一，公司股价能达到尽可能高的价格，股票发行的范围更广，因此能筹集的资金额度较大，如 2006 年中国银行在香港 IPO 共筹资 97 亿美元。第二，企业以挂牌交易为契机，通过大量的新闻媒介报道，为国外投资者了解国内企业形象提供了很好的平台，企业可以迅速提高国际知名度，为走向国际市场创造条件。

但是由于直接上市发行涉及两个国家的政治、经济、文化等因素，因此，也面临一些问题：第一，国内法律与境外法律不同，对股票发行、交易的要求不同。企业要到境外上市，就必须符合上市地法律的要求。第二，国内会计准则与境外会计准则存在一定的差异。国内企业要到境外上市，既要按照中国的会计准则编制报表，又要按照上市地的会计准则编制报表，增加了企业的会计成本。第三，审批手续复杂，花费时间长。企业要到境外上市，需要经过境内、境外监管机构审批，聘请的中介机构多，运作的时间长，成本较高。

（三）境外间接上市

因为国内直接上市程序复杂、成本较高、时间较长，所以许多企业为了避开国内复杂的审批程序,便以间接方式在境外上市。即国内企业境外注册公司,境外公司以收购、股权置换等方式取得国内资产的控股权,然后将境外公司拿到境外交易所上市。

境外间接上市的好处是成本较低,可以避开国内复杂的审批程序,花费的时间较短。但是有三大问题要妥善处理:向中国证监会报材料备案、壳公司对国内资产的控股比例问题和上市的时机选择。

企业境外间接上市有两种形式:买壳上市和造壳上市。其本质都是通过将国内公司资产注入壳公司的方式,从而达到用国内资产上市的目的。所谓的壳就是指(拟)上市公司的上市资格,壳公司可以是上市公司,也可以是拟上市公司。

1.买壳上市

买壳上市,就是非上市公司通过资本市场购买一家已经上市的公司一定比例的股权来取得上市的地位,然后通过“反向收购”的方式注入自己有关业务及资产,实行间接上市的目的。一般来讲,企业购买的上市公司是一些经营业务发展都比较困难的公司,企业在购买了该上市公司以后,为了达到在证券市场中融资的目的,一般都将一部分优质资产注入该上市公司,使其业绩达到管理层规定的参加配股的标准。

买壳上市的优点在于可以避开国内外对境外上市的限制及申请、注册、招股、上市等繁琐的手续,程序简单、成本较低、花费的时间较少,可以避开不同国家在法律和会计制度等方面的不同。因此,买壳上市是目前比较流行的一种上市方式。

2.造壳上市

造壳上市是指企业先在境外上市地或者其允许的国家和地区(通常是国外免税区,如百慕大、开曼群岛、英属维尔京群岛等地)注册一家空壳公司,然后将欲上市的资产经过换股、转让等复杂的重组操作,转入该公司名下,重组完成后,以境外公司的名义申请上市。

造壳上市的优点在于通过这种模式可以充分利用壳公司的背景,企业容易得到国际资本市场法律及会计审计的认可,比较容易获得境外上市的资格,节约上市时间,上市成本也较低;同时,国内企业能够主动构造自己满意的“壳”,又不必支付壳公司的成本及承担收购失败的风险。但是,造壳上市同样存在一些问题:不利于提高企业在境外市场的知名度和声誉,不利于规范和转化企业的经营机制,国内企业难于对壳公司进行控制、管理,双重税收等。

第二节 南洋科技成功上市案例

一、发行人基本情况

(一)发行人概况

中文名称:浙江南洋科技股份有限公司

英文名称：Zhejiang Nanyang Technology Co.,Ltd.

公司住所：浙江省台州市开发区开发大道 388 号

法定代表人：邵雨田

注册资本：5 000 万元

（二）设立情况

公司是由浙江南洋电子薄膜有限公司整体变更而来。2006 年 11 月 23 日，浙江南洋电子薄膜有限公司以 2006 年 8 月 31 日经审计的净资产 66 640 400.80 元中的实收资本 50 000 000.00 元折为股份公司股本 50 000 000.00 元（每股面值 1 元），剩余净资产中的 15 056 918.70 元计入资本公积，1 583 482.10 元计入盈余公积，整体变更为浙江南洋科技股份有限公司。

（三）业务概述

公司是我国最大的专业电子薄膜制造企业之一。公司主要产品在技术水平、产品质量等方面处于行业领先地位，其中超薄型薄膜、耐高温薄膜、安全防爆膜和高压电力电容器薄膜等高端产品的竞争优势显著。

公司主要产品为聚丙烯电子薄膜产品，分为"基膜"和"金属化膜"两大类。该两类产品 2008 年销售量已超过 5,600 吨，约占同期市场总容量的 13.4%。本公司是科技部认定的"国家火炬计划重点高新技术企业"，是浙江省科学技术厅认定的"浙江省高新技术企业"和浙江省经济贸易委员会认定的"浙江省'十五'技术改造优秀企业"，公司的技术中心是"浙江省第十一批省级企业技术中心"。

2008 年 12 月 26 日，根据《高新技术企业认定管理办法》（国科发火[2008]172 号）和《高新技术企业认定管理工作指引》（国科发火[2008]362 号），公司被浙江省科学技术厅、浙江省财政厅、浙江省国家税务局和浙江省地方税务局等联合认定为"高新技术企业"，认定有效期 3 年，并自 2008 年 1 月 1 日起按 15% 优惠税率缴纳企业所得税。

公司的"耐高温电容薄膜"产品被浙江省科学技术厅认定为"高新技术产品"；公司在耐高温技术、金属化安全膜等领域已取得专利 3 项，已提请 2 项专利申请并进入实质审查阶段，并拥有多项经过浙江省科学技术厅鉴定的具有国际、国内领先水平的高新技术成果。公司现已成为国内超薄型耐高温聚丙烯电子薄膜和金属化安全膜的主导供应商之一。

二、发行人改制重组情况

（一）发起人

公司发起人为邵雨田、冯小玉、冯海斌、郑发勇等四名自然人，公司设立时的股本结构如下：

表 8—1

发起人股东	持股数（万股）	持股比例（%）	股权性质
邵雨田	2 975	59.50	自然人股
冯小玉	900	18.00	自然人股
冯海斌	585	11.70	自然人股
郑发勇	540	10.80	自然人股
合计	5 000	100.00	

（二）拥有资产和实际从事业务

公司的主要发起人是邵雨田先生。公司改制设立前，邵雨田持有该公司前身南洋电子 59.50% 的股份，南洋电子主要从事电容器专用电子薄膜的生产和销售。除直接投资控股南洋电子外，邵雨田还控制了沈阳市三江电器有限公司和台州市南洋投资有限公司，其中，三江电器主要从事塑料制品的生产和销售，南洋投资主要从事实业投资。

公司由南洋电子整体变更而来，设立时完整承继了南洋电子的全部资产，主要包括：以建筑物及生产设备为主的固定资产、土地使用权、货币资金、生产经营购进的存货、应收账款、应收票据、预付账款、其他应收款及对台州富洋电子有限公司的长期股权投资等。

公司自前身南洋电子设立以来一直从事电容器专用电子薄膜的制造和销售，在南洋电子整体变更为股份公司前后，公司主营业务未发生变化。

三、主要财务数据及指标

根据浙江天健为本次发行出具的天健审[2010]66 号《审计报告》，公司近三年的主要财务数据及指标如下：

（一）资产负债表主要数据

表 8—2   单位：万元

项　　目	2009—12—31	2008—12—31	2007—12—31
资产合计	27 995.60	27 935.48	28 785.74
负债合计	7 868.32	12 116.53	16 106.28
股东权益合计	20 127.27	15 818.95	12 679.46
归属于母公司股东权益合计	17 407.43	13 389.94	10 487.30

（二）利润表主要数据

表 8－3　　　　　　　　　　　　　　　　　　　　　　　单位：万元

项　　目	2009 年度	2008 年度	2007 年度
营业收入	21 408.70	22 381.40	21 928.97
营业利润	5 089.68	3 878.66	3 990.40
利润总额	5 314.40	3 965.69	3 976.98
净利润	4 437.59	3 189.39	2 979.32
归属母公司股东的净利润	4 146.75	2 952.54	2 612.49

（三）现金流量表主要数据

表 8－4　　　　　　　　　　　　　　　　　　　　　　　单位：万元

项　　目	2009 年度	2008 年度	2007 年度
经营活动产生的现金流量净额	7 347.21	5 885.54	3 435.06
投资活动产生的现金流量净额	−874.16	−1 357.73	−819.38
筹资活动产生的现金流量净额	−5 026.49	−3,754.52	−1 800.55
现金及现金等价物净增加额	1 446.55	773.28	815.13

（四）主要财务指标

表 8－5

项　　目	2009－12－31	2008－12－31	2007－12－31
资产负债率（母公司）（%）	51.93	61.68	68.76
流动比率（倍）	1.94	1.02	0.74
速动比率（倍）	1.56	0.75	0.44
每股净资产（归属于公司普通股股东）（元/股）	3.48	2.68	2.10
项目	2009 年度	2008 年度	2007 年度
应收账款周转率（次/年）	6.24	6.57	6.89
存货周转率（次/年）	5.36	4.58	4.66
息税折旧摊销前利润（万元）	7 848.74	7 102.75	7 277.03
利息保障倍数（倍）	19.63	5.12	4.54

续表

每股经营活动产生的现金流量净额(元/股)	1.47	1.18	0.69
扣除非经常性损益后的全面摊薄净资产收益率(%)	22.73	21.07	25.06
扣除非经常性损益后的加权平均净资产收益率(%)	25.70	23.69	28.50

四、本次发行概况

表 8—6

股票种类	人民币普通股(A股)
每股面值	1.00 元
发行股数	1,700 万股
占发行后总股本的	25.37%
发行价格	30.00 元/股
发行方式	采用向参与网下配售的询价对象配售与网上资金申购定价发行相结合的方式
发行对象	符合资格的询价对象和在深圳证券交易所开户的境内自然人、法人等投资者(国家法律、法规禁止购买者除外)
承销方式	主承销商余额包销
发行市盈率	50.85 倍(按发行后总股本全面摊薄计算)
发行前每股净资产	3.48 元(按 2009 年 12 月 31 日经审计的归属于母公司股东权益计算)
发行后每股净资产	9.72 元(按发行后总股本全面摊薄计算,扣除发行费用)
市净率	3.09 倍(按发行价格除以发行后每股净资产计算)
募集资金总额	总额为 51,000 万元,扣除发行费用后净额为 47,715 万元 发行费用合计:3,285 万元 其中: 承销及保荐费用:2,000 万元 审计费用:215 万元 律师费用:90 万元 上市推介及信息披露等费用:980 万元

五、募集资金用途

本次发行募集资金将全部用于"年产 2 500 吨电容器用超薄型耐高温金属化薄膜"项目。该项目总投资为 16 396 万元。若本次发行实际募集资金不能满足上述项目投资需要,资金缺口部分本公司将以自有资金或银行贷款方式解决;若募集资金在满足上述项目所需资金后尚有剩余,则剩余资金将用于补充公司流动资金。

本次发行募集资金拟投资以下项目:

表 8—7

项目名称	总投资(万元)	建设期(年)	备案文号	环保批文
年产 2,500 吨电容器用超薄型耐高温金属化薄膜项目	16,396	1.5	台发改备 [2007]024 号	台环建 [2007]153 号、浙环函 [2008]99 号

本次发行募集资金投资项目总投资 16 396 万元,包括固定资产投资和铺底流动资金。若本次发行实际募集资金不能满足上述项目投资需要,资金缺口部分将以自有资金或银行贷款方式解决;若募集资金在满足上述项目所需资金后尚有剩余,则剩余资金用于补充公司流动资金。

本次发行募集资金投资项目所生产的超薄型耐高温金属化薄膜产品,属于电子专用材料,在国家发改委 2005 年 12 月 2 日发布的第 40 号令《产业结构调整指导目录 2005 年本》以及国家发改委办公厅 2007 年 12 月 7 日发布的《产业结构调整指导目录 2007 年本(征求意见稿)》中被列为鼓励类产品。此外,《信息产业科技发展十一五规划和 2020 年中长期规划》中将新型元器件技术和电子材料技术作为发展重点,并将本项目所归属的超薄介质材料技术列为重点技术予以支持。

本次发行募集资金拟投资项目建成投产后,本公司将形成技术含量较高的超薄型耐高温金属化薄膜的批量生产能力,产品替代进口,对提高我国电容器产品的市场竞争能力具有重要意义。

第三节　案例分析

一、募集资金投资项目的市场前景分析

(一)电容器用电子薄膜行业的发展趋势

1.电容器及薄膜电容器行业的发展趋势

经过多年发展,我国已成为世界电容器生产和消费的重要市场。自改革开放以来,随着日本、韩国、台湾地区将电容器制造业转向中国大陆,世界电子信息整机制造业在中国设厂,跨国公司在中国大陆采购电容器,国内生产的电容器还远不能

满足国内的需求。根据中国电子元件行业协会统计,近年来电容器进出口贸易逆差越来越大,从 2002 年的 15.60 亿美元增加到 2006 年的 37.03 亿美元,5 年内复合增长率达到 24.12%。目前国内生产的电容器,与国外先进的产品相比,在技术性能和自主创新能力、市场竞争能力方面还有相当的差距。预计电容器行业在今后将有较大的发展空间。

电容器中的薄膜电容器目前被广泛应用于电子、家电、通讯、电力等多个行业,是电子信息产业和电力工业必不可少的最基本电子元件。根据中国电子元件行业协会统计数据,我国 2008 年薄膜电容器市场规模达 41 亿元,约占整个电容器市场份额的 7%~8%;预计到 2010 年,全球薄膜电容器市场将以 15%~20% 的速度快速增长。薄膜电容器市场的增长必将带动聚丙烯薄膜市场的快速增长。

2.电容器用电子薄膜行业的发展趋势

薄膜电容器使用的电子薄膜介质目前主要有聚丙烯薄膜和聚酯薄膜两大类,主要以聚丙烯薄膜为主。聚酯薄膜主要应用于小型化低频直流电容器,其绝对市场容量较小,国内电容器用聚酯薄膜年需求量不足 1 万吨。聚丙烯薄膜比聚酯薄膜市场容量大:全球聚丙烯薄膜市场研究报告显示,2005 年全球聚丙烯电容器薄膜用量已超过 8 万吨,并将继续保持快速增长态势;此外,根据中国电子元件行业协会统计,我国是 2007 年世界上最大的聚丙烯电容薄膜制造国,约占全球产量的 50% 左右,年需求量约 4.4 万吨。

随着科学技术的不断发展,聚丙烯薄膜电容器的应用领域还在不断扩大,并且向微型化、大容量、耐高压、耐高温、长寿命、安全防爆的方向发展。

(1)厚度规格变薄

由于薄膜电容器的电容量与薄膜厚度成反比,所以使用超薄型系列聚丙烯电容器薄膜可以节约原材料,减小元件体积。

二十世纪八十年代,我国薄膜电容器行业使用的聚丙烯电容薄膜厚度范围在 $10\mu m \sim 12\mu m$,九十年代末发展到主要使用 $6\mu m \sim 9\mu m$,$6\mu m$ 及以下厚度的超薄系列薄膜都要依靠进口。虽然我国是世界上最大的聚丙烯电容器薄膜制造国,但是目前国内聚丙烯电容薄膜厂家生产技术水平参差不齐,多数厂家集中于中低端市场。

(2)耐高温性能和安全性能的要求提升

耐高温电容器薄膜的耐温性能优于常规型电容器薄膜,比常规薄膜的耐温性提升了 30℃,用其生产的电容器可靠性高,可以在较恶劣的环境下长期工作,适用范围广,如电力电容器、电气设备电容器、电力机车电容器、混合动力汽车电容器、汽车电子电容器、节能灯电容器等。

耐高温超薄型金属化防爆膜是在超薄型耐高温薄膜的基础上实现一种全新可靠的防爆机制代替传统的机械、热保护防爆机理,其应用使电容器的安全性和可靠性上了一个新台阶。使用超薄型耐高温金属化薄膜制造的电容器,适用于家电升级换代、航空航天、核电工业、军工电子等高科技领域。耐高温超薄型金属化防爆膜是制造交流电容器、电力电容器、机车电容器的急需新材料,并日益广泛地用于混合动力型汽车及节能光源电容器。

（二）电容器用超薄型耐高温金属化薄膜产品的市场前景

据中国电子元件行业协会统计,国内 6μm 以下薄膜市场总量 2005 年约为 2 800 吨,2006 年为 5 610 吨,2007 年约为 10 900 吨,年均复合增长率接近 100%。近几年,3μm～6μm 的国内生产能力远远不能满足薄膜电容器生产厂家的需求。下游行业的迅速发展将带动超薄型电容器用薄膜需求的快速增长,具体包括以下六个方面:

1.家电行业、电子行业的发展

家用电器需要用大量的薄膜电容器,家电行业的迅速发展以及国务院向全国推广的家电下乡政策将带动电容器用薄膜行业快速增长。目前电视、电话等电器中大量使用安规电容器,其年用量在万吨以上。过去安规电容器大量采用聚酯薄膜,但聚丙烯薄膜正逐步替代聚酯薄膜,其中 6μm 以上聚丙烯薄膜已大量替代聚酯薄膜,3μm 以下目前少量替代。按此趋势,未来几年,3μm 以下薄膜年替代量将逐步增加。本公司已生产出 2.8μm 聚丙烯薄膜,生产工艺已经成熟。目前,本公司已向国内技术实力较强的台资、韩资企业开始供货。

2.节能照明行业的发展

我国是全球照明电器制造大国,全球近 75% 以上的产品由我国制造。欧盟 27 国于 2008 年 12 月 8 日在布鲁塞尔决定,从 2009 年 9 月 1 日起禁止销售和使用 100 瓦白炽灯,2010 年 9 月 1 日起禁止 75 瓦白炽灯,2011 年 9 月 1 日起禁止 60 瓦白炽灯,2012 年 9 月 1 日起,所有白炽灯将在欧盟市场上消失,而代之的将是节能灯。这无疑给我国节能灯制造提供了商机。一体化节能灯镇流器对薄膜电容的耐温特性有特殊要求,仅此一项需增加耐高温聚丙烯薄膜 8 000 吨左右(数据来源:中国电子元件行业协会)。

3.“十一五”期间是我国电网投资建设的高峰时期

“十一五”期间我国规划电网新建及改建总投资 1.2 万亿元,是“十五”期间的 2.4 倍。2006 年总投资达到 2 千亿元,相对于 2005 年的 1 千亿元增长 100%。随着我国“十一五”电网建设高峰的到来,我国电力电容器需求量复合增长率将超过 35%。此外,2008 年 11 月 5 日国务院常务会议确定了我国当前进一步扩大内需、促进经济增长的十项措施。初步匡算,到 2010 年底约需投资 4 万亿元。4 万亿投资构成中,全国电网总投资将达到 1.4 万亿元,将进一步拉动容器用电子薄膜市场的市场需求。

4.铁路电气化

“十一五”期间我国电气化铁路年均新增里程 3 000 公里。铁道部制定的 2020 年中长期铁路网发展规划中明确:全国铁路营业里程达到 10 万公里,建设客运专线 1.2 万公里以上,约 1.6 万公里的其他新线,完成复线建设 1.3 万公里和电气化改造 1.6 万公里。根据中国电子元件行业协会统计,保守估计"十一五"期间,铁路电气化所需要的电力电容器五年复合增长率将超过 15%。此外,近期出台的 4 万亿投资计划中,45%约 1.8 万亿元将投向于铁路、公路、机场、重大基础设施建设,其中铁路投资约 5 000 亿元~6 000 亿元。随着铁路电气化进程的加快,超薄型耐高温聚丙烯薄膜市场也会相应快速增长。

5.汽车电子行业的发展

随着我国汽车保有量的快速增长,能源消耗和环境污染问题日益突出。而混合动力汽车作为一种相对成熟的清洁节能汽车技术,可以有效地减少汽车燃油消耗和尾气排放。目前,我国已将混合动力汽车产业化作为汽车工业"十一五"规划重点发展方向,这对于保持我国经济可持续发展,缓解能源消耗,改善大气环境具有重要战略意义。为应对国际金融危机的影响,国务院于 2009 年 3 月发布了《汽车产业调整和振兴规划》,明确了电动汽车产销形成规模的规划目标,目标规定 2009—2011 年期间形成 50 万辆纯电动、充电式混合动力和普通型混合动力等新能源汽车产能,新能源汽车销量占乘用车销售总量的 5%左右,主要乘用车生产企业应具有通过认证的新能源汽车产品。

薄膜电容器由于其高耐压、低损耗和安全可靠性好的特点替代铝电解电容器成为混合动力汽车电容器的首选。据相关行业分析报告分析,2010 年全球混合动力汽车产量将达到 294 万辆,我国混合动力汽车变化趋势对 $3\mu m$ 超薄聚丙烯电子薄膜的需求将超过 4 000 吨。

6.新能源行业的发展

根据国家发改委 2007 年发布的《可再生能源发展中长期规划》和 2008 年发布的《可再生能源发展"十一五"规划》,风能、太阳能将是未来 10 年新能源发展的重点领域,累计市场容量为 3 200 亿元。根据预测,至 2010 年,我国风力发电和太阳能发电装机容量将分别达到 1 000 万 KW 和 260MW,年均增长率分别为 58%和 80%。

超薄型薄膜电容器在风力发电和太阳能发电领域的应用将直接受益于风能、太阳能产业政策及市场容量的增长。根据中国电子元件行业协会的数据,至 2010年,风力发电和太阳能发电新增装机容量将提升超薄型电容器薄膜的市场需求量约 1500 吨,主要需求增量为 $3\mu m$ 规格。

(三)电容器用超薄型聚丙烯电子薄膜产品的市场容量分析

根据中国电子元件行业协会统计,国内 $6\mu m$ 以下薄膜市场总量 2005 年约为 2 800 吨,2006 年约为 5 610 吨,2007 年约为 10 900 吨,年均复合增长率接近 100%。其中,2007 年 $5\mu m$ 以下约为 1 900 吨,$5\mu m$~$6\mu m$ 约为 9 000 吨。此外,根据中国电子元件行业协会的统计,未来几年我国混合动力汽车对厚度 $3\mu m$ 耐高温聚丙烯薄膜需求量约 4 000 吨;至 2010 年,风力发电和太阳能发电新增装机容量将提升超薄型电容器薄膜的需求量约 1 500 吨,且主要需求增量为 $3\mu m$ 规格。此外,家电行业用电容器聚丙烯薄膜趋薄化,"十一五"电网建设高峰及铁路电气化等均将大幅提升超薄型耐高温聚丙烯薄膜的市场容量。

(四)电容器用超薄型耐高温金属化薄膜产品的市场竞争状况

本公司主导产品电容器用聚丙烯电子薄膜拥有两大类、七个品种,产品厚度规格涵盖了 $2.5\mu m\sim18\mu m$ 的范围。公司的 $3\mu m$ 及以下规格产品、金属化安全膜产品均为国内首创,并达到国际先进水平。

在我国,专业生产电容器用聚丙烯电子薄膜产品的企业主要有安徽铜峰电子股份有限公司、宁波大东南万象科技有限公司、佛山塑料集团股份有限公司、江门市润田实业投资有限公司、四川东方绝缘材料股份有限公司、泉州嘉德利电子材料有限公司、龙辰(黄岗)电子科技有限公司等。本公司 2006、2007 及 2008 年市场占有率分别为 11.55%、13.05% 和 13.40%,仅次于安徽铜峰电子股份有限公司,居全国第二。

二、报告期财务状况分析

(一)资产的主要构成

报告期内,公司的资产结构如下表所示:

表 8-11

项目	2009-12-31		2008-12-31		2007-12-31	
	金额(万元)	占比(%)	金额(万元)	占比(%)	金额(万元)	占比(%)
流动资产	12 038.61	43.00	10 597.25	37.93	10 615.54	36.88
非流动资产	15 956.99	57.00	17 338.23	62.07	18 170.20	63.12
固定资产	13 715.20	48.99	15 854.81	56.76	16 597.85	57.66
其他	2 241.79	8.01	1 483.42	5.31	1 572.35	5.46
合计	27 995.60	100.00	27 935.48	100.00	28 785.74	100.00

表中数据显示,2007、2008 及 2009 年末公司流动资产占总资产的比重分别为 36.88%、37.93% 和 43.00%,占总资产的比重稳中有升。

2007、2008 及 2009 年末公司非流动资产占总资产的比重分别为 63.12%、62.07% 和 57.00%。非流动资产以固定资产为主,固定资产占总资产比重较大符合本公司所属行业资本密集型的特征。此外,因公司报告期用于购建固定资产的支出较小,加之报告期初固定资产规模较大带来的累计折旧影响,故在流动资产保持稳步增长的同时,非流动资产占总资产的比重呈逐年下降趋势。

(二)负债结构分析

1.总体负债结构及其变化分析

表 8—12

项目	2009—12—31		2008—12—31		2007—12—31	
	金额(万元)	占比(%)	金额(万元)	占比(%)	金额(万元)	占比(%)
流动负债	6 211.70	78.951	0 377.22	85.65	14 418.53	89.52
非流动负债	1 656.63	21.05	1 739.30	14.35	1 687.76	10.48
负债合计	7 868.32	100.00	12 116.53	100.00	16 106.28	100.00

公司的负债总额总体呈下降趋势,未随公司经营规模扩大而相应增加,一是因为公司报告期未通过负债的方式进行大规模固定资产投资;二是随着公司盈利能力不断提高,自身利润积累逐年增加,负债水平有所下降。

从负债结构来看,报告期内公司的负债基本由流动负债构成,2007、2008 及 2009 年末,流动负债占负债总额比重分别为 89.52%、85.65% 和 78.95%。

(三)偿债能力和现金流量分析

1.偿债能力指标分析

表 8—13

项　目	2009—12—31	2008—12—31	2007—12—31
流动比率(倍)	1.94	1.02	0.74
速动比率(倍)	1.56	0.75	0.44
资产负债率(母公司)(%)	51.93	61.68	68.76
项　目	2009 年度	2008 年度	2007 年度
息税折旧摊销前利润(万元)	7 848.74	7 102.75	7 277.03
利息保障倍数(倍)	19.63	5.12	4.54

2.流动比率、速动比率分析

2007 年末,公司流动比率、速动比率整体偏低,公司的流动负债相对流动资产规模较大,主要原因在于公司经营发展所需资金较大,而融资基本通过短期借款的方式,因此公司流动负债水平较高。

报告期内,公司流动比率上升较快,主要是随着公司生产经营规模的扩大,流动资产相应增长,2007、2008 及 2009 年末的流动资产分别为 10 615.54 万元、10 597.25 万元和 12 038.61 万元;而流动负债分别为 14 418.53 万元、10 377.22 万元和 6 211.70 万元,呈现较快的下降趋势。

报告期内,公司速动比率大幅上升,主要有两方面的原因:一是流动比率上升较快;二是公司进一步加强了存货管理,较好地控制了存货水平所致。公司报告期内流动比率、速动比率均呈上升趋势,公司短期偿债能力和抗风险能力进一步增强。

3.资产负债率分析

2007、2008 及 2009 年末,公司资产负债率(母公司口径)分别为 68.76%、61.68%和 51.93%。

2007 年末公司资产负债率较高,系公司固定资产投资规模较大,所需资金主要来自银行借款和自身积累,负债水平较高所致。

此外,公司报告期资产负债率水平逐年降低,主要原因在于公司盈利能力逐年增强,2007、2008 及 2009 年度公司实现净利润分别为 2 979.32 万元、3 189.39 万元和 4 437.59 万元,且未向股东进行现金分红,因而公司净资产规模由 2007 年末的 8 600.50 万元增长到 2009 年末的 20 127.27 万元,有了较大幅度的提高。

报告期内,随着公司生产经营规模的扩大,盈利能力的增强,公司资产负债率呈下降趋势,总体偿债能力进一步提高。本次募集资金到位后,公司净资产规模将有较大增加,资产负债率水平将有较大幅度的下降。

4.息税折旧摊销前利润及利息保障倍数

表 8-14

项　　目	2009 年度	2008 年度	2007 年度
息税折旧摊销前利润(万元)	7 848.74	7 102.75	7 277.03
利息保障倍数(倍)	19.63	5.12	4.54

表中数据显示,2007、2008 及 2009 年度,公司息税折旧摊销前利润分别为 7 277.03 万元、7 102.75 万元和 7 948.74 万元,利息保障倍数分别为 4.54、5.12 和 19.63。2009 年末利息保障倍数提升主要系公司短期借款减少使借款利息大幅下降所致。报告期内息税折旧摊销前利润、利息保障倍数总体均呈稳步上升趋势,公司偿还到期债务的能力逐步增强。

5.公司经营活动产生的现金流量情况分析

(1)经营活动产生的现金流量充足

报告期内,公司经营活动产生的现金流量净额与净利润的比较如下:

表 8-15 单位:万元

项　目	2009 年度	2008 年度	2007 年度
经营活动产生的现金流量净额	7 347.21	5 885.54	3 435.06
净利润	4 437.59	3 189.39	2 979.32
经营活动产生的现金流量净额与净利润之比(%)	165.57	184.54	115.30

报告期内,公司销售商品、提供劳务收到的现金与营业收入的比较如下:

表 8-16 单位:万元

项　目	2009 年度	2008 年度	2007 年度
销售商品、提供劳务收到的现金	24 124.35	24 733.33	26 814.00
营业收入	21 408.70	22 381.40	21 928.9
销售商品、提供劳务收到的现金占营业收入的比重(%)	112.68	110.51	122.28

2007、2008 及 2009 年度公司经营活动产生的现金流量水平良好,为公司债务的偿还提供了可靠保障。

公司报告期累计实现经营活动现金流量净额为 16 667.81 万元,同期累计实现净利润 10 606.30 万元,报告期累计经营活动产生的现金流量为净利润的 1.57 倍。公司报告期销售商品、提供劳务收到的现金为 75 671.68 万元,同期实现营业收入 65 719.07 万元,报告期销售商品、提供劳务收到的现金是同期营业收入的 1.15 倍,公司盈利质量较高,经营活动产生的现金流量充足。

(2)信用状况较好

公司与当地银行保持着良好的合作关系,信用记录良好,为公司正常生产经营提供了资金保障。此外,公司不存在对正常生产、经营活动有重大影响的需特别披露的或有负债,亦不存在表外融资的情况。

(四)资产管理能力分析

表 8-17

项　目	2009 年度	2008 年度	2007 年度
应收账款周转率(次/年)	6.24	6.57	6.89
存货周转率(次/年)	5.36	4.58	4.66

总体来看,近三年公司的应收账款周转率和存货周转率均保持较高水平,资产运营能力较强。

1.应收账款周转率较稳定

由于产能受限,公司报告期营业收入基本稳定,此外公司也较好地控制了应收账款水平,故公司报告期内应收账款周转率较稳定。

2.存货周转率有所提升

报告期内公司存货周转率稳中有升。公司2009年存货周转率上升主要系公司2008年起加大了向临近的日本、新加坡供应商采购主要原材料聚丙烯树脂的力度,缩短了进货周期,减少了原材料备货量以及公司产品销售良好,半产品及库存商品下降所致。

3.资产周转率指标优于可比上市公司

本公司主要从事聚丙烯电子薄膜的生产和销售,与公司具有一定可比性的上市公司有铜峰电子、法拉电子两家。铜峰电子主要产品是聚丙烯电子薄膜和薄膜电容器,法拉电子主要产品是薄膜电容器和薄膜电容器用金属化膜。

公司与上述两家上市公司的应收账款周转率和存货周转率比较如下:

表8—18

周转率	公司	2009年度	2008年度	2007年度
应收账款周转率(次/年)	铜峰电子	—	4.09	4.41
	法拉电子	—	3.69	3.61
	平均	—	3.88	4.01
	本公司	6.24	6.57	6.89
存货周转率(次/年)	铜峰电子	—	2.75	2.51
	法拉电子	—	3.95	3.68
	平均	—	3.35	3.10
	本公司	5.36	4.58	4.66

公司的存货周转率、应收账款周转率均优于可比上市公司的平均水平,公司整体资产的周转能力较强,资金使用效率较高。

三、报告期盈利能力分析

(一)公司报告期营业收入及主营业务收入变动情况

公司报告期营业收入及主营业务收入变动情况如下表所示:

表8—19

项　目	2007年度	2008年度	2009年度
营业收入	21 928.97	22 381.40	21 408.70
主营业务收入	21 920.18	22 370.53	21 371.26

2007、2008 及 2009 年度,公司营业收入分别为 21 928.97 万元、22 381.40 万元和 21 408.70 万元。2008—2009 年度营业收入分别较上年度增长了 2.06%、—4.35%。2007、2008 及 2009 年度,公司实现主营业务收入 21 920.18 万元、22 370.53 万元和 21 371.26 万元,分别占当期营业收入的 99.96%、99.95% 和 99.83%。2008—2009 年度主营业务收入较上年度分别增长了 2.05%、—4.47%。

公司完成主要固定资产——双向拉伸电子薄膜生产线的购建后,产品质量和稳定性不断提升,逐步得到客户的认可,与主要客户建立起了稳定的供货关系;公司主导产品基膜、金属化膜产销量持续增加,市场占有率不断提升;此外,公司产品结构也不断优化,毛利率较高的金属化膜销售收入占营业收入的比重不断提高。2009 年度,公司基膜及金属化膜的产能利用率分别为 118.69% 和 101.53%,产能的限制制约了公司经营规模的进一步增长。

2008 年下半年起,在主导产品市场需求受国际金融危机影响有所下降的情况下,公司及时采取了加大对优质客户的供货量、开发新客户、开拓新市场等应对措施,使 2009 年度基膜、金属化膜产能利用率分别达到 118.69%、101.53%,产销率分别为 104.04%、98.87%,销量较 2008 年度有所增长。但原材料聚丙烯树脂采购价格的下降(公司 2009 年度,聚丙烯树脂采购均价较 2008 年下降了 27.54%)带动了公司主导产品销售价格的下降(公司 2009 年度基膜、金属化膜产品销售价格分别较 2008 年下降了 8.01%、5.18%),故公司 2009 年度营业收入较 2008 年度略有下降,但公司盈利能力有所增强。

(二)公司报告期内主营业务收入变动的原因

1.下游行业的稳定发展为本公司带来较大发展机遇

电容器用电子薄膜作为薄膜电容器的核心介质材料,其市场需求与薄膜电容器及其下游应用行业的市场需求密切相关。薄膜电容器主要应用于电子、家电、通讯、电力、电气化铁路、混合动力汽车等多个领域,这些行业的稳定发展,推动了薄膜电容器及电容器用电子薄膜市场的增长。根据中国电子元件行业协会行业分析报告数据,在过去的 15 年中,国内电容器用聚丙烯电子薄膜需求量从 6 000 吨/年发展到目前的 5 万吨/年,复合增长率为 8.97%,其中,2007 年达到 4.4 万吨,2008 年受国际金融危机影响国内需求量略有下降至 4.2 万吨,2009 年国内需求量为 5 万吨。中国电子元件行业协会行业分析报告显示,"十一五"期间,国内电容器用聚丙烯电子薄膜的复合增长率将超过 15%,下游行业的快速发展使电容器用聚丙烯电子薄膜的需求迅速增长,也为本公司带来较大的发展机遇。

2.公司产品质量提升和市场拓展提升了公司产品的市场占有率

近年来,公司在巩固现有主要客户的基础上,不断加强开发新市场和优质新客户。公司报告期产品市场占有率呈总体上升趋势,品牌和声誉也进一步巩固。

报告期公司电容器薄膜产品的市场占有率变化情况如下表所示:

表 8-20

项　　目	2009 年度	2008 年度	2007 年度
基膜销售量(吨)	6 174.23	5 625.54	5 742.40
国内市场需求量(吨)	—	42 000.00	44 000.00
国内市场占有率(%)	—	13.40	13.05

此外,通过不断开发优质新客户,公司还可获得以下几方面的优势:①获得稳定的大额订单,使公司可以根据其订单制订原材料采购和生产计划,进一步提高运营效率;②通过与其建立紧密合作关系,不断研发出满足其需求的高附加值新产品;③优质客户的货款回收情况良好,降低了公司运营风险。

3.生产能力扩大是公司主营业务收入增长的有力保障

为满足市场需求,公司不断加强对现有设备、工艺流程的技术改造,并引进金属化膜镀膜设备,不断提升产能利用率和产品附加值,使报告期内主导产品产销量均大幅增加,为公司营业收入的增长奠定了坚实的基础。

公司报告期主导产品的产销量如下表所示:

表 8-21 单位:吨

产品类别	2009 年度		2008 年度		2007 年度	
	产量	销量	产量	销量	产量	销量
基膜	5 934.49	6 174.23	5 789.38	5 625.54	5 633.55	5 742.40
金属化膜	3 045.91	3 011.40	2 728.18	2 799.27	2 892.10	2 814.14

注:产销量中包括对外销售和用于生产金化领量。

表中数据显示,公司主导产品产销量均不断提升。公司基膜产量从 2007 年的 5 633.55 吨增加到 2009 年的 5,934.49 吨,增幅达 5.34%,且已超过公司设计产能 5 000 吨;基膜销量从 2007 年的 5 742.40 吨增加到 2009 年的 6 174.23 吨,增幅达 7.52%。公司金属化膜产量从 2007 年的 2 892.10 吨增加到 2009 年的 3 045.91 吨,增幅达 5.32%;金属化膜销量从 2007 年的 2 814.14 吨增加到 2009 年的 3 011.40 吨,增幅达 7.01%。公司 2009 年度基膜产量为 5 934.49 吨、销量为 6 174.23 吨,金属化膜产量为 3 045.91 吨,销量为 3 011.40 吨。

4.产品结构的提升带动了主营业务收入的增长

报告期内,公司根据市场需求,相应调整产品结构,将部分基膜进行金属化镀膜深加工,增加了附加值高的金属化薄膜产品的对外销售,导致报告期内基膜产品销售收入占主营业务收入比重有所下降,而金属化膜销售收入占主营业务收入比重有所上升:2007、2008 及 2009 年度,公司基膜产品销售收入占同期主营业务收入的比重分别为 41.26%、41.09% 和 39.99%,金属化膜产品销售收入占同期主营业务收入的比重分别为 50.36%、48.29% 和 51.61%。高附加值金属化膜产品销售占比的提高带动了公司主营业务收入的增长。

四、存在的主要风险分析

(一)经营风险

1.主要原材料价格波动的风险

公司的主要产品为电容器用聚丙烯电子薄膜,其主要原材料为聚丙烯树脂。报告期内,公司生产成本中聚丙烯树脂成本所占比重约为 60%～70%,故聚丙烯树脂价格变动是导致公司生产成本和主营业务成本变动的主要因素之一。

聚丙烯树脂是石油衍生产品,其价格变动与石油价格变动有一定的相关性。2008 年 7 月初,布伦特国际原油价格创下了约 147 美元/桶的高点,较 2006 年初的约 60 美元/桶上涨了 145%,2008 年末又迅速回落至 37 美元/桶,并于 2009 年 12 月末回升至 78 美元/桶。受此影响,报告期公司聚丙烯树脂采购价格呈现上涨后回落的趋势,其变动滞后于石油价格,且变动幅度也小于石油价格的变动幅度。报告期内,公司聚丙烯树脂主要来自进口,并以美元作为结算货币。公司 2007、2008 及 2009 年度以美元和人民币计价的聚丙烯树脂采购均价如下表所示:

表 8—22　　　　　　　　　　　　　　　　　　　　　　　单位:万元/吨

项　目	2009 年度	2008 年度	2007 年度
聚丙烯树脂采购均价(人民币计价)	1.00	1.38	1.36
聚丙烯树脂采购均价(美元计价)	0.15	0.20	0.18

因公司主要原材料依赖进口,若其价格受国际原油价格波动影响,将对公司的毛利和利润空间产生影响。

2.主要原材料依赖进口且供应商集中风险

由于技术条件、生产设备及产品质量等方面的原因,目前国内厂家还无法批量生产本公司生产所需的主要原材料——电工级聚丙烯树脂,故国内电容薄膜厂商目前生产所需的聚丙烯树脂基本依赖进口。主要供应商均在境外,延长了本公司原材料的采购周期。

此外,报告期内本公司主要向北欧化工、日本普瑞曼、新加坡 TPC 和大韩油化采购聚丙烯树脂,存在主要原材料供应较为集中的风险。2007 年度,公司向前两大原材料供应商北欧化工、大韩油化采购聚丙烯树脂金额占当期采购总金额的比重为 82.70％；其中,公司向第一大供应商——北欧化工的采购金额占当期采购总金额的比重为 76.37％。2008 年起,为分散原材料采购集中的风险,公司新增日本普瑞曼为原材料供应商,并较多地向其采购聚丙烯树脂。2008 年度,公司向前三大原材料供应商北欧化工、日本普瑞曼和大韩油化采购聚丙烯树脂金额占当期采购总金额的比重分别为 53.08％、12.58％和 7.91％。2009 年度,公司新增新加坡 TPC 为原材料供应商,没有向大韩油化采购聚丙烯树脂,公司向北欧化工、日本普瑞曼和新加坡 TPC 采购聚丙烯树脂金额占当期采购总金额的比重分别为 37.74％、35.96％和 10.05％。若公司与主要供应商的合作关系发生不利变化,或者公司主要供应商的经营或财务状况出现不利变化,有可能导致供应商不能足量、及时供货或提高原材料价格,从而影响公司的产能利用和生产成本。

(二)市场风险

1.下游行业需求变化的风险

2008 年下半年起,受国际金融危机快速蔓延和世界经济增长明显减速的影响,我国经济运行中的困难增加,经济下行压力加大,2009 年 1 季度 GDP 增速下滑至 6.1％。公司下游的电子、家电、电力等行业存在增长放缓的风险,进而对公司聚丙烯电子薄膜产品的销售构成压力。

为抵御国际经济环境变化对我国的不利影响,政府果断实施了积极的财政政策和适度宽松的货币政策,并出台了包括 4 万亿投资计划在内的一系列扩大内需、促进经济增长的政策措施,全力保持经济平稳较快发展。2009 年 3 季度,我国 GDP 增速已回升至 8.9％,国民经济逐步企稳回升对提升公司下游行业的需求起到积极的作用。此外,2008 年 11 月 28 日,财政部、商务部、工业和信息化部联合印发了《关于全国推广家电下乡工作的通知》(财建[2008]862 号),预计向全国推广的家电下乡政策也将有效提升公司聚丙烯薄膜产品的下游需求。

2.下游行业竞争加剧的风险

由于本公司产品主要出售给薄膜电容器制造企业,而薄膜电容器被广泛应用于电子、家电、通讯、电力等整机产品中,上述产品市场竞争的加剧可能导致其市场销售价格不断下降,也将挤压电容器专用电子薄膜的利润空间。若电容器专用电子薄膜价格有所下降,而本公司产品结构优化等措施不足以弥补产品降价的负面影响,则可能影响公司未来的盈利能力。

3.市场竞争的风险

虽然本公司所处行业为资金、技术密集型产业,但属开放性行业,市场化程度较高。随着我国电子、家电、通讯、电力等行业的迅速发展,薄膜电容器的消耗量逐年上升,作为制造薄膜电容器的主要原材料——电容器专用电子薄膜的需求量也将随之增长,将有更多的企业有可能进入本行业,加剧本行业的市场竞争。

(三)募集资金投资项目风险

1.募集资金投资项目的建设风险

本次发行募集资金将投资于"年产 2 500 吨电容器用超薄型耐高温金属化薄膜项目"。该项目的实施符合本公司的发展战略,有利于本公司扩大经营规模、提高经营业绩。虽然上述项目经过了慎重、充分的可行性研究论证,预期将能产生良好的经济效益,但该项目的建设若遇到不可预见因素导致不能按时、按质完工的情况,也将直接影响本公司的盈利水平。此外,该项目的生产线关键设备是从德国等国进口,生产设备及零部件供货的及时性以及汇率的变化均会对本公司的生产和效益造成一定影响。

2.募集资金投资项目的市场风险

募集资金投资项目投产后,公司 6μm 及以下超薄型耐高温金属化膜的产能将有较大增加。根据中国电子元件行业协会数据,6μm 及以下超薄型耐高温金属化膜有较大的市场需求,发展前景广阔。但如果该产品的市场行情发生不可预测的变化或市场竞争加剧,将引致募集资金投资项目不能达到预期收益的风险。

(四)净资产收益率下降的风险

截至 2009 年 12 月 31 日,公司净资产为 20 127.27 万元,2009 年扣除非经常性损益后全面摊薄的净资产收益率为 22.73%。本次发行募集资金到位后,公司净资产规模将在短时间内大幅增长,但募集资金投资项目需要一定的建设期,且项目全部达产需要一定时间。因此,本次发行后公司净资产收益率短期内与以前年度相比将会出现一定的下滑,公司存在净资产收益率下降的风险。

(五)汇率风险

目前该公司的主要原材料基本依赖进口,本次募集资金拟投资项目关键设备也需要进口。募集资金投资项目建成投产后,公司将积极参与国际市场,扩大产品出口。而公司进出口贸易主要以美元为报价和结算货币,因此汇率的波动及国家外汇政策的变化将在一定程度上影响本公司的盈利水平。

该公司本次发行股票为企业新建项目提供了资金支持,如果公司能够认真组织项目实施,使项目尽快投产,将会促进生产规模扩大及设备技术水平的提高,优化产品结构,并配合积极稳妥地实施行业整合、产业链延伸等措施,将会提高公司产品的市场占有率,提升公司的盈利能力和核心竞争力,实现公司的可持续发展。

【思考题】

1.与债券融资比较,发行股票对公司的利弊有哪些?

2.上市发行股票的定价的理论依据有哪些?

3.投资者应如何对上市公司的项目投资进行分析和评价?

第九章
收入确认中的财务迷踪
——四川长虹虚增销售收入案例

教学内容与目标

本章首先介绍了收入的定义、特征,收入的确认,以及收入常见的舞弊手法;其次,介绍了四川长虹十年财务迷踪的基本情况;最后对四川长虹收入造假事件进行分析,并在此基础上对上市公司收入造假的治理提出几点建议。

通过本章的学习,要求学员能够了解收入的特征,掌握收入的确认原则,理解收入常见的舞弊手法,并能够对"四川长虹十年财务迷踪"这一案例进行思考,提出自己的认识和看法。

第一节　知识准备

一、收入概述

(一)收入的定义及特征

收入是指企业在日常活动中形成的、会导致所有者权益增加的、与所有者投入资本无关的经济利益的总流入。其中,日常活动是指企业为完成其经营目标所从事的经常性活动以及与之有关的其他活动。收入具有以下特征:

1.收入是企业日常活动形成的经济利益流入。

2.收入可能表现为资产的增加或负债的减少,或者二者兼而有之。

3.收入必然导致所有者权益的增加。

4.收入不包括所有者向企业投入资本导致的经济利益流入。

5.收入只包括本企业经济利益的流入,不包括为第三方或客户代收的款项。

(二)收入的分类

收入可以有不同的分类。按照企业从事日常活动的性质,可将收入分为销售商品收入、提供劳务收入、让渡资产使用权收入、建造合同收入等。其中,销售商品收入是指企业通过销售商品实现的收入,如工业企业制造并销售产品、商业企业销售商品等实现的收入。提供劳务收入是指企业通过提供劳务实现的收入,如咨询公司提供咨询服务、软件开发企业为客户开发软件、安装公司提供安装服务等实现的收入。让渡资产使用权收入是指企业通过让渡资产使用权实现的收入,如商业银行对外贷款、租赁公司出租资产等实现的收入。建造合同收入是指企业承担建造合同所形成的收入。按照企业从事日常活动在企业的重要性,可将收入分为主营业务收入、其他业务收入等。其中,主营业务收入是指企业为完成其经营目标从事的经常性活动实现的收入。如工业企业制造并销售产品、商业企业销售商品、保险公司签发保单、咨询公司提供咨询服务、软件开发企业为客户开发软件、安装公司提供安装服务、商业银行对外贷款、租赁公司出租资产等实现的收入。这些活动形成的经济利益的总流入构成收入,属于企业的主营业务收入,根据其性质的不同,分别通过"主营业务收入""利息收入""保费收入"等科目进行核算。其他业务收入是指与企业为完成其经营目标所从事的经常性活动相关的活动实现的收入。例如,工业企业对外出售不需用的原材料、对外转让无形资产使用权等。这些活动形成的经济利益的总流入也构成收入,属于企业的其他业务收入,根据其性质的不同,分别通过"其他业务收入"科目核算。

二、收入的确认

(一)销售商品收入的确认

商品包括企业为销售而生产的产品和为转售而购进的商品,如工业企业生产的产品、商业企业购进的商品等,企业销售的其他存货,如原材料、包装物等,也视同企业的商品。

销售商品收入同时满足下列条件的,才能予以确认:(1)企业已将商品所有权上的主要风险和报酬转移给购货方;(2)企业既没有保留通常与所有权相联系的继续管理权,也没有对已售出的商品实施有效控制;(3)收入的金额能够可靠地计量;(4)相关的经济利益很可能流入企业;(5)相关的已发生或将发生的成本能够可靠地计量。具体分述如下:

1.企业已将商品所有权上的主要风险和报酬转移给购货方

企业已将商品所有权上的主要风险和报酬转移给购货方,是指与商品所有权有关的主要风险和报酬同时转移给了购货方。其中,与商品所有权有关的风险,是指商品可能发生减值或毁损等形成的损失;与商品所有权有关的报酬,是指商品价值增值或通过使用商品等形成的经济利益。

判断企业是否已将商品所有权上的主要风险和报酬转移给购货方,应当关注交易的实质,并结合所有权凭证的转移进行判断。如果与商品所有权有关的任何损失均不需要销货方承担,与商品所有权有关的任何经济利益也不归销货方所有,就意味着商品所有权上的主要风险和报酬转移给了购货方。

（1）通常情况下,转移商品所有权凭证并交付实物后,商品所有权上的所有风险和报酬随之转移,如大多数零售商品。

（2）某些情况下,转移商品所有权凭证但未交付实物,商品所有权上的主要风险和报酬随之转移,企业只保留商品所有权上的次要风险和报酬,如交款提货方式销售商品。在这种情形下,应当视同商品所有权上的所有风险和报酬已经转移给购货方。

（3）某些情况下,转移商品所有权凭证或交付实物后商品所有权上的主要风险和报酬并未随之转移。

①企业销售的商品在质量、品种、规格等方面不符合合同或协议要求,又未根据正常的保证条款予以弥补,因而仍负有责任。

②企业销售商品的收入是否能够取得,取决于购买方是否已将商品销售出去。如采用支付手续费方式委托代销商品等。

③企业尚未完成售出商品的安装或检验工作,且安装或检验工作是销售合同或协议的重要组成部分。如需要安装或检验的销售等。

④销售合同或协议中规定了买方由于特定原因有权退货的条款,且企业又不能确定退货的可能性。

2.企业既没有保留通常与所有权相联系的继续管理权,也没有对已售出的商品实施有效控制

通常情况下,企业售出商品后不再保留与商品所有权相联系的继续管理权,也不再对售出商品实施有效控制,商品所有权上的主要风险和报酬已经转移给购货方,通常应在发出商品时确认收入。

3.收入的金额能够可靠地计量

收入的金额能够可靠地计量,是指收入的金额能够合理地估计。如果收入的金额不能够合理地估计,则无法确认收入。通常情况下,企业在销售商品时商品销售价格已经确定,企业应当按照从购货方已收或应收的合同或协议价款确定收入金额。如果销售商品涉及现金折扣、商业折扣、销售折让等因素,还应当在考虑这些因素后确定销售商品收入金额。如果企业从购买方应收的合同或协议价款延期收取具有融资性质,企业应按应收的合同或协议价款的公允价值确定销售商品收入金额。

有时,由于销售商品过程中某些不确定因素的影响,也有可能存在商品销售价格发生变动的情况,如附有销售退回条件的商品销售。如果企业不能合理估计退货的可能性,则无法确定销售商品价格,也就不能合理地估计收入的金额,不应在发出商品时确认收入,而应当在售出商品退货期满、销售商品价格能够可靠计量时确认收入。

企业从购货方已收或应收的合同协议价款不公允的,企业应按公允的交易价格确定收入金额,不公允的价款不应确定为收入金额。

4.相关的经济利益很可能流入企业

相关的经济利益很可能流入企业,是指销售商品价款收回的可能性大于不能收回的可能性,即销售商品价款收回的可能性超过50%。企业在确定销售商品价款收回的可能性时,应当结合以前和买方交往的直接经验、政府有关政策、其他方面取得信息等因素进行分析。企业销售的商品符合合同或协议要求,已将发票账单交付买方,买方承诺付款,通常表明满足本确认条件(相关的经济利益很可能流入企业)。如果企业根据以前与买方交往的直接经验判断买方信誉较差,或销售时得知买方在另一项交易中发生了巨额亏损,资金周转十分困难,或在出口商品时不能肯定进口企业所在国政府是否允许将款项汇出等,就可能会出现与销售商品相关的经济利益不能流入企业的情况,不应确认收入。如果企业判断销售商品收入满足确认条件确认了一笔应收债权,以后由于购货方资金周转困难无法收回该债权时,不应调整原确认的收入,而应对该债权计提坏账准备、确认坏账损失。

5.相关的已发生或将发生的成本能够可靠地计量

通常情况下,销售商品相关的已发生或将发生的成本能够合理地估计,如库存商品的成本、商品运输费用等。如果库存商品是本企业生产的,其生产成本能够可靠计量;如果是外购的,购买成本能够可靠计量。有时,销售商品相关的已发生或将发生的成本不能够合理地估计,此时企业不应确认收入,已收到的价款应确认为负债。

(二)提供劳务收入的确认

1.提供劳务的交易结果能够可靠估计

企业在资产负债日提供劳务交易的结果能够可靠估计的,应当采用完工百分比法确认提供劳务收入。

(1)提供劳务的交易结果能够可靠估计的条件

提供劳务的交易结果能否可靠估计,是指同时满足下列条件:

①收入的金额能够可靠地计量,是指提供劳务收入的总额能够合理地估计。通常情况下,企业应当按照从接受劳务方已收或应收的合同或协议价款确定提供劳务收入总额。随着劳务的不断提供,可能会根据实际情况增加或减少已收或应收的合同或协议价款。此时,企业应及时调整提供劳务收入总额。

②相关的经济利益很可能流入企业,是指提供劳务收入总额收回的可能性大于不能收回的可能性。企业在确定提供劳务收入总额能否收回时,应当结合接受劳务方的信誉、以前的经验以及双方就结算方式和期限达成的合同或协议条款等因素,综合进行判断。

③交易的完工进度能够可靠地确定,是指交易的完工进度能够合理地估计。企业确定提供劳务交易的完工进度,可以选用下列方法:

a.已完工作的测量,这是一种比较专业的测量方法,由专业测量师对已经提供的劳务进行测量,并按一定方法计算确定提供劳务交易的完工程度。

b.已经提供的劳务占应提供劳务总量的比例,这种方法主要以劳务量为标准确定提供劳务交易的完工程度。

　　c.已经发生的成本占估计总成本的比例,这种方法主要以成本为标准确定提供劳务交易的完工程度。只有反映已提供劳务的成本才能包括在已经发生的成本中,只有反映已提供或将提供劳务的成本才能包括在估计总成本中。

　　④交易中已发生和将发生的成本能够可靠地计量,是指交易中已经发生和将要发生的成本能够合理地估计。企业应当建立完善的内部成本核算制度和有效的内部财务预算及报告制度,准确地提供每期发生的成本,并对完成剩余劳务将要发生的成本作出科学、合理的估计。同时应随着劳务的不断提供或外部情况的不断变化,随时对将要发生的成本进行修订。

　　(2)完工百分比法的具体应用

　　完工百分比法,是指按照提供劳务交易的完工进度确认收入和费用的方法。在这种方法下,确认的提供劳务收入金额能够提供各个会计期间关于提供劳务交易及其业绩的有用信息。

　　企业应当在资产负债表日按照提供劳务收入总额乘以完工进度扣除以前会计期间累计已确认提供劳务收入后的金额,确认当期提供劳务收入;同时,按照提供劳务估计总成本乘以完工进度扣除以前会计期间累计已确认劳务成本后的金额,结转当期劳务成本。用公式表示如下:

　　本期确认的收入＝劳务总收入×本期末止劳务的完工进度－以前期间已确认的收入

　　本期确认的费用＝劳务总成本×本期末止劳务的完工进度－以前期间已确认的费用

　　在采用完工百分比法确认提供劳务收入的情况下,企业应按计算确定的提供劳务收入金额,借记“应收账款”“银行存款”等科目,贷记“主营业务收入”科目。结转提供劳务成本时,借记“主营业务成本”科目,贷记“劳务成本”科目。

　　2.提供劳务交易结果不能可靠估计

　　企业在资产负债表日提供劳务交易结果不能够可靠估计的,即不能满足上述四个条件中的任何一条时,企业不能采用完工百分比法确认提供劳务收入。此时,企业应正确预计已经发生的劳务成本能够得到补偿和不能得到补偿,分别进行会计处理:(1)已经发生的劳务成本预计能够得到补偿的,应按已收或预计能够收回的金额确认提供劳务收入,并结转已经发生的劳务成本。(2)已经发生的劳务成本预计全部不能得到补偿的,应将已经发生的劳务成本计入当期损益,不确认提供劳务收入。

　　3.同时销售商品和提供劳务交易

　　企业与其他企业签订的合同或协议,有时既包括销售商品又包括提供劳务,如销售电梯的同时负责安装工作、销售软件后继续提供技术支持、设计产品同时负责生产等。此时,如果销售商品部分和提供劳务部分能够区分且能够单独计量的,企业应当分别核算销售商品部分和提供劳务部分,将销售商品的部分作为销售商品处理,将提供劳务的部分作为提供劳务处理;如果销售商品部分和提供劳务部分不能够区分,或虽能区分但不能够单独计量的,企业应当将销售商品部分和提供劳务部分全部作为销售商品部分进行会计处理。

4.其他特殊劳务收入

下列提供劳务满足收入确认条件的,应按规定确认收入:

(1)安装费,在资产负债表日根据安装的完工进度确认为收入。安装工作是商品销售附带条件的,安装费通常应在确认商品销售实现时确认为收入。

(2)宣传媒介的收费,在相关的广告或商业行为开始出现于公众面前时确认为收入。广告的制作费,通常应在资产负债表日根据广告的完工进度确认为收入。

(3)为特定客户开发软件的收费,在资产负债表日根据开发的完工进度确认为收入。

(4)包括在商品售价内可区分的服务费,在提供服务的期间内分期确认为收入。

(5)艺术表演、招待宴会和其他特殊活动的收费,在相关活动发生时确认为收入。收费涉及几项活动的,预收的款项应合理分配给每项活动,分别确认为收入。

(6)申请入会费和会员费只允许取得会籍,所有其他服务或商品都要另行收费的,通常应在款项收回不存在重大不确定性时确认为收入。申请入会费和会员费能使会员在会员期内得到各种服务或出版物,或者以低于非会员的价格销售商品或提供服务的,通常应在整个受益期内分期确认为收入。

(7)属于提供设备和其他有形资产的特许权费,通常应在交付资产或转移资产所有权时确认为收入;属于提供初始及后续服务的特许权费,通常应在提供服务时确认为收入。

(8)长期收费,长期为客户提供重复的劳务收取的劳务费,在相关劳务活动发生时确认收入。

(三)让渡资产使用权收入的确认

让渡资产使用权收入主要包括:(1)利息收入,主要是指金融企业对外贷款形成的利息收入,以及同业之间发生往来形成的利息收入等。(2)使用费收入,主要是指企业转让无形资产(如商标权、专利权、专营权、软件、版权)等资产的使用权形成的使用费收入。

企业对外出租资产收取的租金、进行债权投资收取的利息、进行股权投资取得的现金股利,也构成让渡资产使用权收入。有关的会计处理,请参照有关租赁、金融工具确认和计量、长期股权投资等内容。

让渡资产使用权收入同时满足下列条件的,才能予以确认:

1.相关的经济利益很可能流入企业

相关的经济利益很可能流入企业,是指让渡资产使用权收入金额收回的可能性大于不能收回的可能性。企业在确定让渡资产使用权收入金额能否收回时,应当根据对方企业的信誉和生产经营情况、双方就结算方式和期限等达成的合同或协议条款等因素,综合进行判断。如果企业估计让渡资产使用权收入金额收回的可能性不大,就不应确认收入。

2.收入的金额能够可靠地计量

收入的金额能够可靠地计量,是指让渡资产使用权收入的金额能够合理地估计。如果让渡资产使用权收入的金额不能够合理地估计,则不应确认收入。

(四)建造合同收入的确认

1.建造合同概述

建筑安装企业和生产飞机、船舶、大型机械设备等产品的工业制造企业,其生产活动、经营方式不同于一般工商企业,有其特殊性:(1)这类企业所建造或生产的产品通常体积巨大,如建造的房屋、道路、桥梁、水坝等,或生产的飞机、船舶、大型机械设备等;(2)建造或生产产品的周期比较长,往往跨越一个或几个会计期间;(3)所建造或生产的产品的价值比较大。因此,在现实经济生活中,这类企业在开始建造或生产产品之前,通常要与产品的需求方(即客户)签订建造合同。建造合同是指为建造一项或数项在设计、技术、功能、最终用途等方面密切相关的资产而订立的合同。合同的甲方称为客户,乙方称为建造承包商。

建造合同分为固定造价合同和成本加成合同。

固定造价合同,是指按照固定的合同价或固定单价确定工程价款的建造合同。例如:建造一座办公楼,合同规定总造价为 3000 万元;建造一条公路,合同规定每公里单价为 400 万元。

成本加成合同,是指以合同约定或其他方式议定的成本为基础,加上该成本的一定比例或定额费用确定工程价款的建造合同。

2.合同的分立与合并

企业通常应当按照单项建造合同进行会计处理。但是,在某些情况下,为了反映一项或一组合同的实质,需要将单项合同进行分立或将数项合同进行合并。

(1)合同分立

资产建造有时虽然形式上只签订了一项合同,但其中各项资产在商务谈判、设计施工、价款结算等方面都是可以相互分离的,实质上是多项合同,在会计上应当作为不同的核算对象。

一项包括建造数项资产的建造合同,同时满足下列条件的,每项资产应当分立为单项合同:①每项资产均有独立的建造计划;②与客户就每项资产单独进行谈判,双方能够接受或拒绝与每项资产有关的合同条款;③每项资产的收入和成本可以单独辨认。

(2)合同合并

有的资产建造虽然形式上签订了多项合同,但各项资产在设计、技术、功能、最终用途上是密不可分的,实质上是一项合同,在会计上应当作为一个核算对象。

一组合同无论对应单个客户还是多个客户,同时满足下列条件时,应当合并为单项合同:①该组合同按一揽子交易签订;②该组合同密切相关,每项合同实际上已构成一项综合利润率工程的组成部分;③该组合同同时或依次履行。

(3)追加资产的建造

追加资产的建造,满足下列条件之一的,应当作为单项合同:①该追加资产在设计、技术或功能上与原合同包括的一项或数项资产存在重大差异;②议定该追加资产的造价时,不需要考虑原合同价款。

3.合同收入与合同成本

(1)合同收入的组成

合同收入包括两部分内容:①合同规定的初始收入。即建造承包商与客户签订的合同中最初商定的合同总金额,它构成了合同收入的基本内容。②因合同变更、索赔、奖励等形成的收入。

(2)合同成本的组成

合同成本是指为建造某项合同而发生的相关费用,合同成本包括从合同签订开始至合同完成止所发生的、与执行合同有关的直接费用和间接费用。这里所说的"直接费用"是指为完成合同所发生的、可以直接计入合同成本核算对象的各项费用支出;"间接费用"是指为完成合同所发生的、不宜直接归属于合同成本核算对象,而应分配计入有关合同成本核算对象的各项费用支出。

4.合同收入与合同费用的确认

合同收入与合同费用确认的基本原则是:(1)如果建造合同的结果能够可靠估计,企业应根据完工百分比法在资产负债表日确认合同收入和合同费用。(2)如果建造合同的结果不能够可靠估计,应分两种情况进行处理:合同成本能够收回的,合同收入根据能够收回的实际合同成本金额予以确认,合同成本在其发生的当期确认为合同费用;合同成本不可能收回的,应在发生时立即确认为合同费用,不确认合同收入。

合同预计总成本超过合同总收入的,应当将预计损失确认为当期费用。

5.房地产建造协议收入的确认

企业自行建造或通过分包商建造房地产,应当根据房地产建造协议条款和实际情况,判断确认收入应适用的会计准则。房地产购买方在建造工程开始前能够规定房地产设计的主要结构要素,或者能够在建造过程中决定主要结构变动的,房地产建造协议符合建造合同定义,企业应当遵循建造合同准则确认收入;房地产购买方影响房地产设计的能力有限(如仅能对基本设计方案做微小变动)的,企业应当遵循收入准则中有关商品销售收入的原则确认收入。

三、收入常见的舞弊手法

《企业会计准则第 14 号——收入》规定了收入确认的条件,必须同时满足才可以确认。可见,收入业务的会计处理是相当复杂的。企业为了达到"增收"或"逃税"等目的,常常会在收入账务处理上采用各种非法、非正规的手段来粉饰其经营业绩,从而谋求不正当的利益。虽然花样百出,但也有迹可寻。主要表现形式如下:

(一)随意调整入账时间,提前或延后确认收入

按照新会计准则的会计基本假设,任何公司或企业进行会计确认、计量和报告时,要以会计分期假设为前提,合理确定各会计要素的归属期,这就涉及企业收入如何按期予以确认的问题。在实际中,很多企业为了调节各个会计期间的经营业绩,不按照会计分期假设的规定合理确定收入的确认期间,提前或滞后确认销售收入,以达到"增收"或"逃税"的目的。提前确认收入的情况如:一是在存有重大不确定性时确定收入;二是完工百分比法的不适当运用;三是在仍需提供未来服务时确认收入;四是提前开具销售发票,以美化业绩。在房地产和高新技术行业,提前确认收入的现象非常普遍。如房地产企业,往往将预收账款作销售收入,滥用完工百分比法等。以工程收入为例,按规定工程收入应按进度确认收入,多确认工程进度将导致多确认利润。延后确认收入,也称递延收入,是将应由本期确认的收入递延到未来期间确认。与提前确认收入一样,延后确认收入也是企业盈余管理的一种手法。这种手法一般在企业当前收益较为充裕,而未来收益预计可能减少的情况下时有发生。

(二)入账金额不真实,虚构或少计收入

1.虚构收入

这是最严重的财务造假行为,有几种做法:一是白条出库,作销售入账;二是对开发票,确认收入;三是虚开发票,确认收入;四是虚构客户,进行虚假交易,虚增收入。这些手法明显是违法的,但有些手法从形式上看合法,但实质是非法的,这种情况非常普遍。如上市公司利用子公司按市场价销售给第三方,确认该子公司销售收入,再由另一公司从第三方手中购回,这种做法避免了集团内部交易必须抵消的约束,确保了在合并报表中确认收入和利润,达到了操纵收入的目的。此外,还有一些利用阴阳合同虚构收入,如公开合同上注明货款是 10 万,但秘密合同上约定实际货款为 15 万元,另外 5 万元虚挂,这样虚增了 5 万元的收入,这在关联交易中非常普遍。

2.隐匿收入

新会计准则第 14 号具体准则规定:预收款方式销售商品,指购买方在商品尚未收到前按合同或协议约定分期付款,销售方直到收到最后一笔款项时才交货的销售方式。在这种方式下,企业直到收到最后一笔款项才将商品交付购买方,表明商品所有权上的主要风险和报酬转移给购货方,此时通常可以确认为收入,在此之前预收的货款应确认为一项负债。但某些企业通常在预收购货单位的货款并向购货单位发出商品时,为了调整利润,直接将其记入"发出商品",结转发出商品的成本,而不确认收入,以达到"逃税"的目的。企业为了逃税,在发出商品,收到货款,

但发票尚未给购货方的情况下,将发票联单独存放,而作为应付款下账。如某企业销售一台电脑,购货方提走电脑,并将货款 5000 元已付给了销货方,但未索取发票联。企业并不知道购货方何时来取发票联,便将开具的价为 5000 元的发票隐藏起来不做账,从而影响了当期损益。

财务制度规定企业向购货单位预收货款后,应当在发出产品时,作实现销售的账务处理。但企业通常在预收购货单位的货款,向购货单位发出商品时,为了调整当期损益,直接记入"分期收款发出商品"而不记入"产品销售收入"。从而偷逃税金,转移了利润。

（三）对有附加条件的发运产品全额确认销售收入

通常,产品发运是确认公司已将商品所有权上的主要风险和报酬转移给购货方的最直观的标志之一,但产品发出并不意味着收入能够确认。例如公司将商品销售给购货方的同时,赋予其一定的销售退货权,此时,尽管商品已经发出,但与交易相关的经济利益未必能全部流入公司,只能将估计不能发生退货的部分确认为收入,但公司为了增加业绩却全额确认收入。

（四）在资产控制存在重大不确定性的情况下确认收入

一般而言,公司只有让渡资产的所有权,才有取得索取该项资产价款的可能。也就是说,如果公司将资产转移给购货方,却仍然保留与该资产所有权相联系的继续管理权,则不能确认该项收入。例如公司出售房屋、土地使用权、股权等交易中,如果相关资产未办理交接过户手续,则相关收入不能确认,但许多公司在相关资产控制存在重大不确定性的情况下确认了收入。

（五）制造非经常性损益事项

非经常性损益是指公司正常经营损益之外的、一次性或偶发性损益,例如资产处置损益、临时性获得的补贴收入等。非经常性损益虽然也是公司利润总额的一个组成部分,但由于它不具备长期性和稳定性,因而对利润的影响是暂时的。非经常性损益项目的特殊性质,为公司管理盈余提供了机会。特别应关注的是,有些非经常性损益本身就是虚列的。

（六）其他舞弊手法

销售给控股股东和非控股子公司,虽然并未对外实现销售,但上市公司自身已合法地实现了销售。在不同控股程度子公司间安排销售,变更收入确认方式,利用虚假的资本运作扩大合并会计报表范围而增加销售收入等。

第二节　四川长虹虚增销售收入案例

一、背景资料

（一）公司简介

四川长虹,全称四川长虹电器股份有限公司。总部地处中国绵阳,与联想电脑、阿里巴巴网络、万科的房地产、海尔、TCL 电器等都是行业的顶级品牌,也是中国最具价值品牌之一。

长虹始创于 1958 年,公司前身国营长虹机器厂是我国"一五"期间的 156 项重点工程之一,是当时国内唯一的机载火控雷达生产基地。1988 年经绵阳市人民政府【绵府发(1988)33 号】批准进行股份制企业改革试点而设立的股份有限公司,同年原人民银行绵阳市分行【绵人行金(1988)字第 47 号】批准该公司向社会公开发行了个人股股票。1993 年该公司按《股份有限公司规范意见》等有关规定进行规范后,国家体改委【体改生(1993)54 号】批准该公司继续进行规范化的股份制企业试点。1994 年 3 月 11 日,经中国证监会【证监发审字(1994)7 号】批准,该公司的社会公众股 4,997.37 万股在上海证券交易所上市流通,股票代码 600 839;公司注册地:四川省绵阳市高新区绵兴东路 35 号;法定代表人:倪润峰,1998 年由赵勇接任。1992 年该公司在全国同行业中首次突破彩电生产百万台大关。1995 年 8 月,第 50 届国际统计大会授予该公司"中国最大彩电生产基地"和"中国彩电大王"殊荣;龙头产品"长虹"牌系列彩电荣获国家权威机构对电视机颁发的所有荣誉。1996 年,该公司进入全国 300 家重点扶持企业之列,同年,长虹技术中心被列为国家级重点技术中心。1997 年 4 月 9 日,长虹品牌荣获"驰名商标证书"。1997 年 8 月,国家经贸委确定该公司为全国六家技术创新试点企业之一。1999 年 3 月 8 日,四川省科学技术委员会换发了该公司高新技术企业证书,统一编号为 QN—98001M。

2006 年品牌价值已跃升至 437.55 亿元。目前,长虹已在中国 30 多个省市区成立了 200 余个营销分支机构,拥有遍及全国的 30 000 余个营销网络和 8 000 余个服务网点。在广东、江苏、吉林、安徽等地区建立了数字工业园区,在深圳、上海、成都等地设立了创研中心。同时在美洲、澳洲、东南亚、欧洲设立了子公司,在美国、法国、俄罗斯等 10 多个国家和地区开设了商务中心,经贸往来遍及全球 100 多个国家和地区。

(二)经营范围

四川长虹主营业务包括:家用电器、电子产品及零配件、通信设备、计算机及其他电子设备、电子电工机械专用设备、电器机械及器材、电池系列产品、电子医疗产品、电力设备、数字监控产品、金属制品、仪器仪表、文化及办公用机械、文教体育用品、家具、橱柜及燃气具的制造、销售与维修;房屋及设备租赁;包装产品及技术服务;公路运输,仓储及装卸搬运;电子商务;软件开发、销售与服务;企业管理咨询与服务;高科技项目投资及国家允许的其他投资业务;房地产开发经营;废弃电器电子产品回收及处理等。

(三)深陷财务造假门

四川长虹曾经一度是中国彩电大王,然而从数年前开始,长虹就陆续爆出财务丑闻。2003 年 3 月 5 日《深圳商报》披露了长虹在美国遭遇巨额诈骗的消息:长虹

2002 年出口彩电近 400 万台,其中有 300 多万台是由美国 APEX 公司代理出口的,这家公司拖欠了长虹的货款,使长虹彩电数亿美元可能无法追回。四川长虹立即给予否认,称"传长虹在美国遭巨额诈骗"纯属捏造,当时有人质疑长虹外销急剧增长和应收账款急剧增长的背后存在"提前确认收入"可能。2003 年 3 月 25 日,四川长虹公布 2002 年年报显示,长虹实现收入 125.9 亿元,实现净利 1.76 亿元,但经营性现金流为−29.7 亿元,这是自要求编制现金流量表以来(1998 年),长虹经营性现金流首次出现负数。长虹的这份年报披露了这样的一个事实:截至 2002 年底,长虹应收账款仍高达 42.2 亿元,其中 APEX 公司欠 38.3 亿元(4.6 亿美元)。事实上,审计意见及会计报表附注都没有完全揭示 APEX 风险,长虹巨亏预告后,股价几度跌停,投资者损失惨重。

长虹 2008 年年报披露存在漏洞,披露的成本、费用存在差异约 155 亿元,长虹 2008 年可能存在同时虚增营业收入和成本、费用上百亿元。律师提供的一份材料中指出,长虹 2008 年年报(合并)中披露的营业成本(2 304 652.63 万元)、销售费用(298 553.91 万元)、管理费用(114 800.62 万元),计算得出三项合计为 2 718 007.16 万元,但通过年报披露的采购金额等信息分析计算,上述三项费用合计金额约为 1 166 326.47 万元,中间存在大约 155 亿元的差距。两位律师指出,这可能是长虹 2008 年隐瞒约 155 亿元的利润,但可能性较小;另一种可能则是四川长虹 2008 年存在同时虚增营业收入和成本、费用上百亿元。

2010 年 2 月 25 日,媒体刊出《被指虚增销售收入 50 亿,四川长虹 10 年财务迷踪》一文,所谓的长虹"财务门"事件由此开始闹得沸沸扬扬。长虹前员工范德均实名举报长虹公司虚报销售收入 50 亿,而在其之前,亦有多位专家对四川长虹财务报表真实性提出质疑。

二、四川长虹收入造假方法

(一)提前确认收入

自 2001 年以来,长虹应收账款余额直线上升。与此同时,主营收入在 2002 年虽有起色,但远远不如应收账款增长的快。长虹 2002 年收入和利润增长主要得益于出口收入的猛增,据长虹执行副总裁李克兴称,2002 年出口开始迅猛增长,从 2001 年的 1.04 亿美元猛增到 7.8 亿美元。对于应收账款余额增长过快的问题,长虹电子集团董事长兼总经理倪润峰作出这样的解释:长虹是 2001 年开始与 APEX 合作的。他坦承现在由 APEX 中介出口的资金确实有四成没有收回,但按惯例,与海外中介企业合作,一般会有二至六个月的还款期,APEX 尚未偿还的四成资金中绝大部分仍未超过信用付款期限,而且还有支票担保。而 2003 年 3 月 25 日,四川长虹公布 2002 年年报显示,长虹实现收入 125.9 亿元,实现净利 1.76 亿元,但经营性现金流为−29.7 亿元,这是自要求编制现金流量表以来(1998 年),长虹经营性现金流首次出现负数。长虹的这份年报披露了这样的一个事实:截至 2002 年底,长虹应收账款仍高达 42.2 亿元,其中 APEX 公司欠 38.3 亿元(4.6 亿美元),占应收账款总额的 96.4%。

这一事实表明长虹计入财务报表的利润中有很大一部分是未确认的收入,也就是应收账款。提前确认的收入不一定能在将来实现,这样是有很大风险的,也就构成了账实不符。

(二)伪造商业承兑汇票

从 1992 年起长虹就要求旗下经销商不得以商业承兑汇票进行结算。有举报材料称,1998 年四川长虹的财务报表显示,该年度应收商业承兑汇票 71 份,共计 22.5 亿元,均为四川长虹作假的结果。在 1998 年四川长虹财务报表大额应收票据列示表中,高达 4.658 亿元的上海英达商业公司商业承兑汇票,事实上是上海英达商业公司应四川长虹要求开具,但是上海英达没有提过货,也没有销售和入库,也不是预付款,公司多次向四川长虹讨要未果,也没有给出不予归还的解释。此外,在四川长虹 1998 年的财务报表中,显示其对重庆百货大楼 1998 年末的应收票据为 6.658 亿元。而在当年重庆百货大楼自己的财务报表中,应付票据仅为 9494 万元。两家上市公司的财务数据完全不相符。长虹通过虚增商业承兑汇票的方式虚增了其销售收入。

事实证明:四川长虹多次通过几个大的代理商通过虚假提货和虚假财务记账的方式将销售收入虚增了数十亿元。

(三)重复计算旺季销售收入

四川长虹 1997 年度销售收入账务截止日期实际为 1998 年 1 月 31 日,将 1998 年 1 月 1 日到 1 月 31 日春节销售旺季近 20 亿元的销售收入计算到了 1997 年度,这 20 亿元彩电销售增值税发票的票面开票日期均为 1997 年 12 月 31 日。但是这部分销售收入在 1998 年度以变通的方式再度被计入年报。四川长虹 1998 年度财务报表显示,会计年度为公历 1998 年 1 月 1 日至 12 月 31 日。但据举报材料称,1998 年长虹再次如法炮制,将 1999 年 1 月的部分销售收入计入 1998 年年报。湖南邵东工业品集团公司在国家某行政机关处备案的《长虹公司 98 返利及代理费结算表》显示,四川长虹 1998 年的会计年度截至 1999 年 1 月 10 日。这样一来,原本的收入被重复计入财务报表,自然导致销售收入和利润上升。

1998 年,先是"济南罢售",后是特大洪水和垄断国产彩管事件,受此影响,销售情况并不好。根据掌握的销售数据显示,1998 年 2 月 1 日到 1998 年 6 月 30 日,长虹的彩电销售收入不到 30 亿元。但是,长虹 1998 年半年报却显示,主营业务收入为 51.6 亿元。

第三节 案例分析

曾经,四川长虹成为证券市场的神话。"深市看发展,沪市看长虹",投资者判断大势唯四川长虹马首是瞻。现在,四川长虹深陷财务造假门,经营业绩下降,长虹神话成为历史。对于上市公司来说,财务造假是颇有风险之事,四川长虹为何要虚增销售收入呢?

一、四川长虹收入造假的动因

(一)增资配股,募集资金

从长虹历年的年报可以看到,长虹从1994年至2005年,其资金来源主要依靠股票融资,通过2000年之前的三次配股,长虹总共募集资金45.576亿元。举报人范德均称,1999年四川长虹根本不具备配股资格。他说,扣除商业承兑汇票的22.5亿元,以及已经被计入1997年年报的20多亿元的1月旺季销售额,四川长虹1998年度的主营业务利润不会超过21亿元。长虹造假的直接动机就是为了获得1999年的配股资格。

(二)经营战略失误,掩盖真相

上市之初的好景并没有持续太长。从1998年开始,彩电价格战愈演愈烈,使得彩电业的利润很快被稀释掉,而且市场上彩电已出现了供大于求的局面。此时四川长虹的经营业绩开始直线下降,1998年、1999年、2000年的净利润分别为20亿元、5.3亿元、2.7亿元。

为遏制经营业绩的下滑以及由此而带来的长虹股价的下跌,长虹进行多元化经营与国际经营模式接轨,并同时加大了兼并重组、资本运作的力度,先后成立了一些子公司:1997年5月7日,吉林长虹正式成立;1997年7月12日,长虹全面收购五洲电源厂;1997年9月4日,江苏长虹正式成立;1998年5月18日,上海长虹大厦落成;2002年1月16日,广东长虹正式成立。主要经营的产品也从原先的视频产品、视听产品扩展到空调产品、电池系列产品、网络产品、激光读写系列产品、卫星电视广播地面接收设备、摄录一体机、电子医疗产品、电力设备、安防技术产品,机械产品、数码相机、通讯及计算机产品的制造、销售、公路运输,包装产品及技术服务,电子产品及零配件的销售,电子商务,高科技风险投资。2001年2月,倪润峰数次赴美考察后,四川长虹与当时在美国有一定影响的APEX公司进行了商谈。从2001年7月,一车车的彩电自长虹发出去,由APEX公司在美国直接提货。然而奇怪的事情发生了,彩电出去了,货款却未到。

长虹的多元化战略基本没有什么效果,并使长虹背上了许多额外的包袱。海外扩张遭遇了"APEX陷阱",导致巨额亏损。如果四川长虹不在报表上做手脚虚增巨额收入,那么其急剧衰退的信息一旦通过报表被披露,那么其股价必定继续大跌,长虹的市值会急剧缩水并且有着退市或者破产的风险,因此这也是长虹造假的一大动机。

(三)公司内部控制体系不健全

2001年,急于通过国际市场做大销售额的四川长虹,携手当时在美国名不见经传的APEX,把自己的彩电和DVD大规模地打入了美国的百思买等家电连锁店和沃尔玛等大型超市。APEX 公司总是以质量或货未收到为借口,拒付或拖欠货款。而按照出口合同,接货后 90 天内 APEX 公司就应该付款,否则长虹方面就有权拒绝发货。然而,四川长虹一方面提出对账的要求,一方面继续发货,2004 年初,四川长虹又发出了 3000 多万美元的货给 APEX。

在四川长虹决定到海外拓展市场的当时,如果公司内部有一套完善的内控制度,信用管理部门确定赊销授信额度和进行资信调查,财务部门对应收账款进行分析管理,内部审计发挥其监督作用,那么也许就不会选择 APEX 公司,至少不至于陷入应收账款的巨额黑洞中。长虹业绩严重下降,为收入造假提供了借口。

（四）外部监管不力

自 2001 年以来,长虹应收账款余额直线上升。与此同时,主营收入在 2002 年虽有起色,但远远不如应收账款增长的快。注册会计师仍对长虹 2002 年报盈利 1.76 亿元发表了标准无保留意见,2003 年报盈利 2.42 亿元发表了带强调的无保留意见（强调两个事项,一个是南方证券委托理财,一个是反倾销裁决）。尽管对 APEX 欠款余额两年来都做了披露,但事实上,审计意见及会计报表附注都没有完全揭示 APEX 风险,长虹巨亏预告后,股价几度跌停,投资者损失惨重。会计师事务所的审计责任履行失败。同时,长虹财务造假跨度十年,绵阳国税、证券监督管理部门等都没有发现？这些都说明外部监管不力是长虹收入造假得逞的一个重要原因。

二、收入造假的治理建议

治理上市公司的收入造假行为,并非一蹴而就之事,而是一场持久战。长虹的案例只是冰山一角,在看不见的角落里,或许还有更多的舞弊事件。由此可见,提高上市公司内部治理水平,维护市场诚信,加强对上市公司的财务监督审查都是势在必行的。唯有外部治理体制和市场环境得到重大变革和改善才能让市场迎来一个真实合法的新局面。

（一）完善上市公司内部治理机制

我国上市公司的内部治理结构包括股东大会、董事会和监事会在内的公司内部参与者之间的权力制衡的一整套体制。通过它来协调投资者、股东、债权人、职工和政府等利益相关者之间的关系。特别是随着企业经营权与所有权的分离以及现代企业制度的建立,有效公司内部治理结构显得更加重要。

虽然近年来我国上市公司得到了快速发展,但是在快速发展中却忽略了内部治理的重要性。股东大会流于形式、董事会滥用职权、监事会形同虚设等现状都意味着完善我国上市公司内部治理结构刻不容缓。

具体来说:首先,完善股东大会内部治理机制。以公众持股和法人为主的股权结构代替"一股独大"的股权结构,这样不仅能够有效降低财务舞弊发生的概率,更有利于股权结构的优化配置。此外,完善上市公司股东大会投票制度建设实行累积投票制度、推行网络投票制度、推行投票表决权限制机制。其次,完善董事会内部治理机制。主要是引进独立董事并强化独立董事的职责。完善独立董事机制一方面可以规范大股东的行为,保持董事会相对独立性;另一方面也可以实现董事会对经理们的制衡,以此来防范财务舞弊的发生。再次,完善监事会内部治理机制。可以从下面三方面着手:完善监事选任制度,对监事的任命程序、人员构成和任职资格等做出明确细致的规定,用以防止大股东直接任命监事;保持监事会的独立性,可以通过引入外部监事并增加外部监事的比例、赋予监事会更大的权力、与董事会完全独立运行等来实现其监督作用。为了使监事会的监督作用得到真正的发挥,监督人必须独立于被监督人,不断提升监事会成员的素质水平。最后,完善公司内部控制体系。2009 年 7 月 1 日开始在我国上市公司中实施企业内部控制基本规范。虽然这个规范使我国内部控制制度相当完善,但是在这个基础上,还要做好下面几项工作:第一,加强"人"的控制,使控制工作落到实处。第二,建立有效的沟通体系,提高内部控制的效率。第三,建立完善的内部控制评价制度,采取"胡萝卜加大棒"的奖惩机制。

(二)强化上市公司外部治理机制

我国上市公司外部治理结构存在的目的就是建立一个完善、有效的监管体制。主要从以下几个方面做起:

首先,完善注册会计师独立性建设。为了保证其能真正发挥监督作用,应该从强化注册会计师审计的独立性以及强化注册会计师法制建设两个方面入手。其次,完善信息披露制度。上市公司信息披露的制度建设应该从两个方面去完善:信息披露准则的制定以及信息披露规则体系的完善。第三,完善相关法律法规体系。遏制财务舞弊最直接和有效的手段就是加大对舞弊者法律责任的追究。提高造假成本,严肃惩治造假团体,尽快完善相关法律法规制度,维护投资者的利益。尽快强化我国法务会计师的培养,法务会计师是既精通会计又精通法律的人,他们熟练掌握法律知识,且能熟练运用会计专业知识,所以培养法务会计师对识别财务舞弊具有非常重要的意义。第四,强化证监会的监管职能。完善证券市场的监管机制建设,借鉴现有法律法规,建立一个职责分明、纵横一体的系统;监管部门能够充分利用信息技术和高科技产品,改进监控技术手段,提高监管效率;监管部门要加大舞弊惩罚力度,使财务舞弊者所付出的成本大于可能获得的收益,这样才可以有效地防止财务舞弊行为的发生。第五,加强政府的监管职能。政府处罚到位、监管措施得当以及执行有力对舞弊行为主体违规获利的追求将起到有效遏制的作用,致使其认为与利益相伴的潜在风险过大,而不敢铤而走险。随着互联网的普及,政府部门可以通过建立专门网站来查询虚假信息,通过互联网让企业以及社会公众可随时查询曾经提供虚假财务信息的企业以及相关人员,以此增加财务人员、企业所有者和管理者的违规成本和违规名誉风险。

(三)大力开展综合治理

第一,加强会计诚信文化建设。营造崇尚道德的社会环境,需要舆论的作用,需要道德水平的提高。可以通过开展企业诚信培训等在企业中创造诚信至上的良好氛围,树立"诚信第一"的理念;通过对企业管理者诚信价值观的强化,对财务舞弊观念的弱化,提高企业管理者的诚信文化素质;尽快完善现代企业组织的诚信奖惩制度,尽可能使奖惩制度标准化、科学化、合理化,以便对企业员工和高管人员的诚信或不诚信行为及时进行奖惩;建立一整套诚信激励机制,最好不要从惩处违法违规方面进行负面教育,而应该从正面对诚信行为进行奖赏、激励;奖惩措施,应落实到岗位分派、用工选择、职务任免、薪酬分配、级别升降等具体环节之中,对违反企业诚信或给企业形象、信誉造成损害的行为给予惩罚,而对维护企业诚信的行为给予奖励。

第二,增强投资者的投资判别水平。首先,提高投资者的自身素质。投资者要了解证券市场基础知识,树立正确的投资理念。而且当自身的利益受到损害时,要懂得用法律的手段保护自己,增强法律意识。其次,要加强投资教育培训,并调动投资者参与教育的积极性,这样才能保证投资活动的顺利进行。长期性的投资教育培训可以培养出专业化的投资者,也有利于我国证券市场的国际化。最后,要为投资者创造良好的投资环境。为了改善"一股独大"的局面,必须认可中小投资者的法律地位,而且不断降低他们行使权利的成本,这样当中小投资者的权益受到侵害时,他们才能承担得起这种成本。

第三,建立财务舞弊风险准备金制度。所谓财务舞弊风险准备金制度是指证监会指定特定的银行机构,将上市公司高层管理人员实际年收入的一定比例和会计师事务所年审计收入的一定比例存入该银行的特定账户,由证监会监督银行统一管理,专款专用,在一定时间内若该上市公司和会计师事务所均没有发生财务舞弊则应按活期存款还本付息,一旦发生了财务舞弊则利用该账户补偿中小投资者的损失。建立完善的财务舞弊风险准备金制度需要法律法规的约束,这正是目前所欠缺的,所以实施起来比较困难。但是单从准备金的提取上来说,准备金来源有高级管理人员的工资、会计师事务所审计收入。在提取的时候"一定比例"很难确定,在美国高级管理人员负担的比例为5%—10%,我国也应该以这个比例为基础进行适当地调整。

【思考题】

1.收入造假中,会计人员扮演什么样的角色?

2.通过四川长虹收入造假案,你有哪些启示?

3.收入造假治理中,内部治理与外部治理哪个更重要?

第十章

费用资本化增厚业绩
——大族激光研发费用资本化案例

教学内容与目标

本章简述了费用概念及与支出之间的区别;介绍新企业会计准则关于研发支出会计处理的内容,及对企业利润的影响。在本章案例部分以大族激光 2007 年年报资料为线索,分析了该公司在 2007 年实施新企业会计准则后,研发支出会计处理的变化对企业财务状况和经营成果的影响。

通过本章案例的学习,要求学生掌握企业研发支出的会计处理对企业利润的影响;掌握研发支出的有关会计处理。在结合实际工作的基础上,能够加深学生对新企业会计准则中关于研发支出会计处理理解和掌握。

第一节 知识准备

一、费用概述

(一)费用的概念

费用是指企业在日常活动中发生的,会导致所有者权益减少的,与向所有者分配利润无关的经济利益的总流出。

费用包括企业日常活动所产生的经济利益的总流出,主要指企业为取得营业收入进行产品销售等营业活动所发生的企业货币资金的流出,具体包括成本费用和期间费用。企业为生产产品、提供劳务等发生的可归属于产品成本、劳务成本等的费用,应当在确认销售商品收入、提供劳务收入等时,将已销售商品、已提供劳务的成本等计入当期损益。成本费用包括主营业务成本、其他业务成本、营业税金及附加等。期间费用是指企业在日常活动中发生的不能直接计入特定核算对象的成本,而应计入发生当期损益的费用。期间费用发生时直接计入当期损益。期间费用包括销售费用、管理费用和财务费用。

（二）费用的特点

费用具有以下特点：

1.费用是企业在日常活动中形成的。费用必须是企业在日常活动中所形成的,这些日常活动的界定与收入定义中涉及的日常活动的界定相一致。因日常活动所产生的费用通常包括销售成本（营业成本）、管理费用等。将费用界定为日常活动所形成的,目的是为了将其与损失相区分,企业非日常活动所形成的经济利益的流出不能确认为费用而应计入损失。例如:工业企业制造并销售产品、商业企业购买并销售商品、咨询公司提供咨询服务、软件开发企业为客户开发软件、安装公司提供安装服务、租赁公司出租资产等活动中发生的经济利益的总流出构成费用。企业处置固定资产、无形资产等非流动资产,因违约支付罚款,对外捐赠,因自然灾害等非常原因造成财产毁损等,这些活动或事项形成的经济利益的总流出属于企业的损失而不是费用。

2.费用会导致企业所有者权益的减少。与费用相关的经济利益的流出会导致所有者权益的减少,不会导致所有者权益减少的经济利益的流出不符合费用的定义,不应确认为费用。

企业经营管理中的某些支出并不减少企业的所有者权益,也就不构成费用。例如,企业以银行存款偿还一项负债,只是一项资产和负债的等额减少,对所有者权益没有影响,因此不构成企业的费用。

3.费用导致的经济利益总流出与向所有者分配利润无关。费用的发生应当会导致经济利益的流出,从而导致资产的减少或者负债的增加（最终也会导致资产的减少）。其表现形式包括现金和现金等价物的流出,存货、固定资产、无形资产等的流出或者消耗等。企业向所有者分配利润也会导致经济利益流出,而该经济利益的流出属于投资者投资回报的分配,是所有者权益的直接抵减项目,不应确认为费用,应当将其排除在费用的定义之外。

（三）费用与支出的区别

支出泛指企业的一切开支及耗费。一般情况下可分为资本性支出、收益性支出、营业外支出和利润分配性支出四大类。支出中凡与取得营业收入有关的部分,即可表现或转化为费用,否则不能。费用是资产的耗费,其目的是为了取得营业收入,获得更多的新资产；费用有时与支出相伴随,但支出却不一定是当期的费用。

二、费用的确认

（一）费用确认的原则

费用的实质是资产的耗费,但并不是所有的资产耗费都是费用。因此,就需明确什么样的资产耗费应确认为费用,由于发生费用的目的是为了取得收入,那么费用的确认就应当与收入确认相联系。因此,确认费用应遵循划分收益性支出与资本性支出原则、权责发生制原则和配比原则。

1.划分收益性支出与资本性支出原则。按照划分收益性支出与资本性支出原则,某项支出的效益及于几个会计年度(或几个营业周期),该项支出应予以资本化,不能作为当期的费用;如果某项支出,在一个会计期间内确认为费用,这一原则为费用的确认,给定了一个时间上的总体界限。正确地区分收益性支出与资本性支出,保证了正确地计量资产的价值和正确地计算各期的产品成本、期间费用及损益。

2.权责发生制原则。划分收益性支出与资本性支出原则,只是为费用的确认作出时间上的大致区分,而权责发生制原则则规定了具体在什么时点上确认费用。企业会计制度规定,凡是当期已经发生或应当负担的费用,不论款项是否收付,都应作为当期的费用;凡是不属于当期的费用,即使款项已在当期支付,也不应当作为当期的费用。

3.配比原则。按照配比原则,为产生当期收入所发生的费用,应当确认为该期的费用。配比原则的基本含义在于,当收入已经实现时,某些资产(如物料用品)已被消耗,或已被出售(如商品),以及劳务已经提供(如专设的销售部门人员提供的劳务),已被耗用的这些资产和劳务的成本,应当在确认有关收入的期间予以确认。如果收入要到未来期间实现,相应的费用应递延分配于未来的实际受益期间。因此,费用的确认,要根据费用与收入的相关程度,确定哪些资产耗费或负债的增加应从本期收入中扣减。

(二)费用确认的标准

根据上述费用确认原则,在确认费用时,一般应遵循以下三个标准:

1.按费用与收入的直接联系(或称因果关系)加以确认。凡是与本期收入有直接因果关系的耗费,就应当确认为该期间的费用。这种因果关系具体表现在以下两个方面:一是经济性质上的因果性,即应予以确认的费用与期间收入项目具有必然的因果关系,也就是有所得必有所费,不同收入的取得是由于发生了不同的费用;二是时间上的一致性,即应予以确认的费用与某项收入同时或结合起来加以确认,这一过程也就是收入与费用配比的过程。例如,如果企业销售出去的商品是直接与所产生的营业收入相联系的,那么,该项销售商品的成本就可以随同本期实现的销售收入而作为该期的费用;如果企业采用分期收款方式销售商品,应按合同约定的收款日期分期确认收入。在这种情况下,按商品全部销售成本与全部销售收入的比率,计算出本期应结转的营业成本,并与本期所确认的营业收入相配比。

2.直接作为当期费用确认。在企业中,有些支出不能提供明确的未来经济利益,如果对这些支出加以分摊也没有意义。这时,这些费用就应采用这一标准,直接作为当期费用予以确认。例如,固定资产日常修理费等。这些费用虽然与跨期收入有联系,但由于不确定性因素,往往不能肯定地预计其收益所涉及的期间,因而就直接列作当期的费用。

3.按系统、合理的分摊方式确认。如果费用的经济效益有望在若干个会计期间发生,并且只能大致和间接地确定其与收益的联系,该项费用就应当按照合理的分配程序,在利润表中确认为一项费用。如固定资产的折旧和无形资产的摊销都属于这一情况。一般地,我们将这类费用称为折旧或摊销。

三、《企业会计准则》有关内部研发支出的确认和计量

研究与开发支出是企业研究开发新技术、新产品时发生的各种人力、物力和财力的耗费。它一般包括研究开发过程中发生的材料费、折旧费、直接参与开发人员的工资及福利费,开发过程中发生的租金、借款费用等。

(一)研究阶段和开发阶段的划分

1.研究阶段的定义及特点

对于企业自行进行的研究开发项目,无形资产准则要求区分研究阶段与开发阶段两个部分分别进行核算。其中,研究阶段是指为获取新的技术和知识等进行的有计划的调查,研究活动的例子包括:意于获取知识而进行的活动;研究成果或其他知识的应用研究、评价和最终选择;材料、设备、产品、工序、系统或服务替代品的研究;以及新的或经改进的材料、设备、产品、工序、系统或服务的可能替代品的配制、设计、评价和最终选择。研究阶段的特点在于:

(1)计划性。研究阶段是建立在有计划的调查基础上,即研发项目已经董事会或者相关管理层的批准,并着手收集相关资料、进行市场调查等。例如,某药品公司为研究开发某药品,经董事会或者相关管理层的批准,有计划地收集相关资料、进行市场调查、比较市场相关药品的药性、效用等活动。

(2)探索性。研究阶段基本上是探索性的,为进一步的开发活动进行资料及相关方面的准备,这一阶段不会形成阶段性成果。

从研究活动的特点看,其研究是否能在未来形成成果,即通过开发后是否会形成无形资产均有很大的不确定性,企业也无法证明其研究活动一定能够形成带来未来经济利益的无形资产。因此,研究阶段的有关支出在发生时应当费用化计入当期损益。

2.开发阶段的定义及特点

开发阶段是指在进行商业性生产或使用前,将研究成果或其他知识应用于某项规划或设计,以生产出新的或具有实质性改进的材料、装置、产品等。开发活动的例子包括:生产前或使用前的原型和模型的设计、建造和测试;含新技术的工具、夹具、模具和冲模的设计;不具有商业性生产经济规模的试生产设施的设计、建造和运营;新的或改造的材料、设备、产品、工序、系统或服务所选定的替代品的设计、建造和测试等。开发阶段的特点在于:

(1)具有针对性。开发阶段是建立在研究阶段基础上,因而,对项目的开发具有针对性。

(2)形成成果的可能性较大。进入开发阶段的研发项目往往形成成果的可能性较大。

由于开发阶段相对于研究阶段更进一步,且很大程度上形成一项新产品或新技术的基本条件已经具备,此时如果企业能够证明满足无形资产的定义及相关确认条件,则所发生的开发支出可资本化,确认为无形资产的成本。

(二)研究和开发支出的确认

1.研究支出的确认

根据研究阶段的特点,研究能否能在未来形成成果,具有很大的不确定性,通常企业也无法证明其研究活动一定能形成无形资产。因此,无形资产准则规定,企业研究阶段的支出全部费用化,计入当期损益。

2.开发支出的确认

根据开发阶段的特点,开发项目在很大程度上形成一项新产品或新技术的基本条件已经具备。对于开发阶段的支出,如果企业能够证明满足无形资产的定义及相关确认条件,则所发生的支出可以资本化,确认为无形资产的成本;对于开发阶段的支出,如果不符合资本化条件的,则所发生的支出应当费用化,计入当期损益。

在开发阶段,判断可以将有关支出资本化计入无形资产成本的条件包括:

(1)完成该无形资产以使其能够使用或出售在技术上具有可行性

判断无形资产的开发在技术上是否具有可行性,应当以目前阶段的成果为基础,并提供相关证据和材料,证明企业进行开发所需的技术条件等已经具备,不存在技术上的障碍或其他不确定性。比如,企业已经完成了全部计划、设计和测试活动,这些活动是使资产能够达到设计规划书中的功能、特征和技术所必需的活动或经过专家鉴定等。

(2)具有完成该无形资产并使用或出售的意图

开发某项产品或专利技术产品等,通常是根据管理当局决定该项研发活动的目的或者意图所决定,即研发项目形成成果以后,是为出售,还是为自己使用并从使用中获得经济利益,应当依管理当局的意图而定。因此,企业的管理当局应能够说明其持有拟开发无形资产的目的,并具有完成该项无形资产开发并使其能够使用或出售的可能性。

(3)无形资产产生经济利益的方式,包括能够证明运用该无形资产生产的产品存在市场或无形资产自身存在市场,无形资产将在内部使用的,应当证明其有用性

作为无形资产确认,其基本条件是能够为企业带来未来经济利益。就其能够为企业带来未来经济利益的方式而言,如果有关的无形资产在形成以后,主要是用于形成新产品或新工艺的,企业应对运用该无形资产生产的产品市场情况进行估计,应能够证明所生产的产品存在市场,能够带来经济利益的流入;如果有关的无形资产开发以后主要是用于对外出售的,则企业应能够证明市场上存在对该类无形资产的需求,开发以后存在外在的市场可以出售并带来经济利益的流入;如果无

形资产开发以后不是用于生产产品,也不是用于对外出售,而是在企业内部使用的,则企业应能够证明在企业内部使用时对企业的有用性。

(4)有足够的技术、财务资源和其他资源支持,以完成该无形资产的开发,并有能力使用或出售该无形资产

这一条件主要包括:①为完成该项无形资产开发具有技术上的可靠性。开发的无形资产并使其形成成果在技术上的可靠性是继续开发活动的关键。因此,必须有确凿证据证明企业继续开发该项无形资产有足够的技术支持和技术能力。②财务资源和其他资源支持。财务和其他资源支持是能够完成该项无形资产开发的经济基础。因此,企业必须能够说明为完成该项无形资产的开发所需的财务和其他资源,是否能够足以支持完成该项无形资产的开发。③能够证明企业在开发过程中所需的技术、财务和其他资源,以及企业获得这些资源的相关计划等。如在企业自有资金不足以提供支持的情况下,是否存在外部其他方面的资金支持,如银行等借款机构愿意为该无形资产的开发提供所需资金的声明等来证实。④有能力使用或出售该无形资产以取得收益。

(5)归属于该无形资产开发阶段的支出能够可靠计量

企业对于研究开发活动发生的支出应单独核算。如发生的研究开发人员的工资、材料费等,在企业同时从事多项研究开发活动的情况下,所发生的支出同时用于支持多项研究开发活动的,应按照一定的标准在各项研究开发活动之间进行分配,无法明确分配的,应予费用化计入当期损益,不计入开发活动的成本。

3.如果确实无法区分研究阶段的支出和开发阶段的支出,应将其所发生的研发支出全部费用化,计入当期损益。

(三)内部开发的无形资产的计量

内部开发活动形成的无形资产,其成本由可直接归属于该资产的创造、生产并使资产能够以管理层预定的方式运作的所有必要支出组成。可直接归属于该资产的成本包括开发该无形资产时耗费的材料、劳务成本、注册费、在开发该无形资产过程中使用的其他专利权和特许权的摊销以及按照《企业会计准则第17号——借款费用》的规定资本化的利息支出,以及为使该无形资产达到预定用途前所发生的其他费用。在开发无形资产过程中发生的除上述可直接归属于无形资产开发活动的其他销售费用、管理费用等间接费用、无形资产达到预定用途前发生的可辨认的无效和初始运作损失、为运行该无形资产发生的培训支出等不构成无形资产的开发成本。

值得说明的是,内部开发无形资产的成本仅包括在满足资本化条件的时点至无形资产达到预定用途前发生的支出总和,对于同一项无形资产在开发过程中达到资本化条件之前已经费用化计入损益的支出不再进行调整。

(四)内部研究开发支出的账务处理

1.研究与开发支出会计核算科目的设置

在会计核算上,设置一级科目"研发支出"。根据该项支出是资本化或费用化,

设置二级科目"资本化支出""费用化支出"。企业自行开发无形资产发生的研发支出,无论是否满足资本化条件,均应先在"研发支出"科目中归集,期末,对于不符合资本化条件的研发支出,转入当期管理费用;符合资本化条件但尚未完成的开发费用,继续保留在"研发支出"科目中,待开发项目完成达到预定用途形成无形资产时,再将其发生的实际成本转入无形资产。

2.企业自行开发无形资产发生的研发支出。未满足资本化条件的,借记"研发支出——费用化支出"科目,满足资本化条件的,借记"研发支出——资本化支出"科目,贷记"原材料""银行存款""应付职工薪酬"等科目。

3.企业购买正在进行中的研究开发项目,应按确定的金额,借记"研发支出——资本化支出"科目,贷记"银行存款"等科目。以后发生的研发支出,应当比照上述规定进行处理。

4.研究开发项目达到预定用途形成无形资产的,应按"研发支出——资本化支出"科目的余额,借记"无形资产"科目,贷记"研发支出——资本化支出"科目。

(五)新会计准则研发支出会计处理特点

原准则规定:自行开发并依法申请取得的无形资产,其入账价值应按依法取得时发生的注册费、律师费等费用确定;依法申请取得前发生的研究与开发费用,应于发生时确认为当期费用。新准则对研究开发费用的费用化进行了修订,研究费用依然是费用化处理,进入开发程序后开发过程中的费用如果符合相关条件,就可以资本化。与原准则相比,新准则主要有以下改进:将研究开发项目区分为研究阶段和开发阶段,并从这两个阶段的目的出发,对研究开发概念分别做了界定。研究阶段是指为了获取新的技术和知识等进行的有计划的调查,而开发阶段是指在进行商业性生产或使用前,将研究成果或其他知识应用于某项计划或设计,以生产出新的或具有实质性改进的材料、装置、产品等。新的准则认为研究阶段的支出与产生带来未来收益的经济资源并非直接相关,因此对其采用费用化的处理方法,直接计入损益。而开发阶段的支出对未来经济资源的流入或经济效益的提高有实质性的影响,所以在符合新准则规定的五个条件时将其资本化,计入无形资产成本。

新会计准则与原准则相比呈现出扩大费用资本化范围的新特点。突破了原准则中对于企业自行研究开发的无形资产,其研究与开发费用,都是在发生时确认为当期费用,而只有依法申请取得时发生的注册费、律师费等才计入无形资产价值的相关规定。加之新企业所得税法第三十条规定,开发新技术、新产品、新工艺发生的研究开发费用可以在计算应纳税所得额时加计扣除。也就是与会计准则协调,把作为费用处理的研发支出,税前按150%扣除;作为资本化处理的研发支出,将研究开发费用作为无形资产,在不少于10年内按150%摊销。我国新会计准则与新税法的制定符合国际化与经济的发展,一系列的措施都将有利于企业提高自主创新的积极性,提高企业的科技含量,兼顾企业的长远利益。

第二节 大族激光研发费用资本化案例

一、公司简介

深圳市大族激光科技股份有限公司,简称大族激光,法人代表高云峰。1996年成立于改革开放的前沿城市深圳,2001 年 6 月 30 日经深圳市人民政府[深府股(2001)42 号文]批复,由深圳市大族激光科技有限公司于整体变更设立的股份有限公司。2001 年 9 月,大族激光顺利完成股份制改造,深圳市大族激光科技股份有限公司成立。2004 年 6 月 25 日,大族激光成功在深交所中小板上市,迅速从一家默默无闻的小公司,发展成为现今亚洲最大、世界知名的激光加工设备生产厂商。股票简称:大族激光,股票代码:002 008。主要从事激光加工设备的研发、生产和销售,十多年来发展十分迅速,成为我国激光装备行业的领军企业。作为世界知名的激光加工设备生产厂商,大族激光已成为深圳市高新技术企业,深圳市重点软件企业,广东省装备制造业重点企业,国家级创新型试点企业,国家科技成果推广示范基地重点推广示范企业,国家规划布局内重点软件企业,主要科研项目被认定为国家级火炬计划项目。大族激光研发实力雄厚,公司拥有数百人的研发队伍,目前具有多项国际发明专利和国内专利、计算机软件著作权,多项核心技术处于国际领先水平。大族激光通过不断自主研发把"实验室装置"变成可以连续 24 小时稳定工作的激光技术装备,是世界上仅有的几家拥有"紫外激光专利"的公司之一。在强大的资本和技术平台支持下,公司实现了从小功率到大型高功率激光技术装备研发、生产的跨越发展,为国内外客户提供一整套激光加工解决方案及相关配套设施。大族激光依据 ISO9001 质量控制体系和 ISO14001 环境管理体系,对已定型产品在其来料、加工过程、整机、出货各个环节严格把关,确保出货产品的性能和质量,多个产品系列已获得欧盟 CE 认证。激光技术装备助推我国制造业从粗放型、高能耗、低附加值模式向循环经济、高附加值、高精度转化,为提升整个国家的制造业发展水平和创新能力做出贡献。

二、现行准则颁布后大族激光对研发费用的会计处理

2006 年 2 月 15 日我国发布了《企业会计准则》,并在 2007 年 1 月 1 日起在上市公司范围内率先执行,并鼓励其他企业执行。大族激光在 2007 年年报中披露,根据新会计准则,2007 年公司技术开发费用得以资本化,此举增加公司利润1 785.75万元,占公司净利润总额近 10%。由此可见,新会计准则对研发费用资本化和高比例税前扣除的规定将使众多类似大族激光这样的高科技型中小板上市公司从中获益。

根据大族激光 2007 年年报和财务报表附注中关于收入及利润的列示资料(见

表10-1）:2007年,公司实现合并营业收入约14.86亿元,同比增长73.93%;实现营业利润1.69亿元,同比增长135.57%;净利润1.68亿元,同比增长85.57%,实现基本每股收益0.45元,同比增长80.00%。

表10-1
单位:元

	2007年	2006年	
营业收入	1 485 555 393.76	854 094 005.93	73.93%
营业利润	161 801 951.19	68 685 509.71	135.57%
净利润	168 202 825.26	88 752 153.53	85.57%
基本每股收益	0.45	0.37	80.00%

分析大族激光收入及利润飞速增长的主要原因,不难看出,一方面从报告期内公司主营业务部分产品情况资料(见表10-2)来看,2007年大族激光各类产品销售全面大幅增长,工业激光设备行业的市场地位得以继续提升。报告期内公司共销售各种工业激光加工设备5 199台,同比增长51.22%,约占世界工业激光加工设备(系统)数量的12.68%。其中,激光标记设备、激光焊接设备、激光切割设备销售同比分别增长51.66%、173.45%和118.71%,激光焊接设备和激光切割设备销售首次突破亿元大关,2007年的销售收入分别达到15 491.81万元和13 306.03万元的水平,公司全部工业激光加工设备销售收入合计已达99 373.34万元人民币,激光制版及印刷设备销售额也成功突破2亿元水平。另外定向增发项目大功率激光切割机共销售96台,实现销售收入1.04亿元,各业务飞速发展带动了公司的增长。

表10-2
单位:万元

	营业收入	营业成本	营业利润率(%)	营业收入比上年增减(%)	营业成本比上年增减(%)	营业利润率比上年增减(%)
激光信息标记设备	66 779.46	35 041.03	47.53%	51.66%	43.48%	3.22%
激光焊接机	15 491.81	7 257.76	53.15%	173.45%	171.25%	0.61%
激光切割设备	13 306.03	9 876.87	25.77%	118.71%	147.72%	-8.69%
谐波激光应用设备	1 545.91	585.32	62.14%	19.65%	8.37%	4.17%
电力电源设备	6 501.91	4 819.94	25.87%	35.97%	37.68%	-0.41%
PCB设备	15 806.65	11 890.45	24.78%	-18.91%	-18.53%	-0.19%
激光制版及印刷设备	21 438.95	12 392.68	42.20%	2418.14%	2216.65%	5.06%
其他	597.82	367.46	38.53%	516.12%	465.76%	7.51%

另一方面,大族激光在 2007 年加大科技投入,增强企业自主创新能力。2007年公司科技研发开发投入 8 125.55 万元,约占公司销售收入的 5.47%,同比增长126.31%。公司 2007 年共申请各种专利 211 项,同比增长 145.35%,专利申请达历史最高水平。根据新会计准则,2007 年大族激光技术开发费用予以资本化,相比原有会计准则降低了当期费用,增加公司利润 1 785.75 万元。根据大族激光2007 年年报显示(见表 10-3):

表 10-3　　　　　　　　　　　　　　　　　　　　　　　　　　　　单位:元

项目	2007 年 12 月 31 日	2006 年 12 月 31 日
项目开发支出	22 471 786.89	—

期末数为单位执行新会计准则确认的内部研究开发项目开发阶段的资本化支出,截至 2007 年 12 月 31 日,相关开发项目尚未完成。上述余额中包括尚未消耗的材料 683 万元(按原会计准则该部分未消耗掉的材料亦不计入损益)以及人工费等其他项目共计 1 564 万元。按《企业会计准则第 38 号——首次执行企业会计准则》规定,研究开发费的会计政策变更采用未来适用法,此项变更增加 2007 年度利润 1 785.75 万元【含已转入无形资产的 221.75 万元(已扣减当期摊销数 9.25 万元)】。

对于管理费用的发生额披露如下:本期较去年同期相比管理费用增加 7735 万元,增长 73%。增长原因主要是为公司经营规模扩大引起人工性支出、技术开发费支出、差旅费支出等及增加合并单位所致。其中技术开发费明细详见表 10-4。

表 10-4　　　　　　　　　　　　　　　　　　　　　　　　　　　　单位:元

项目	2007 年度	2006 年度
技术开发费	51 615 532.00	35 904 146.98
其中:研究开发人员工资	36 462 132.47	23 855 384.46
研究开发耗用材料等	15 153 399.53	7 548 762.52
技术开发费占营业收入比例	3.47%	4.20%

同时,公司按照 2007 年执行的新会计准则,将符合准则要求的开发阶段的技术开发费记入开发支出 2247 万元,记入无形资产 231 万元(不含本期摊销数),转入存货 486 万元。

第三节　案例分析

在国家将提高自主创新能力作为科技发展的战略基点和调整经济结构、转变经济增长方式的大背景下,越来越多的企业意识到要使企业生存和发展,就必须不断进行研究开发,重视新产品、新技术的开发,创新已经成为一个企业生存发展的核心所在。一些企业由于重视研究与开发投入而在市场上一直保持强劲的竞争力,与此同时,企业对于研发的投入逐年增长,给企业带来的业绩压力也不容小视。研究与开发活动是企业一项非常重要的创造性活动,体现企业获取高新技术及超额利润能力的科技创新投入,已经成为会计信息关注的焦点。任何产品生产、工艺设计、业务流程的形成,都是建立在企业研究与开发基础之上的。相关的会计问题是,对研究与开发支出如何进行会计处理,是应该将其资本化还是费用化,这直接关系到企业资产价值以及收益的确定。

新会计准则规定:企业内部研发项目的支出,应当区分研究阶段支出与开发阶段支出。研究费用依然是费用化处理,进入开发程序后,开发过程中的费用如果符合相关条件,就可以资本化。这一准则规定允许部分研发费用资本化似乎给一些中小企业带来了"曙光"。

一、允许部分研发费用资本化对企业的影响

从大族激光公布的 2007 年度财务报告显示,大族激光自行研发项目支出执行新企业会计准则后,对公司产生了以下影响:

(一)改善企业盈利状况,提高企业盈利水平

大族激光在 2007 年年报中披露:"按《企业会计准则第 38 号——首次执行企业会计准则》规定,研究开发费的会计政策变更采用未来适用法,此项变更增加 2007 年度利润 1 785.75 万元【含已转入无形资产的 221.75 万元(已扣减当期摊销数 9.25 万元)】。"由于自行研发项目支出会计处理的变动,使得大族激光 2007 年当期总利润提升 8%。改善了以往的研发支出费用化往往导致公司,尤其是像大族激光这样研发密集型公司的价值被低估的状况。部分研发支出的资本化不侵蚀自身利润,能增加企业的资产,企业财务状况也会有一定程度的好转。研发费用资本化将减少公司期间费用,相应增加了公司利润。从而保证了业绩稳定高速的增长,提高了公司的盈利水平,类似大族激光这样的高科技企业受益良多。

(二)助推企业研发,提高自主创新能力

大族激光在年报董事会报告中称:2007 年公司科技研发开发投入 8125.55 万元,约占公司销售收入的 5.47%,同比增长 126.31%。2007 年共申请各种专利 211 项,同比增长 145.35%,专利申请达历史最高水平。由此看来,新准则开发费用资本化对企业加大研发投入的鼓励也颇有成效。不仅提高了企业的自主创新的积极性,提高了企业的科技含量,也兼顾了企业的长远利益。当然,除开发费用资本化以外,根据《企业会计准则第 6 号——无形资产》的规定,企业研发费用还可按实际发生额的 150% 抵扣当年度的应纳税所得额,对于开发新技术、新产品、新工艺的研发费用,还允许加计扣除(在原有 100% 的基础上再加一个比例)。这些都是鼓励企业加大研发投入,增强企业自主创新能力,同时也保证企业利润水平的新做

法。据统计,我国研究与开发费用仅占 GDP 的 0.83%,而世界发达国家的平均比重为 2%,其中美国高达 2.53%。研发力度的不足与此前会计政策的谨慎保守不无关系。

（三）有利于提高企业商业信用,扩大融资渠道

据财务报告显示:"虽然公司经营性现金流有所改善,但随着公司销售规模扩大,产品领域的不断拓展,公司流动资金面临困难状况。到 2007 年 12 月 31 日,公司资产负债率已达 53%,由于公司固定资产较少,公司间接融资能力受到一定限制。"可以想见,对大族激光这样进行外部融资、资产负债率本已"不堪重负"的高科技企业来说,如果失去研发费用资本化的支持,再融资的难度无疑又会加重不少。因此,开发费用资本化无疑对降低高科技企业融资难度,提高商业信用,缓解融资压力起到一定作用,有利于提高高科技企业科技创新热情,增加企业价值,帮助其扩大融资渠道。

分析以上资料不难看出,新会计准则对研发费用资本化和高比例税前扣除的规定将使众多高科技型中小板上市公司从中获益。企业部分研发支出资本化,将导致公司加大研发投入。原准则规定:"自行开发并依法申请取得的无形资产,其入账价值应按依法取得时发生的注册费、律师费等费用确定;依法申请取得前发生的研究与开发费用,应于发生时确认为当期费用。"这样处理必然引起开发阶段利润的下降,从我国长期以来采用的评价企业的业绩指标体系来看,研发支出的费用化,在某种程度会导致企业投资者和高管人员为了个人利益、为保持较高的利润水平而大幅削减研究开发经费,管理者不愿因为业绩下降而引起投资者不满,而减少开发经费支出。对于那些已经上市的企业,为了达到配股的目的,势必要极力迎合配股资格要求的盈利标准,削减可能形成企业未来竞争力的研究开发成本,从而极大地削弱了企业投资与研究开发项目的积极性。这样短期利润数字可能看起来比较好看,但不利于企业创新和发展,损害了企业发展的长远利益。而开发费用的资本化,可以减轻管理者在开发阶段的利润指标压力,从而提高企业在开发投入上的热情,促使企业开发新产品、新工艺和新技术,增强技术创新能力,促使企业的业绩及现金流实现长期的同向增长,使公司进入良性循环周期,提高企业价值水平。符合收入与费用配比原则。开发费用在开发期间往往金额较大,若一概做费用化处理,那么开发期间的利润相对就低。而且开发活动成功取得的回报数额较大,回报期较长。开发成功后,因研究成果产生效益导致收入增加,但与收入相配比的费用却为零,使收入与费用不配比,这样就会影响核算的正确性和企业不同期间经营业绩的评价。开发费用资本化可以克服上述不足,体现收入与费用配比原则。国外已有相关实证表明,将研发支出成本费用化的会计处理规定是企业删减研究开发成本的主要诱因;特定情况下,一些企业宁可投资可折旧之资产,而不愿投资于研究开发项目。研发支出的有条件的资本化处理方式,可提高企业投资研发项目的积极性。对那些进行外部融资的公司来说,新政策还能降低资产负债比率,提高商

业信用,帮助其扩大融资渠道。

二、实施《研发支出会计处理新规定》后的思考

新企业会计准则研发支出会计处理的实行,在鼓励企业技术投入,加速企业科技成果向现实生产力的转化方面起到了积极作用,同时能使企业享受到税收的经济优惠。但不可否认,尽管2007年以后最新的会计准则定义了研发费用资本化的条件,在实际操作中,开发阶段和研究阶段很难界定,开发阶段的五个资本化条件的判断也存在主观性,开发支出资本化还是费用化很多时候取决于企业经营者的主观选择。不同的划分就有可能造成对利润表影响的时点变化不同,因此也给相关公司带来很大的利润调控余地。

(一)从研究和开发的确认阶段来看

新企业会计准则未严格制定研究和开发阶段的标准,企业可能会利用费用资本化操纵利润。仅仅根据研究阶段和开发阶段的定义来划分研究费用和开发费用,势必带来极大的不确定性和随意性,给企业留下较大的操作空间。企业可能会出于各种目的,随意调整费用化金额或资本化金额,降低了会计信息的真实性和可比性。

新准则借鉴国际会计准则对研究和开发分别进行了定义,但没有制定研究和开发阶段的划分标准。准则将"研究"定义为"获取新的科学或技术知识并理解他们而进行的独创性的有计划调查",将"开发"定义为"进行商业性生产或使用前,将研究成果或其他知识应用于某项计划或设计,以生产出新的或有实质性改进的材料、装置、产品等"。但在实际操作中,由于无形资产研发业务复杂、风险大,要把企业的研发活动清楚地划分为研究阶段与开发阶段显然是一件非常困难的事情,尤其是对并不精通科学技术的会计人员来说,这项工作更是难上加难。从另一角度来看,由于没有制定研究和开发阶段的划分标准,企业管理层对内部研发活动中研究阶段与开发阶段的划分将很大程度上依赖于包括会计人员在内的管理层的主观判断。因而,在客观上增大了企业盈余管理的空间。

(二)从研究和开发的初始计量阶段来看

在实际操作中,由于无形资产的研发业务复杂、风险大,企业在判断哪些活动属于研究阶段或开发阶段时常常难以把握,导致对研究费用和开发费用的划分也存在较大的主观因素。新准则规定,属于企业内部研发项目开发阶段的支出能够形成无形资产时,其支出至预计用途前所发生的支出总额作为无形资产的成本。由此看来,无形资产成本的确认过程需要企业管理层的主观判断。首先,内部研发项目开发阶段的支出能否形成无形资产本身就是主观判断的过程;其次,支出至预定用途前时间段的确定带有的主观意愿性很强。企业管理层可能会由于某些利益的驱动,利用这两点来进行盈余管理。同时,新准则还规定在企业实践中对因故未能研制成功的新产品进行研究开发发生的费用应确认为当期费用。这也间接表明,企业管理层即便在当初判断能否形成无形资产时存在人为的失误,也是不违背

会计准则的,甚至可以在后期不用通过会计更正或以前年度损益调整来调整差错,这显然又为管理层进行盈余管理提供了空间。此外,新准则规定开发阶段的支出只有在同时满足五个条件的情况下才能确定为无形资产,但仅仅是可以确认为资产,而不是必需的。可以看出,企业管理层对开发支出资本化额度的确定具有最终决定权。也就是说,企业管理层也可以通过开发支出的资本化来实现盈余管理。

(三)从后续计量阶段来看

新准则未对无形资产的后续支出如何处理做出规定,企业可以自主选择后续支出的会计处理方法来调节利润。如在盈利较大的年度,将后续支出费用化减少当年利润,达到避税目的;在盈利较小的年度,将后续支出资本化,增加无形资产价值,以提高当期业绩。开发阶段的支出在资本化后形成无形资产,而无形资产又会涉及资产的后续计量。无形资产的后续计量包括摊销和减值测试。对于使用寿命有限的无形资产,首先要合理地确定其使用寿命;其次,根据无形资产经济利益的预期实现方式来选择适当的摊销方法;最后在进行减值测试后,确定其应摊销金额。新准则对无形资产的使用寿命、摊销方式和减值测试没有做出相关的具体要求。

此外,关于无形资产的寿命,新准则没有做统一的要求,只是规定企业在取得无形资产时需要分析和判断其寿命。新准则在无形资产的摊销方式上打破直线摊销的单一方式,只是要求企业选定的摊销方式能够反映该无形资产有关的经济利益的实现方式。对于使用寿命有限的无形资产,通过合理确定其使用期限,根据其经济利益的预期实现方式,选择适当的摊销方法以及通过减值测试来确定其摊销金额,企业管理层就可以实现某种特定利益驱使下的盈余管理。对于寿命不确定的无形资产,虽然其成本不予摊销,但是企业管理层可以通过每年年度终了的减值测试来间接管理盈余。例如,当企业会计利润为零时,管理层可能将本应该计提减值准备的无形资产不计提任何减值准备以便适当提商会计利润。当企业需要在以前年度的基础上来管理盈余时,管理层可以利用准则中"企业应当至少于每年年度终了,对企业无形资产的使用寿命及未来经济利益消耗方式进行复核;无形资产的预计使用寿命及未来经济利益的预期消耗方式与以前估计不同时,应当改变摊销期限和摊销方法"的规定来进行盈余管理。管理层可以借复核之机,在需要时对无形资产的使用寿命、摊销年限及方法进行重新选择。

内部研发活动中研究阶段与开发阶段的划分、无形资产初始成本的确定、开发阶段的支出是否满足准则所规定的五个条件以及开发阶段支出资本化后的摊销,在很大程度上均依赖于企业管理层的主观判断,因而,准则的这些规定客观上增大了企业盈余管理的空间。只需合理地划分研究阶段和开发阶段、正确地确认无形资产的成本、开发阶段支出的资本化额与处理无形资产的后续计量,企业管理层就能轻松实现某种目的的盈余管理。

【思考题】

    1.从大族激光 2007 年年报资料来看,开发支出资本化对企业财务状况和经营成果造成了哪些影响?

    2.各项目开发费用资本化在增厚业绩的同时,会给企业带来哪些盈余管理的空间?

    3.开发支出资本化会给企业带来哪些财务风险?

第十一章

光环背后的黑洞

——天一科技虚构利润案例

教学内容与目标

本章在介绍利润构成及意义的基础上,着重就上市公司利润操纵的财务特征进行了分析,指出了上市公司进行利润操纵的主要动机与常见手段,通过对天一科技公司虚构利润的案例分析以及所得出的启示,提出了公司治理的相关对策建议。

通过本章学习,要求学员了解公司利润的构成内容,鉴别上市公司利润操纵的财务特征与常见手段,掌握虚假财务报告产生的理论基础和表现形式,并通过天一科技公司虚构利润的案例引发思考、提高认识。

第一节　知识准备

一、利润的界定

（一）利润的概念

利润是企业在一定会计期间生产经营活动所取得的财务成果。在市场经济条件下,企业作为自主的经营主体,它所创造的利润是企业在一定期间全部收入和全部费用的差额,是按照收入与费用配比原则加以计算的。利润按其形成过程分为税前利润和税后利润。

（二）利润的构成

第一,营业利润。营业利润是企业从事经营业务活动所取得的财务成果。其计算公式如下:

营业利润＝营业收入－营业成本－营业税金及附加－销售费用－管理费用

　　　　　－财务费用－资产减值损失＋公允价值变动收益＋投资收益

式中：

"营业收入"是指企业在从事销售商品、提供劳务及让渡资产使用权等日常经营业务过程中取得的收入，分为主营业务收入和其他业务收入两部分。

"营业成本"是指企业在从事销售商品、提供劳务及让渡资产使用权等日常经营业务过程中所发生的各种耗费。分为主营业务成本和其他业务成本两部分。

"营业税金及附加"是指由营业收入（包括主营业务收入和其他业务收入）补偿的各种税金及附加费，主要包括营业税、消费税、资源税、城市维护建设税和教育附加费等。

"销售费用"是指企业在销售产品、提供劳务及让渡资产使用权过程中发生的各项费用以及专设销售机构的各项经费，包括应由公司负担的运输费、装卸费、包装费、保险费、广告费、展览费和售后服务费以及销售部门人员的薪酬、业务费、折旧费、固定资产修理费和其他经费等。

"管理费用"是指企业行政部门为组织和管理经营活动而发生各项费用，包括公司经费（包括行政管理部门职工薪酬、修理费、物料消耗、办公费和差旅费）、工会经费、聘请中介机构费、咨询费（含顾问费）、诉讼费、业务招待费、房产税、车船使用税、土地使用税、印花税、技术转让费、矿产资源补偿费、无形资产摊销、职工教育经费、研究与开发费、排污费、存货盘亏或盘盈以及其他管理费用。

"财务费用"是指企业在筹集资金过程中发生的各项费用，包括生产经营期间发生的不计入资产价值的利息费用（减利息收入）、金融机构手续费、汇兑损益以及其他财务费用。

"资产减值损失"是指企业应收账款、存货、长期股权投资、持有至到期投资、固定资产、无形资产、在建工程、工程物资、商誉等发生减值确认的减值损失。

"公允价值变动收益"主要是指交易性金融资产以及其他以公允价值计量的资产和负债由于公允价值变动形成的损益。

"投资收益"是指投资收益与投资损失的差额。

第二，利润总额。企业的利润总额是由营业利润和营业外收支净额组成的。即：

利润总额＝营业利润＋营业外收支净额

其中：

"营业外收支净额"是指营业外收入与营业外支出的差额。"营业外收入"是指企业发生的与其生产经营活动无直接关系的各项收入，主要包括固定资产出售净收益，以及罚款收入等。"营业外支出"是指企业发生的与其生产经营活动无直接关系的各项支出，包括固定资产盘亏、毁损、报废和出售的净损失，以及非常损失、对外捐赠支出、赔偿金和违约金支出等。

第三，净利润。净利润也称净收益，它是在利润总额的基础上扣减所得税费用后的余额。即：

净利润＝利润总额－所得税费用

（三）利润的意义

利润是一项非常重要的、综合性较强的价值指标。企业实现利润意义在于：

第一，利润可以直接反映企业创造剩余产品的多少。在市场经济条件下，剩余产品的多少可以利用利润这个指标来衡量，企业利润的多少直接表现为企业创造的剩余产品。

第二，利润从一定程度上反映出企业经济效益的高低和对社会贡献的大小。在自由竞争的资本市场中，资本的使用权最终属于获利最多的企业，只有每个企业都最大限度地获取利润，整个社会的财富才可能实现最大化，从而带来社会的进步和发展。

第三，利润是补充企业资本、扩大企业经营规模的重要源泉。企业利润也是社会再生产的重要资金来源，从企业来看，取得利润是企业生存与发展的必要条件。

第四，利润为改善和提高员工薪酬与福利提供了资金保障。

第五，利润是评价一个企业生产经营状况的一个重要指标。

因此，正确地界定企业的利润，加强企业利润的管理具有重要意义。

正是由于利润对社会、企业、员工意义非同一般，所以利润最大化便成为理论界和实业界公认的、最易接受的、也是最为现实的企业财务目标。基于这种目标导向，企业对利润的追求似乎成为企业经营目标的全部，以至于引发企业采用不同方式强化企业盈余管理，甚至进行利润操纵。

二、利润操纵及其财务特征

（一）利润操纵的基本含义

对利润操纵会计界存在两种观点：第一种观点将利润操纵等同于西方会计文献中的盈余管理（Earnings Management），即企业管理层为实现自身效用或公司市场价值最大化等目的进行会计政策选择，从而调节公司盈余的行为。第二种观点将企业管理层出于某种动机，利用法规政策的空白或灵活性，甚至违法违规等各种手段对财务利润或获利能力进行操纵的行为称为利润操纵。无论第一种观点所称的盈余管理，还是第二种观点所称的利润操纵都给证券市场带来许多非理性因素，为其健康发展埋下隐患。本文拟采用第二种观点。

（二）上市公司利润操纵行为的财务特征

根据近年来一些研究人员研究的发现和对企业可能采取的操纵净收益指标的手段的分析，企业可能采取以下提高净资产收益率的手段，并且这些手段可能导致相应的一些财务指标出现异常，而通过这些指标的异常变化可以帮助我们识别企业操纵利润的具体手法。

1.通过非营业活动提高净利润。包括诸如出售资产、出售投资、改变投资的核算方法等提高营业外收入或投资收益等活动。对这种现象的分析，大致可选用营业外收入占利润总额的比重、投资收益占利润总额的比重和营业利润占利润总额的比重三个财务指标。营业利润占利润总额的比重越高,说明企业靠经营正常业务取得利润的比例越高,在一定程度上说明企业的净收益的质量较好;由于投资收益和营业外收入较易受到人为的操纵,因此这两部分的比例越大,企业净收益指标被人为操纵的可能性越大。如果上市公司普遍存在利用非正常经营业务调整利润的现象,则从总体上看,这些企业的营业外收入或投资收益占利润总额的比例可能会较一般公司高一些,而营业利润占利润总额的比例相对低一些。

2.通过虚构(假)销售、提前确认销售或有意扩大赊销范围调整利润总额。这些销售无法取得现金,因此当企业出现这些现象时,应收账款的占用就会增加,表现在财务指标上,一方面体现为应收账款占流动资产的比重增加,另一方面还可能体现为应收账款周转率的降低。如果这种方法成为企业普遍采用的调整利润的方法,从总体上看,这类企业的应收账款占流动资产的比重就会高于一般企业,而应收账款周转率则会低于一般企业。

3.对已经发生的费用或损失推迟确认。当企业采用推迟确认费用或损失时,企业挂账的费用就会上升,导致资本化的费用比例升高。如果人为操纵净收益的企业普遍存在利用推迟确认费用或损失的做法,与这些资本化费用有关的财务指标就有可能出现异常,如无形资产及其他资产与流动资产的比重等可能会给我们一些提示。

4.利用关联交易调整利润。如果这种现象在操纵净资产收益率的企业中比较普遍,就会使企业的关联交易额占销售收入或销售成本的比例上体现出差异,并且应收账款中关联方的应收账款比重较大。但是由于上市公司对关联交易披露的不规范性,投资者较难从财务报表和报表附注中采集出关联交易的详细数据,因此可根据为调整利润进行的关联交易通常不使用现金的特点,选择分析其他应收款指标占流动资产比重的指标。其他应收款体现企业与正常经营业务无关的有关各方的资金往来,在某种程度上可以反映企业与关联方的资金关系,比如出售投资给关联方后应收回的款项等。其他应收款占流动资产的比例大,说明企业与关联方可能存在比较密切的联系,利用关联方调整利润的可能性也较大。

三、上市公司利润操纵的动机与手段

(一)上市公司利润操纵的主要动机

行为科学告诉我们,动机指向一定的目的,动机确定了行为目的,决定了个体行为方向,是引发个体行为的推动力,尤其是对于利润操纵这一明显的违法行为,必然存在着相当的行为动机,影响公司的行为。一般说来,获得股票发行上市资格、提高股票发行价格、完成公司盈利预测、获得增发、配股资格以及避免被特别处理和延迟处理、摘牌等是上市公司利润操纵行为的主要动机。具体如下:

1.股权融资,包装上市。由于我国的公司股票发行与上市制度尚不规范,从而导致我国公司股票的发行与上市资格成为一项非常稀缺的资源。尽管国家规定上市公司必须在最近三年内连续盈利,但由于股票上市能给公司带来丰厚的资金回报,地方国有企业往往通过剥离资产或捆绑上市的途径,虚拟会计实体在会计期间的利润,以达到包装上市的目的。

2.配股增发,股市圈钱。上市伊始,每家上市公司都企图从股市中获得更多的经济资源,能否获得配股、增发的资格,将会直接影响其后续资金的注入与未来的发展。有些上市公司为了在股市继续圈钱,就进行"包装"造假。

3.规避管制,防止摘牌。由于公司股票上市额度有限,上市公司股票在我国成了十分珍贵的"壳"资源。但按现行规定,上市公司若连续两年亏损,或者每股净资产低于面值,或者财务状况出现异常时,上市公司的股票就要被特别处理(即 ST、PT 处理);若连续三年亏损,上市公司的股票就将被暂停上市交易(即摘牌)。上市公司为了免于 ST、PT 处理或摘牌,往往会通过利润操纵等会计造假手段与市场监管部门博弈。

4.配合庄家,操纵股价。我国证券市场还是个不成熟的新兴市场,具有较强的投机性,而过强的投机性又容易滋生"庄家"行为。由于庄家坐庄和出局的主要手段是炮制"题材"和披露"信息",故而庄家的投机行为务必得到上市公司的密切配合才能奏效。可见,庄家暴利操纵股价行为往往与上市公司的"内部人"利益紧密相连。

5.粉饰业绩,隐性分红。上市公司委托人(公司股东)的目标是股东财富最大化,而其代理人(公司高管当局)的目标是管理报酬最大化,两者有着不同的利益。当委托人通过薪金、奖金、股权、期权等合约使代理人目标与自身目标趋同时,由于信息的不对称和"内部人控制"的权力,公司高管当局为了其自身利益,往往会利用其管理权力和信息优势进行会计造假。目前,我国大部分国有上市公司的高管人员在一定程度上还是"准政府官员",他们要享受职务消费、要有政治前途,在公司整体经营状况不理想、监督机制不健全的情况下,通过利润操纵更能收到"立竿见影"的效果。

6.维持信用,负债筹资。企业经营周转所需资金在一定程度上依赖于金融机构的信贷资金,特别是那些丧失配股、增发等股权融资资格并以债务融资为主的上市公司更是如此。而包括商业银行在内的金融机构为了减少其信贷风险,在贷款时会通过债务契约与上市公司签订一系列以会计数据定义的保护性条款,如流动比率、资产负债率、利息保障倍数、净资产收益率、营运资本、现金流动比率、偿债准备金等,有些商业银行甚至规定不得向亏损企业贷款。当上市公司财务状况恶化,经营业绩不佳,有关会计数据接近债务契约规定底线而面临违约风险时,公司高管当局就很可能通过利润操纵来逃避违约惩罚。

(二)上市公司利润操纵的常用手段

1.虚构业务,为我所用。上市公司为了粉饰会计报表,常见的利润操纵手段是虚构经济业务,包括虚构销售对象、伪造购销合同、伪造出口报关单、填制虚假发票和出库单、混淆会计科目等。

2.关联方交易,转移利润。关联方交易主要包括母子公司间存货购销、资产置换、受托经营、资金往来、费用分摊等。由于上市公司内部治理结构的不完善,上市公司中"一股独大"现象较为普遍,使得控股公司可任意左右上市公司间的关联方交易。关联方利用协议定价而交换资产、分摊费用、转移利润,是某些上市公司利润操纵的常用手段。

3.减值准备,蓄水调节。一些上市公司形式上按会计准则规定运用预计资产损失和计提减值准备等方式,实际上具有很强的目的性和倾向性,有的甚至将其视为操纵盈亏的"蓄水池"。特别是 ST、PT 公司为了下年度的"保牌"或避免"摘帽",索性在当年大提资产减值准备,一次性亏个够,然后在下年度在其所能利用的政策空间冲回一部分减值准备就能"扭亏为盈"。

4.收入费用,虚假确认。根据需要相应地调整收入确认和成本费用结转的时间,也是上市公司常用的利润操纵方法。

5.利息费用,作资本化。长期借款、应付债券等负债的利息支出,根据具体情况可实行费用化或资本化的会计处理。一些上市公司为了操纵盈亏,常常以此为手段随意调节利润,将应计入当期损益的利息费用作资本化处理,计入在建工程或固定资产。

6.虚拟资产,潜亏挂账。一些上市公司为了虚增资产和利润,通常对那些超过使用期限而无生产经营能力的固定资产、滞销毁损的存货、三年以上的应收账款、超过受益期限的待摊费用及长期待摊费用、应注销的待处理财产损失等项目,作为虚拟资产而持续挂账。

7.股权投资,按需调整。根据会计准则规定,长期股权投资按持股比例可采用成本法或权益法核算。若采用权益法核算,子公司实现的盈利或亏损,母公司必须按持股比例确认其投资收益或损失;若采用成本法核算,母公司必须在子公司股利分配时才能确认投资收益,子公司的亏损则不确认为母公司的投资损失。因此,对于亏损严重的子公司,上市公司往往在期末虚假减持其持股比例至 20%以下,以暂时逃避其损失;而对于有盈利预期的子公司,若对其持股比例在 20%以下,上市公司通常会提高其持股比例至 20%以上,以大幅度提高其投资利润。

8.重大事项,隐瞒掩饰。有些重大的不确定事项,一旦不利事实出现,如资产减值、承担连带担保责任或败诉,上市公司就会损失惨重,有的甚至会遭受灭顶之灾。此时上市公司的"内部人"为了实现短期利润,往往对此予以隐瞒或掩饰。"其他应收款"和"其他应付款"是会计报表项目掩饰利润常用的"调节器";而对诉讼、委托理财、大股东占用资金、担保事项、关联方交易等重大事项则是通过"表外披露"进行隐瞒或掩饰的。

综上所述,上市公司利润操纵动机不尽相似,手法千差万别,然而公司利润操纵的结果不外乎四种情况:

一是利润最大化。上市公司上市前或上市后为达到预测目标,以及确保公司再融资资格和避免公司亏损时常使用此种手法。在这种情况下,公司会通过关联交易、潜亏挂账、提前确认收入等方法来编造公司的盈利假象,尽可能多地伪造利润。本文所举案例即属于此类。

二是利润最小化。上市公司为减少纳税、经营管理层为配合业绩考评以及上市公司为配合有关机构进行二级市场操作时可能会使用此种手法的。在这种情况下,公司可能会通过隐藏收入、推迟确认收入、提前确认成本和关联方转移利润等方法来隐藏公司利润,等到适当的时候再集中体现。

三是利润均衡化。所谓的"以丰补歉"。在这种情况下,由于公司未来的经营业绩具有很大的不确定性,如果某个年度的经营业绩超过一定的资格线,比如超过再融资资格线或者获得一定的利润,上市公司就会通过提前确认部分成本、推迟确认部分收入等手法来使公司几年内的业绩保持稳定或平稳增长势头。上市公司为确保公司的再融资资格或不致出现亏损年份时常会使用这种手法。

四是利润清洗。上市公司为避免连续亏损、经营管理层为配合业绩考评的时候经常会采用这种手法。在这种情况下,上市公司会将各种坏账、虚拟资产、待处理财产损益、存货潜亏和投资减值等可能亏损的科目全部在某一个会计期间予以反映,从而减轻以后年度的业绩压力。

第二节　天一科技虚构利润案例

一、公司概况

天一科技公司位于湘、鄂、赣三省交界的湖南平江县新城天岳经济开发区,前身为创建于 1958 年的一家地方国有农机制造企业,历经五十多年发展嬗变为一家集工、农业各种泵类、油田输油设备、电气自动控制设备制造销售的科技型上市公司。

1958 年 1 月平江县农业机械厂在风景秀丽的石碧潭畔正式挂牌成立。为当时县属国有第一家工业企业。主要生产简易的农机工具,公司创业初期,生产技术还基本处于手工作坊水平。1979 年 2 月至 1981 年更名为湖南省平江发电设备厂。在此前近十多年的生产过程中,企业响应国家大办水利的号召,针对市场需求大力开发生产水力发电设备,并引进相关人才,迅速发展成为湘鄂边区 1000KW 以下水力发电设备重点企业之一;同时,企业积极开发一种适用于农田灌溉的小型潜水电泵。1982 年 9 月正式更名为湖南平江潜水电泵厂,并成为系列潜水电泵专业厂家、机械工业部小型潜水电泵重点生产厂,跨入国家农机协会潜水电泵五大骨干厂家之一。至 1991 年,企业完成国家"星火"计划项目——系列潜水电泵为开发项目的开发生产。以平江《水花》牌为代表的系列潜水电泵,以性能稳定,高效节能,畅销大江南北,尤其在我国北方地区,甚至成为民间嫁女必备的嫁妆之一。因此发展成为我国农用潜水电泵五大骨干生产企业之一,最高生产峰值为年产电泵十万台,产值 5 000 万元,并创下连续十五年盈利的业绩,成为地方财政利税大户。1991 年 10 月,由湖南平江潜水电泵厂与美国杰姆克斯公司合资的岳阳奥星机电有限公司正式成立,生产经营领域由农用潜泵向工业用泵、系列油田输油泵扩展,进军国内石油石化行业。1996 年 10 月,由企业承担的国家"八五"火炬计划项目——系列油田稠油泵项目获得成功并通过国家科委等十余部门的项目验收,有 22 个产品填补国内空白,荣获国家新产品称号。1997 年 7 月企业更名为平江潜水电泵总厂。同年,以平潜总厂为主发起人,联合岳阳泰和、通海实业集团发起募集设立"湖南天一泵业股份有限公司"。

　　1998 年 11 月 18 日"天一泵业"4 500 万 A 股在深圳证券交易所成功发行,募集资金 2.64 亿元人民币。1998 年 12 月 9 日,经湖南省工商行政管理局核准,湖南天一泵业股份有限公司正式挂牌成立。1999 年 3 月 2 日,湖南天一泵业股份有限公司 4500 万 A 股在深交所正式上市交易,成为国内县级国有第一家上市公司,中国泵行业第一家泵业上市公司,誉称国内泵业第一股,掀开了它走向高科技、专业化的发展历程。1999 年 11 月 14 日,公司根据自身发展要求,更名为湖南天一科技股份有限公司,与国防科技大学联手,进军 IT 行业。2000 年 5 月,在长沙高新技术产业园区组建"湖南天一银河信息产业有限公司"。2004 年,公司因主客观多方面原因,经营出现重大亏损,同年 9 月,公司股票改称"ST 天一"。2005 年 9 月,中国长城资产管理公司入主天一科技,经营状况全面好转。2006 年 10 月,公司成功摘帽。2007 年 3 月,在平江县委政府支持下,公司启动内部改制程序,同时启动股权分置等项工作。至 2008 年 8 月,历时十九个月——公司完成内部改制,股权重组与股权分置改革三大动作,完成向现代企业管理制度的成功转型。现为中国长城资产管理公司绝对控股的上市公司。2007 年年底,公司涉足矿采开发和加工业。由公司开发生产的钠长石精粉、金属锑、铅粉等上游工业产品原料,在国内乃至亚洲享有较高的美誉,为公司新的重要支柱产业之一。2009 年,天一科技已经发展成一家集工、农业各种泵类、油田输油设备、电气自动控制设备制造销售、系统集成及计算机软硬件设计、开发制造的科技型上市公司。注册地:湖南平江。总股本 2.8 亿元人民币,总资产 8 亿元人民币,公司下辖 8 家控股分子公司,在册员工 905 人。

　　二、财务报告数据显示的光环

　　(一)2003 年度会计数据摘要

　　1.利润构成等数据摘要

表 11—1　　　　　　　　　　　会计期间:2003 年度　　　　　　　　　　单位:元

项　目	金　额
利润总额	17 343 586.37
净利润	14 031 547.35
扣除非经常性损益后的净利润	10 510 053.18

续表

主营业务利润	51 385 987.96
其他业务利润	5 245 876.21
营业利润	9 342 922.94
投资收益	7 260 626.38
补贴收入	597 282.05
营业外收支净额	142 755.00
经营活动产生的现金流量净额	22 510 934.57
现金及现金等价物净增加额	−50 295 292.69

2.非经常性损益的明细项目和金额

表 11－2 单位:元

项 目	金 额
处置长期股权投资产生的损益	873 040.43
股权投资差额摊销	−2 056.05
退回的增值税	597 282.05
对非金融企业收取的资金占用费	2 968 500.00
除资产减值准备外的营业外收入	571 284.64
除资产减值准备外的营业外支出	418 529.64
短期投资跌价准备的转回	129 642.00
合 计	4 719 163.43

该公司 2003 年度报告数据显示,公司经营状况良好,实现净利润 1 403 多万元。正如其报告中所述:"2003 年公司稳健经营传统产业的同时又积极开辟了新领域。公司通过改善法人治理结构,加大管理创新及技术创新的力度,提高产品质量,并努力根据市场需求开发新产品。公司目前产品销售网络逐步扩大,主营业务的销售达到三年来最好的水平,主营业务利润稳步增长。本年度实现销售收入 247 194 621.51 元,比去年增加 15.27％,实现主营业务利润 51 385 987.96 元,比去年增长 8.13％。销售毛利率得到明显提高。公司加强了内部管理,健全了财务管理制度,各项费用得到有效控制,三项费用相对增长比例远低于销售收入的增长比例,其中营业费用同比下降 9.00％。"

（二）2004 年上半年利润构成等数据摘要

表 11—3　　　　　　　会计期间：2004 年 1 月 1 日至 6 月 30 日　　　　　　单位：元

项　目	金　额
利润总额	8 820 874.72
净利润	7 979 710.98
扣除非经常性损益后的净利润	7 563 142.29
主营业务利润	22 185 813.16
其他业务利润	345 610.33
营业利润	5 141 883.08
投资收益	3 480 000.30
补贴收入	195 801.10
营业外收支净额	3190.24
每股经营活动产生的现金流量净额	0.005
净资产收益率	1.5％
每股收益	0.028

　　2004 年，该公司半年报的业绩仍比较喜人，仅半年就实现净利润近 800 万元，因为"2004 年上半年，公司继续坚持稳步发展机电行业的方针，不断加强对传统机电行业的技术改造，进一步完善产品质量，同时加大市场的开拓力度，在做好原有客户售后服务的同时，不断开拓新的客户资源，使上半年公司泵类产品的市场销售情况增幅明显，比去年同期增长 19.60％。上半年实现销售收入 98 048 224.35 元，实现主营业务利润 22 185 813.16 元"。

三、虚假披露曝光

　　2004 年，沈阳特派办按照审计署的统一部署，对北京天职孜信会计师事务所2003 年度审计业务质量进行检查，经对该所出具审计报告的 14 家上市公司的调查分析和工作底稿等资料审查，发现该所连续 5 年出具无保留意见审计报告的湖南天一科技股份有限公司（以下简称天一科技）疑点较多：一是该公司 4 个内部承包的驻外维修服务部分回利润达 395 万元，但承包分利协议的真实性不足；二是其联营公司分回利润 626 万元，占当期利润的 36％，但联营公司的报表却未按规定经过具有上市公司审计资格的会计师事务所审计，其利润的真实性值得怀疑；三是"在建工程"挂账预付某公司 2 451 万元购置设备款，却长达两年多未收到设备。该办经对天一科技公司重点延伸检查，发现了重大问题线索：该公司与当地的开户银行相互串通，通过伪造银行存款对账单方式，多计存款 1.31 亿元，少计贷款 7

100万元,并给事务所出具虚假的询证回函,欺骗事务所。同时通过隐蔽关联公司回款等方式虚计利润6 353.86万元,造成会计信息严重不实。

(一)虚假披露2003年度利润

天一科技公司2003年年报披露当年实现净利润1 403.15万元。经查明,天一科技采取虚构销售业务、少转销售成本、少计费用、虚拟承包合同和委托资产管理协议、虚构借款合同收取资金占用费等手段,虚构税前利润6 353.86万元,当年实际亏损4 950.71万元。具体包括:

1.天一科技公司当年虚构利润1 993.54万元。2003年,天一科技采用银行借款不入账的方法,少计短期借款16 900万元,由此少计当期财务费用1 367.54万元;天一科技虚构与泰和商城(天一科技持有27%的股权)的委托资产管理业务,编制虚假的泰和商城2003年财务报告,由此虚构当期投资收益626万元。上述两项违法行为共计虚构利润1993.54万元。

2.天一科技公司奥星分公司虚构利润1 030.72万元。2003年,天一科技奥星分公司采用少转销售成本的方法,虚构主营业务利润526.71万元;天一科技奥星分公司虚构与下属服务公司、长沙维修部、郑州维修部、石家庄维修部等四个单位的承包业务,虚构其他业务利润395万元;天一科技奥星分公司虚构与湖南天申机电设备有限公司(以下简称天申公司)的借款业务,收取资金占用费109.01万元,从而多冲减财务费用109.01万元。上述三项违法行为合计虚构利润1 030.72万元。

3.天一科技公司电器分公司虚构利润456万元。2003年,天一科技电器分公司采用少转销售成本的方法,虚构主营业务利润456万元,从而虚构利润456万元。

4.天一科技子公司湖南天银信息产业有限公司(原名湖南天一银河信息产业有限公司,以下简称天一银河)虚构利润2 746.95万元。2003年,天一银河虚构与长沙海姆信息技术研究所等七家单位的销售业务,虚构主营业务收入2 569.80万元,虚构主营业务成本167.08万元,从而虚构主营业务利润2 402.72万元;天一银河少计费用268.20万元;上海天一中原干燥技术工程有限公司(以下简称上海天一)虚构2003年投资收益149.08万元,按天一银河持有上海天一51%的股权计算,虚构天一银河利润76.03万元。上述三项违法行为共计虚构利润2746.95万元。按天一科技持有天一银河99%的股权计算,天一科技虚构利润2719.48万元。

5.天一科技子公司湖南长江实业投资有限公司(以下简称天一长江)虚构利润37.59万元。2003年,天一长江虚构与天申公司的借款业务,收取资金占用费37.59万元,从而多冲减财务费用37.59万元。按天一科技持有天一长江90.48%的股权计算,天一科技虚构利润34.01万元。

6.天一科技子公司湖南赛马工程机械有限公司(以下简称天一赛马)虚构利润124.25万元。2003年,天一赛马虚构与天申公司的借款业务,收取资金占用费124.25万元,从而多冲减财务费用124.25万元。按天一科技持有天一赛马96.

67％的股权计算,天一科技虚构利润 120.11 万元。

不仅如此,天一科技 2004 年的半年报也存在虚假披露。

(二)虚假披露 2004 年半年度利润

天一科技公司 2004 年半年报披露:当期实现净利润 797.97 万元。经查明,天一科技采取虚构销售业务、少结转销售成本、少计成本费用等手段,虚构税前利润 1 575.89 万元,当期实际亏损 777.92 万元。具体包括:

1.天一科技公司本部虚构利润 1 153.42 万元。2004 年上半年,天一科技采用银行借款不入账的方法,少计短期借款 14350 万元,由此少计当期财务费用 833.42 万元;天一科技虚构与泰和商城的委托资产管理协议,编制虚假的泰和商城 2004 年半年度财务报告,由此虚构当期投资收益 320 万元。上述两项违法行为共计虚构利润 1 153.42 万元。

2.天一科技子公司天一银河虚构利润 426.74 万元。2004 年上半年,天一银河虚构与湖南泰通电力科技有限公司销售业务,虚构主营业务收入 181.88 万元,从而虚构主营业务利润 181.88 万元;少转主营业务成本 65.46 万元;少摊销低值易耗品 1.28 万元,少计提存货跌价准备 150.02 万元,少确认应收账款坏账损失 3.76 万元,从而少计管理费用 155.07 万元;少计费用 24.34 万元。上述四项违法行为共计虚构利润 426.74 万元。按天一科技持有天一银河 99％的股权计算,天一科技虚构利润 422.47 万元。

四、事件结果

2005 年,中国证监会对上市公司 ＊ST 天一(原天一科技)作出行政处罚:该公司因虚假披露 2003 年度、2004 年半年度报告和隐瞒重大事项未披露,存在虚假披露信息的违纪问题,被处以 50 万元罚款;公司董事长、董事总经理被分别给予警告、罚款 10 万元,公司董事财务总监、4 名董事被分别给予警告、罚款 5 万元,公司独立董事被分别给予警告处分。

2007 年 9 月、10 月,天一科技因虚假披露 2003 年年报和 2004 年半年度报告以及隐瞒重大事项未披露,先后被 40 余名股民起诉至长沙中级人民法院,要求其赔偿因其虚假陈述而导致的买卖天一科技股票所蒙受的损失。后经长沙市中级人法院主持调解,公司与原告周燕芬、向义方、莫翰夫、查俊等达成如下协议:公司一次性补偿原告周燕芬 70 000 元整,向义方 4 000 元整,莫翰夫 12 838 元整、查俊 48 019.06 元整;调解书生效后,原告不再就此案主张任何权利;此案诉讼费用原告自愿负担。

第三节　案例分析

一、天一科技公司虚构利润的主要手段

通过上述案情介绍不难看出,天一科技公司在 2003 年至 2004 上半年中操纵

利润的手法主要有：

1.采用借款不入账，少计利息，借以虚增利润。采用该种手段累计虚增利润高达 2 200.94 万元。

2.采用虚构各种业务，借以虚增利润。通过虚构委托资产管理业务、与下属服务公司承包业务、借款业务、销售业务、投资业务等方式累计虚构利润达 4 505.62 万元。

3.采用少转成本费用，借以虚增利润。一年半时间内，该公司利用这种手法共计虚增利润为 1 250.91 万元。

由此可见，天一科技公司操纵利润的主要手段来自于虚构业务，而虚构的业务对象多为关联方，基于此，我们不难得出结论，关联方交易为一些不法企业进行利润操纵或虚构利润的主要条件。

二、从天一科技公司虚构利润看财务会计中的问题

从天一科技公司虚构利润的具体手法中，可以看出该公司在财务会计方面至少存在以下问题：

1.法律意识淡薄。该公司目无法纪，竟与当地的开户银行相互串通，通过伪造银行存款对账单方式，多计存款 1.31 亿元，少计贷款 7100 万元，并给事务所出具虚假的询证回函，欺骗事务所。

2.信息披露失真。在该公司 2003 年报和 2004 年半年利润报告中，均将原本严重亏损情况（实际累计亏损为 5 728.09 万元），却虚假报告为盈利。虚构利润高达 7 929.75 万元。

3.会计核算违规。该公司虚构销售业务、少转销售成本、少计费用等违规现象似乎成为家常便饭，财会制度形同虚设。

4.内部控制缺失。银行借款不入账，势必导致货币资金账实不符，进而引发现金流量失控，甚至出现资金的挪用、流失严重等问题，使得货币资金管理风险加大。

三、天一科技公司造假案的启示

（一）公司治理结构不合理

公司治理结构是防范财务舞弊最基础的一道防线，如果没有适当制约机制，很容易出现实际控制人在董事会"一言堂"现象，将上市公司作为谋取私利的工具。近年来监管层采取了一系列措施来完善上市公司治理，包括引进独立董事、成立审计委员会、分类表决制度，但中国的经济、法律和文化环境与发达国家存在很大差别，如何保证这些制度实施过程中的有效性是当前亟待解决的问题。由于财务舞弊通常给债权人也带来巨大损失，作为债权人的银行等机构有意愿且有能力来监督公司，应当加强债权人在公司治理中的作用。从天一科技公司不难看出：一是公司存在内部人控制；二是监事会形同虚设；三是大股东随意挪用资金，侵害中小股东利益。

（二）金融监管不力

从监管方面来说，监管不力、监管权限有限也是造成普遍虚假的原因之一。监

管部门监管体系薄弱,监管手段不成熟,监管人员严重不足,上市公司造假往往难以被及时发现查处。很多企业向银行大额贷款能够得逞,除了其造假水平高超外,从一个侧面反映了我国银行的治理结构与内部控制存在缺陷。天一科技公司已超越了证券行业的范围,涉及证券、银行等多个领域,因此有必要加强金融领域多部门间的监管协作,建立监管信息的沟通机制。如果能将各地贷款信息联网,在不同监管部门沟通,对天一科技公司未披露的大量融资信息就可尽早发现并及时监管。此外,国内一些非国有金融机构为多争得一杯羹,宁愿冒巨大风险,对一些贷款资料睁只眼闭只眼的现象普遍存在,更有甚者授意造假,纵容贷款企业的资金恶性循环。这也形成整个资金市场的不公平,不利于社会和谐平衡发展。

(三)忽视对现金流的审计

随着造假手段越来越高明,现金流信息同样具有很强的欺骗性,天一科技公司在伪造业绩的同时,也伪造了相应的现金流。很多上市公司利用存单质押担保的贷款方式实现资金的表外实质转移,但从形式上看,企业现金仍然在账上。可见,审计部门对天一科技公司货币资金余额的合理性和真实性分析不够,未对银行函证予以应有的重视。因此,审计部门不仅要对表内资产负债进行证实,更要注意查询是否存在财务报告未记载的表外负债或担保。另外,银行单证属于在被审计单位内部流转过的外部证据,其可靠性应被审慎评价。为保证函证有效,避免被审计单位利用高科技手段篡改、变造和伪造银行对账单等单证,审计师应尽量做到亲自前往银行询证,并注意函证范围的完整性。在现金流量指标上,不能只关注经营现金流量信息,还要结合投资和筹资活动考察现金流量状况。

(四)对上市公司担保监管不到位

从我国出现问题的其他上市公司看,一个显著特点是这类公司很多都存在严重违规担保现象。究其原因,多为监管部门未能采取有效措施加强对上市公司对外担保的管理,担保信息披露不及时。对上市公司担保情况和可能存在的风险没有给予相应的关注,上市公司财务信息的透明度不够。

四、防范上市公司利润操纵行为的对策

为了使我国的资本市场更加健康地发展,必须加大对上市公司虚假会计信息的治理力度。治理上市公司的利润操纵行为是一项系统工程,应该对上市公司及其他市场主体进行综合治理;治理的手段要以行政管制、道德教化、法律管制并举,以法律管制为主;治理的方式从事后查处为主转向事前预防和事后查处相结合,并逐步过渡到以事前预防为主。

(一)完善上市公司的治理

虚假会计信息从生成到对社会公告要涉及多个市场主体,仿佛是一个链条,环环相接,而上市公司是产生虚假信息的源头,应该是治理的重点。在对上市公司的治理中,要从公司负责人和财务负责人这两个源头抓起。首先,要对他们经常进行法制教育和职业道德教育,加强《会计法》《公司法》《企业会计准则》《证券法》等法律法规的宣传和普及,使他们牢固树立对单位会计责任负责的风险意识,建立依法理财的思想观念。这是一种以道德教化为手段,突出事前预防的治理方法,如果能够长期坚持富有成效的工作,使他们建立起诚信为本、依法经营的理念,便能从根本上治理虚假会计信息。其次,要从制度安排上减少虚假信息的产生。一是要完善公司治理结构。目前,我国上市公司治理结构中存在制约机制不够健全的问题,主要表现为"一股独大",控股股东与上市公司在人员、资产、财务方面分离不彻底、上市公司决策权过多集中于控股股东,致使容易发生内幕交易、操纵股市、转移资产等问题,以及为了自身利益,制造虚假信息,损害中小投资者的利益。因此,要通过持股结构的调整,分散大股东的股权,解决"一股独大"的问题,增强不同持股者之间的相互制衡。同时,建立健全独立董事制度,增强董事会内部的制约机制。二是要完善公司内部会计控制体系,对公司的各项经济活动实施严格的控制,规范公司的财务行为,以此保证会计信息的真实与完整。

(二)加强对中介机构的外部监管

目前,我国的会计师事务所及相关的中介机构普遍存在着责任心不强、风险意识淡薄、执业工作粗糙等问题,因此,要想保证中介机构对上市公司的监督质量,首先,中介机构自身要本着对广大投资者负责的态度,不断提高自己的职业道德素质和执业水平;其次,作为中介机构的主管部门(如财政部门、证券管理部门、行业协会等)要真正担负起约束中介机构行为的责任;第三,一旦中介机构出现有违职业道德或失职行为,作为管理部门,决不能姑息迁就,应加大处罚力度。

对于公司的上市,在上市申请的全过程中,包括上市前的辅导、上市相关材料的准备以及最后上市发行,证券公司担负着总策划、总负责、总把关的作用。证券公司的职业道德素质和执业水平在很大程度上决定着公司上市过程中的信息质量。因此,对证券公司的承销项目要实行跟踪检查制度,凡是骗取上市资格,或上市后与原来的公告信息出现重大差异者,证券公司必须承担相应责任。

(三)提高财务信息透明度

持续的信息公开制度有利于消除证券市场信息的不完全和不对称,抑制内幕交易和欺诈行为,实现证券市场的透明和规范。但是,目前在上市公司和即将上市公司缺乏自律的情况下,信息披露的真实性只有在监管部门的严格监管下才能保证实现。对公司业绩信息和关联交易信息一定要进行严格审查,发现有欺诈行为者,要依法进行严惩。尽早引入民事赔偿制度,对发布虚假信息给投资者造成的损失应由上市公司予以经济补偿。另外,为了提高上市公司信息披露的及时性,要从制度上规定它们加大信息披露的频率,例如采取季报披露制度等。

(四)进一步明确利润操纵行为的相关法律责任

为了提高会计信息质量,我国政府有关管理部门先后制订并发布了数十项相关的法规和制度,如《会计法》《企业财务会计报告条例》《企业会计准则》《会计基础工作规范》《上市公司财务报表披露细则》等,这些法规和制度尽管还有待于进一步完善,但是只要认真执行,基本能够保证会计信息的质量,更不会出现蓄意造假的现象。然而,目前最大的问题并不是现有的法规和制度某些方面不完善,而是贯彻执行的情况很差,很多单位是知法犯法,阳奉阴违。因此,加大相关法规、制度执行情况的检查力度是我们首先需要解决的问题。否则,法规和制度再完善也是枉然。加之目前我们对蓄意造假者的惩罚力度太弱,只伤其皮毛,不动其筋骨,致使某些单位和个人仍然敢于铤而走险。因此,对于藐视法律,恶意造假并产生严重后果者,一定要加大处罚力度,警示后来者不敢再重蹈覆辙。

在发达国家,因出具虚假的财务报告而给广大投资者或债权人造成损失的,要负民事赔偿责任。因此,随着全球经济一体化步伐的加快以及我国市场经济体制的日益完善,相关部门应尽快与国际惯例接轨,引入民事赔偿机制和相应的民事诉讼机制。这样,既可以使蒙受损失的投资者得到补偿,又能给造假者形成实在的经济压力,从而抑制其违法造假的冲动。

目前,证监会针对我国股市存在的现状,酝酿并提出了新的举措,如将允许更多私有和外资企业上市,减少国有股的比例,实施退出机制,以改善公司治理;提升会计和信息披露标准及会计师事务所的操守,以提高上市公司财务信息的质量,等等。

我们期望上市公司及从事证券、中介业务的广大从业人员,"诚信为本,操守为重,坚持准则,不做假账",遵守本行业公认的业务标准和道德规范,为证券市场提供更加优质的服务。各级监管部门继续贯彻"法制、监管、自律、规范"的八字方针,努力提高监管水平,把防范证券市场利润操纵及市场风险的各项措施贯穿到监管工作和市场运行的每个环节,保障证券市场的健康、规范发展。

【思考题】

1.如何理解企业利润最大化目标?

2.如何利用财务指标分析鉴别上市公司利润操纵?

3.你对"现代企业财务报告的核心思想之一就是中立性原则"如何理解?

4.结合你所了解的上市公司实际,谈谈如何治理上市公司利润操纵。

第十二章

企业 IPO 财务报表的分析质疑
——新大地公司 IPO 财务报表分析案例

教学内容与目标

本章首先介绍了财务报表的相关理论以及资产负债表、利润表、现金流量表的分析内容;其次介绍了广东新大地生物科技股份有限公司的基本情况;最后对广东新大地生物科技股份有限公司 IPO 财务报表进行分析,并在此基础上总结了企业 IPO 中应关注的财务节点。

通过本章的学习,要求学员能够了解财务报表的相关理论以及资产负债表、利润表、现金流量表的分析,掌握企业通过财务报表进行会计舞弊的手法,并能够对"新大地公司 IPO 财务报表分析"这一案例进行思考,提出自己的认识和看法。

第一节　知识准备

一、财务报表概述

（一）财务报表的概念

财务报表是指企业对外提供的反映企业某一特定日期的财务状况和某一会计期间的经营成果、现金流量等会计信息的文件,它包括会计报表及其附注和其他应当在财务报表中披露的相关信息和资料。

企业按照会计准则所编制的财务报表,能够为企业及其现在和潜在的投资者、债权人以及其他财务会计报告的使用者提供决策相关的财务信息,促进社会资源的合理配置,为公众的利益服务。具体作用包括以下几个方面:

1.向投资人提供有关企业的盈利能力和股利分配政策等方面的信息,便于他们做出正确的投资决策。

2.向债权人提供有关企业的资本结构、资产状况和盈利能力等方面的信息,便于他们做出正确的信贷决策。

3.向政府提供有关企业的盈利状况和纳税等方面的信息,为国家的宏观决策提供依据。

4.向企业管理人员提供有关企业某一特定日期财务状况以及某一特定期间经营业绩和现金流量方面的信息,为今后进行企业的生产经营决策和改善经营管理提供依据。

5.向雇员和工会提供有关企业盈利等方面的信息,便于分析判断企业盈利与雇员收入、保险、福利之间是否相适应。

6.向供应商提供有关企业财务状况等方面的信息,看是否与企业进行合作,是否应对企业延长付款期。

(二)财务报表的组成

一套完整的财务报表包括资产负债表、利润表、现金流量表、所有者权益变动表(或股东权益变动表)和财务报表附注。

1.资产负债表

资产负债表是指反映企业在某一特定日期的财务状况的报表。它主要反映资产、负债和所有者权益三方面的内容,并满足"资产＝负债＋所有者权益"平衡式。

(1)资产应当按照流动资产和非流动资产两大类别在资产负债表中列示,在流动资产和非流动资产类别下进一步按性质分项列示。

(2)负债应当按照流动负债和非流动负债在资产负债表中进行列示,在流动负债和非流动负债类别下再进一步按性质分项列示。

(3)所有者权益一般按照实收资本、资本公积、盈余公积和未分配利润分项列示。

2.利润表(或称损益表)

利润表是反映企业一定会计期间(如月度、季度、半年度或年度)生产经营成果的会计报表。企业一定会计期间的经营成果既可能表现为盈利,也可能表现为亏损,因此,利润表也被称为损益表。它全面揭示了企业在某一特定时期实现的各种收入、发生的各种费用、成本或支出,以及企业实现的利润或发生的亏损情况。

利润表主要反映以下几方面的内容:

(1)构成营业利润的各项要素。营业利润从营业收入出发,减去为取得营业收入而发生的相关成本、税金后,减去销售费用、管理费用、财务费用、资产减值损失,加(减)投资收益(损失)、加上公允价值变动损益后得出。

(2)构成利润总额(或亏损总额)的各项要素。利润总额(或亏损总额)在营业利润的基础上加营业外收支净额后得出。

(3)构成净利润(或净亏损)的各项要素。净利润(或净亏损)在利润总额(或亏损总额)的基础上,减去本期计入损益的所得税费用后得出。

在利润表中,企业通常按各项收入、费用以及构成利润的各个项目分类分项列示。也就是说收入按其重要性进行列示,主要包括营业收入、投资收益、补贴收入、营业外收入;费用按其性质进行列示主要包括营业成本、主营业务税金及附加、销售费用、管理费用、财务费用、营业外支出、所得税等;利润按营业利润、利润总额和净利润等利润的构成分类分项列示。

3.现金流量表

现金流量表,是指反映企业在一定会计期间内现金和现金等价物流入和流出的报表。现金,是指企业库存现金以及可以随时用于支付的存款。现金等价物,是指企业持有的期限短、流动性强、易于转换为已知金额现金、价值变动风险很小的投资。

现金流量表反映企业现金流量的来龙去脉,当中分为经营活动、投资活动及筹资活动三部分。它的主要作用有:

(1)现金流量表能够说明企业一定期间内现金流入和流出的原因。

(2)现金流量表能够说明企业的偿债能力和支付股利的能力。

(3)现金流量表可以用来分析企业未来获取现金的能力。

(4)现金流量表可以用来分析企业投资和理财活动对经营成果和财务状况的影响。

(5)现金流量表能够提供不涉及现金的投资和筹资活动的信息。

(6)编制现金流量表,便于和国际惯例相协调。

4.所有者权益变动表

所有者权益变动表是反映构成所有者权益的各组成部分当期的增减变动情况的报表。不仅反映当期企业所有者权益(股东权益)总量的增减变动情况,还包括结构变动的情况,特别是要反映直接记入所有者权益的利得和损失,让报表使用者准确理解所有者权益增减变动的根源。

所有者权益变动表在一定程度上体现了企业综合收益。综合收益,是指企业在某一期间与所有者之外的其他方面进行交易或发生其他事项所引起归净资产变动。综合收益的构成包括两部分:净利润和直接计入所有者权益的利得和损失。其中,前者是企业已实现并已确认的收益,后者是企业未实现但根据会计准则的规定已确认的收益。用公式表示如下:

综合收益=收入+直接计入所有者权益的利得和损失

其中:净利润=收入-费用+直接计入当期损益的利得和损失

5.财务报表附注一般包括如下项目:

(1)企业的基本情况;

(2)财务报表编制基础;

（3）遵循企业会计准则的声明；

（4）重要会计政策和会计估计；

（5）会计政策和会计估计变更及差错更正的说明；

（6）重要报表项目的说明；

（7）其他需要说明的重要事项，如或有和承诺事项、资产负债表日后非调整事项，关联方关系及其交易等。

在财务报表中，如果附有会计师事务所的审计报告，它可信性将会更高。所以在周年股东大会上，财务报表一般要附有审计报告。

在企业中的公司年报，按上市规则，除了财务报告，还有公司主席业务报告、企业管治报告等多份非会计文件。不过，股民最关心的，还是公司年报内的派息建议，及分析财务报表上的营利率。

二、财务报表的分析

（一）资产负债表的分析

1.由于企业总资产在一定程度上反映了企业的经营规模，而它的增减变化与企业负债与股东权益的变化有极大的关系，当企业股东权益的增长幅度高于资产总额的增长时，说明企业的资金实力有了相对的提高；反之则说明企业规模扩大的主要原因是来自于负债的大规模上升，进而说明企业的资金实力在相对降低、偿还债务的安全性亦在下降。

2.对资产负债表的一些重要项目，尤其是期初与期末数据变化很大，或出现大额红字的项目进行进一步分析，如流动资产、流动负债、固定资产、有代价或有息的负债（如短期银行借款、长期银行借款、应付票据等）、应收账款、货币资金以及股东权益中的具体项目等。例如，企业应收账款过多占总资产的比重过高，说明该企业资金被占用的情况较为严重，而其增长速度过快，说明该企业可能因产品的市场竞争能力较弱或受经济环境的影响，企业结算工作的质量有所降低。此外，还应对报表附注说明中的应收账款账龄进行分析，应收账款的账龄越长，其收回的可能性就越小。又如，企业年初及年末的负债较多，说明企业每股的利息负担较重，但如果企业在这种情况下仍然有较好的盈利水平，说明企业产品的获利能力较佳、经营能力较强，管理者经营的风险意识较强、魄力较大。再如，在企业股东权益中，如法定的资本公积金大大超过企业的股本总额，这预示着企业将有良好的股利分配政策。但与此同时，如果企业没有充足的货币资金作保证，预计该企业将会选择送配股增资的分配方案而非采用发放现金股利的分配方案。另外，在对一些项目进行分析评价时，还要结合行业的特点进行。就房地产企业而言，如该企业拥有较多的存货，意味着企业有可能存在着较多的、正在开发的商品房基地和项目，一旦这些项目完工，将会给企业带来很高的经济效益。

3.对一些基本财务指标进行计算，计算财务指标的数据来源主要有以下几个方面:直接从资产负债表中取得,如净资产比率;直接从利润及利润分配表中取得,如销售利润率;同时来源于资产负债表利润及利润分配表,如应收账款周转率;部分来源于企业的账簿记录,如利息支付能力。

4.在以上工作的基础上,对企业的财务结构、偿债能力等方面进行综合评价。值得注意的是,由于上述这些指标是单一的、片面的,因此,就需要能够以综合、联系的眼光进行分析和评价,因为反映企业财务结构指标的高低往往与企业的偿债能力相矛盾。如企业净资产比率很高,说明其偿还期债务的安全性较好,但同时就反映出其财务结构不尽合理。如作为一个长期投资者,所关心的就是企业的财力结构是否健全合理;相反,如以债权人的身份出现,他就会非常关心该企业的债务偿还能力。最后还须说明的是,由于资产负债表仅仅反映的是企业某一方面的财务信息,因此要对企业有一个全面的认识,还必须结合财务报告中的其他内容进行分析,以得出正确的结论。

(二)利润表的分析

利润表包括两个方面:一是反映企业的收入及费用,说明企业在一定时期内的利润或亏损数额,据以分析企业的经济效益及盈利能力,评价企业的管理业绩;另一部分反映企业财务成果的来源,说明企业的各种利润来源在利润总额中占的比例,以及这些来源之间的相互关系。

对利润表进行分析,主要从两方面入手:

1.收入项目分析。企业通过销售产品、提供劳务取得各项营业收入,也可以将资源提供给他人使用,获取租金与利息等营业外收入。收入的增加,则意味着企业资产的增加或负债的减少。记入收入账的包括当期收讫的现金收入、应收票据或应收账款,以实际收到的金额或账面价值入账。

2.费用项目分析。费用是收入的扣除,费用的确认,扣除正确与否直接关系到企业的盈利。所以分析费用项目时,应首先注意费用包含的内容是否适当。确认费用应贯彻权责发生制原则、历史成本原则、划分收益性支出与资本性支出的原则等;其次要对成本费用的结构与变动趋势进行分析,分析各项费用占营业收入百分比,分析费用结构是否合理,对不合理的费用要查明原因。同时对费用的各个项目进行分析,看看各个项目的增减变动趋势,以此判定企业的管理水平和财务状况,预测企业的发展前景。

(三)现金流量表的分析

现金流量表是以收付实现制为编制基础,反映企业在一定时期内现金收入和现金支出情况的报表。对现金流量表的分析,既要掌握该表的结构及特点,分析其内部构成,又要结合损益表和资产负债表进行综合分析,以求全面、客观地评价企业的财务状况和经营业绩。因此,现金流量表的分析可从以下几方面着手:

1.现金流量及其结构分析

企业的现金流量由经营活动产生的现金流量、投资活动产生的现金流量和筹资活动产生的现金流量三部分构成。分析现金流量及其结构,可以了解企业现金的来龙去脉和现金收支构成,评价企业经营状况、创现能力、筹资能力和资金实力。

(1)经营活动产生的现金流量分析

①将销售商品、提供劳务收到的现金与购进商品、接受劳务付出的现金进行比较。在企业经营正常、购销平衡的情况下,二者比较是有意义的。比率大,说明企业的销售利润大,销售回款良好,创现能力强。

②将销售商品、提供劳务收到的现金与经营活动流入的现金总额比较,可大致说明企业产品销售现款占经营活动流入的现金的比重有多大。比重大,说明企业主营业务突出,营销状况良好。

③将本期经营活动现金净流量与上期比较,增长率越高,说明企业成长性越好。

(2)投资活动产生的现金流量分析

当企业扩大规模或开发新的利润增长点时,需要大量的现金投入,投资活动产生的现金流入量补偿不了流出量,投资活动现金净流量为负数,但如果企业投资有效,将会在未来产生现金净流入用于偿还债务,创造收益,企业不会有偿债困难。因此,分析投资活动现金流量,应结合企业目前的投资项目进行,不能简单地以现金净流入还是净流出来论优劣。

(3)筹资活动产生的现金流量分析

一般来说,筹资活动产生的现金净流量越大,企业面临的偿债压力也越大,但如果现金净流入量主要来自于企业吸收的权益性资本,则不仅不会面临偿债压力,资金实力反而增强。因此,在分析时,可将吸收权益性资本收到的现金与筹资活动现金总流入比较,所占比重大,说明企业资金实力增强,财务风险降低。

(4)现金流量构成分析

首先,分别计算经营活动现金流入、投资活动现金流入和筹资活动现金流入占现金总流入的比重,了解现金的主要来源。一般来说,经营活动现金流入占现金总流入比重大的企业,经营状况较好,财务风险较低,现金流入结构较为合理。其次,分别计算经营活动现金支出、投资活动现金支出和筹资活动现金支出占现金总流出的比重,它能具体反映企业的现金用于哪些方面。一般来说,经营活动现金支出比重大的企业,其生产经营状况正常,现金支出结构较为合理。

(四)现金流量表与利润表比较分析

利润表是反映企业一定期间经营成果的重要报表,它揭示了企业利润的计算过程和利润的形成过程。利润被看成是评价企业经营业绩及盈利能力的重要指标,但却存在一定的缺陷。众所周知,利润是收入减去费用的差额,而收入费用的确认与计量是以权责发生制为基础,广泛地运用收入实现原则、费用配比原则、划分资本性支出和收益性支出原则等来进行的,其中包括了太多的会计估计。尽管会计人员在进行估计时要遵循会计准则,并有一定的客观依据,但不可避免地要运用主观判断,而且,由于收入与费用是按其归属来确认的,而不管是否实际收到或付出了现金,以此计算的利润常常使一个企业的盈利水平与其真实的财务状况不符。有的企业账面利润很大,看似业绩可观,而现金却入不敷出,举步维艰;而有的企业虽然巨额亏损,却现金充足,周转自如。所以,仅以利润来评价企业的经营业绩和获利能力有失偏颇。如能结合现金流量表所提供的现金流量信息,特别是经营活动现金净流量的信息进行分析,则较为客观全面。其实,利润和现金净流量是两个从不同角度反映企业业绩的指标,前者可称之为应计制利润,后者可称之为现金制利润。二者的关系,通过现金流量表的补充资料揭示出来。具体分析时,可将现金流量表的有关指标与损益表的相关指标进行对比,以评价企业利润的质量。

1.经营活动现金净流量与净利润比较,能在一定程度上反映企业利润的质量。也就是说,企业每实现1元的账面利润中,实际有多少现金支撑,比率越高,利润质量越高。但这一指标,只有在企业经营正常,既能创造利润又能赢得现金净流量时才可比,分析这一比率也才有意义。为了与经营活动现金净流量计算口径一致,净利润指标应剔除投资收益和筹资费用。

2.销售商品、提供劳务收到的现金与主营业务收入比较,可以大致说明企业销售回收现金的情况及企业销售的质量。收现数所占比重大,说明销售收入实现后所增加的资产转换现金速度快、质量高。

3.分得股利或利润及取得债券利息收入所得到的现金与投资收益比较,可大致反映企业账面投资收益的质量。

(五)现金流量表与资产负债表比较分析

资产负债表是反映企业期末资产和负债状况的报表,运用现金流量表的有关指标与资产负债表有关指标比较,可以更客观地评价企业的偿债能力、盈利能力及支付能力。

1.偿债能力分析。流动比率是流动资产与流动负债之比,而流动资产体现的是能在一年内或一个营业周期内变现的资产,包括了许多流动性不强的项目,如呆滞的存货、有可能收不回的应收账款、待处理流动资产损失和预付账款等。它们虽然具有资产的性质,但事实上却不能再转变为现金,不再具有偿付债务的能力,而且,不同企业的流动资产结构差异较大,资产质量各不相同,因此,仅用流动比率等指标来分析企业的偿债能力,往往有失偏颇。可运用经营活动现金净流量与资产负债表相关指标进行对比分析,作为流动比率等指标的补充。

2.盈利能力及支付能力分析。由于利润指标存在的缺陷,因此,可运用现金净流量与资产负债表相关指标进行对比分析,作为每股收益、净资产收益率等盈利指标的补充。

(1)每股经营活动现金净流量与总股本之比。这一比率反映每股资本获取现金净流量的能力,比率越高,说明企业支付股利的能力越强。

(2)经营活动现金净流量与净资产之比。这一比率反映投资者投入资本创造现金的能力,比率越高,创现能力越强。

3.销售商品、提供劳务收到的现金与主营业务收入比较,可以大致说明企业销售回收现金的情况及企业销售的质量。收现数所占比重大,说明销售收入实现后所增加的资产转换现金速度快、质量高。

4.分得股利或利润及取得债券利息收入所得到的现金与投资收益比较,可大致反映企业账面投资收益的质量。

第二节　新大地公司 IPO 财务报表分析案例

一、背景资料

(一)企业简介

广东新大地生物科技股份有限企业位于广东省平远县长田镇油茶工业园,企业前身为广东新大地生物科技有限企业,始建于 2004 年,于 2008 年变更为广东新大地生物科技股份有限企业,是国家级高新技术企业。企业与国家林业局油茶研究开发中心、华南农业大学、中山大学、华南理工大学、广东省农科院等建立了长期紧密的技术合作关系。在国家大力发展现代农业的背景下,作为油茶精深加工领域的先行者与技术领先者,企业自 2004 年成立以来,始终秉承"以科技创新为先导,精深加工为核心,打造现代油茶产业体系"的全产业链循环发展理念,致力于推动中国油茶产业化的发展。企业是专业从事油茶产业深度开发的高新技术企业,通过"产学研"结合、"企业、基地、农户"经营模式,建设油茶加工基地、种源、种苗基地、油茶生态观赏基地、油茶丰产栽培示范基地。建成并投产的有 20 吨/日茶籽压榨生产线,50 吨/日茶籽饼制油生产线,10 吨/日茶籽油精炼生产线,1 000 吨/年油茶籽日化系列用品生产线,500 吨/年茶皂素生产线。同时,为扩大生产规模,在江西组建了遂川县新大地生物科技有限企业,建成并投产的有 20 吨/日茶籽压榨生产线,100 吨/日茶籽饼制油生产线。同时,拟新建两条 150 吨/日茶籽饼制油生产线。企业在生产茶油、洗涤用品的基础上,还将致力于产业链的进一步拓展与延伸,进行生物农药、生物有机肥等产品的深度开发,拟建年产 3000 吨茶皂素生物农药及年产 6 万吨茶粕有机肥生产线,形成全国最具产业规模的龙头企业,并带动千家万户农民成为油茶产业的参与者和受益者。企业采用的"山茶油精炼技术"、"茶皂素萃取技术"国内领先,填补了广东空白。企业先后被认定为"高新技术企业"、"国家扶贫龙头企业"、"广东省知识产权优势企业"、"广东省清洁生产企业"、"广东省民营科技企业"、"广东省扶贫农业龙头企业"、"广东省健康农业科技示范基地",油茶深加工及其产业化项目被列为"国家星火计划项目"。

目前,企业已分别在广东平远和江西遂川建成了两大产业基地,依托丰富的油茶资源优势,开拓创新,锐意进取,走出了一条"产业规划科学、加工布局合理、产品结构完善、综合利用水平高、经济效益、生态效益和社会效益良好"的绿色发展之路,形成了"三圃二基地一中心"的油茶产业化体系。为改造传统炼油工艺,企业组织科研人员进行了物理精制山茶油技术的研发,该项技术通过省、市科技成果鉴定,并获得国家发明专利。通过物理精制山茶油技术能有效减少中性油在脱酸工序中的损失,提高出油率3%,且在脱臭物收集液中直接获得2.5%的混合脂肪酸,同时,通过冬化分提,使油品质量得到提高。企业自主创新的"化妆品用茶油精炼技术"和"茶皂素生产工艺",填补了广东省空白,"山茶油精制方法"获国家发明专利。

(二)经营范围

企业主营业务为良种油茶苗的培育与推广及油茶精深加工系列产品的研发、生产和销售。产品涵盖了油茶全产业链的上、中、下游,即上游的良种油茶苗的培育与推广、高产油茶林基地的开发与建设;中游的茶油系列产品的研发、生产和销售,如精炼茶油等;下游的茶油精深开发如山茶油维E胶囊、护肤山茶油等,副产物茶粕、茶壳的综合利用如茶粕有机肥、天然山茶籽洗洁粉等,茶皂素及其衍生品的开发如茶皂素洗涤品、茶皂素生物农药等。

(三)公司 IPO 被终止

公司2010年启动创业板IPO,保荐机构为南京证券,一路过关斩将,2012年4月预披露招股书,5月成功过会,随后遭媒体举报,证监会终止审查新大地IPO申报材料并开展立案调查。2012年7月16日,证监会将新大地列入终止审查IPO申报企业名单,这是创业板首个过会后因媒体质疑财务造假而被终止审查的企业。

二、新大地 IPO 招股说明书节选

新大地IPO招股说明书(申报稿)详见:http://www.csrc.gov.cn/pub/zjhpublic/cyb/cybypl/201204/t20120412_208511.htm。

(一)新大地财务报表的编制基准和合并报表范围

1.财务报表的编制基准

新大地公司申请首次公开发行股票确定的财务报表编制期间为2009年1月1日至2011年12月31日。该企业是由广东新大地生物科技有限企业整体变更设立,企业设立前财务报告的会计主体是以广东新大地生物科技有限企业的企业架构为前提,按广东新大地生物科技有限企业在各年度实际存在的企业架构进行编制,该企业设立后是按本企业实际存在的企业架构进行编制。

财政部于2006年2月15日颁布《企业会计准则——基本准则》和《企业会计准则——存货》等38项具体准则,2006年10月30日颁布《企业会计准则——应用指南》,构成了新企业会计准则体系。该企业于2007年1月1日起执行新企业会计准则体系。根据中国证监会《关于做好与新会计准则相关信息披露工作的通知》(证监发[2006]136号)、《公开发行证券的企业信息披露规范问答第7号——新旧会计准则过渡期间比较财务会计信息的编制和披露》(证监会会计字[2007]第10号)的规定,本次申报财务报表的编制基础为:以2007年1月1日为执行新企业会计准则体系的首次执行日,并已按照《企业会计准则第38号——首次执行企业会计准则》及其他相关规定,对可比年度的财务报表予以追溯调整。

2.合并报表范围

报告期内,纳入合并报表范围的全资子企业情况如下:

表 12-1

项　　目	遂川新大地	新大地销售
注册地点	江西省吉安市遂川县	广东省梅州市
注册时间	2008年7月7日	2011年8月19日
注册资本(万元)	1 600.00	300
持股比例	100%	100%
主营业务	毛油加工	零售兼批发
纳入合并报表时间	2008年7月7日—至今	2011年8月19日—至今

关于合并报表范围的变更:新大地2011年8月19日新投资设立了全资子企业梅州市新大地销售有限企业,自设立之日起将该企业纳入合并范围。

(二)部分财务报表

1.合并资产负债表

表 12-2　　　　　　　　　　　　　　　　　　　　　　　　　单位:元

资　　产	2011.12.31	2010.12.31	2009.12.31
流动资产:			
货币资金	30 570 362.35	5 754 773.18	3 904 263.88
应收账款	13 753 095.39	8 314 617.82	5 154 058.00
预付款项	5 335 898.25	12 646 497.00	7 545 580.97
应收股利	——	——	129 850.00
其他应收款	——	——	36 435.70

续表

存货	49 879 955.53	40 556 608.52	25 444 864.13
流动资产合计	99 539 311.52	67 272 496.52	42 215 052.68
非流动资产：			
长期股权投资	2 000 000.00	2 000 000.00	2 000 000.00
固定资产	83 175 474.06	75 626 026.74	53 648 265.08
在建工程	220 761.20	745 651.20	8 554 841.70
生产性生物资产	4 490 226.70	1 548 107.54	——
无形资产	16 710 909.46	9 082 334.90	9 304 553.11
开发支出	2 080 594.52	1 646 540.05	547 012.08
长期待摊费用	297 111.90	463 258.38	131 811.76
递延所得税资产	18 792.11	4 875.75	1 950.30
非流动资产合计	108 993 869.95	91 116 794.56	74 188 434.03
资产总计	208 533 181.47	158 389 291.08	116 403 486.71
负债和所有者权益			
流动负债：			
短期借款	13 800 000.00	17 100 000.00	3 800 000.00
应付账款	2 357 648.13	887 458.32	1 778 837.72
预收款项	632 900.00	280 160.00	100 000.00
应付职工薪酬	393 935.17	184 351.39	177 240.40
应交税费	−1 210 576.20	−870 311.51	−276 196.64
应付利息	95 581.59	41 402.41	——
其他应付款	5 035 090.78	4 009 099.36	8 000 000.00
一年内到期的非流动负债	1 000 000.00	10 270 911.23	2 301 600.00
流动负债合计	22 104 579.47	31 903 071.20	15 881 481.48

续表

非流动负债:			
长期借款	23 583 400.00	14 579 305.06	13 782 711.23
其他非流动负债	29 919 549.76	14 815 289.00	12 232 928.21
非流动负债合计	53 502 949.76	29 394 594.06	26 015 639.44
负债合计	75 607 529.23	61 297 665.26	41 897 120.92
所有者权益:			
实收资本(或股本)	38 000 000.00	38 000 000.00	38 000 000.00
资本公积	16 186 396.18	16 186 396.18	16 186 396.18
盈余公积	7 545 598.14	4 224 958.55	2 000 199.00
未分配利润	71 193 657.92	38 680 271.09	18 319 770.61
归属于母企业所有者权益合计	132 925 652.24	97 091 625.82	74 506 365.79
少数股东权益	——	——	——
所有者权益合计	132 925 652.24	97 091 625.82	74 506 365.79
负债和所有者权益总计	208 533 181.47	158 389 291.08	116 403 486.71

2.合并利润表

表 12-3
单位:元

项目	2011 年度	2010 年度	2009 年度
一、营业总收入	123 560 505.11	87 737 998.35	47 970 122.29
主营业务收入	123 342 295.71	87 568 556.81	47 963 904.29
其他业务收入	218 209.40	169 441.54	6 218.00
二、营业总成本	88 649 501.04	65 755 099.88	33 838 067.40
其中:营业成本	76 422 301.56	57 290 579.11	28 302 812.31
营业税金及附加	489 456.44	292 992.42	125 639.79
销售费用	2 503 973.88	1 638 658.89	1 165 647.47
管理费用	6 514 820.91	4 884 417.72	3 652 696.58

续表

财务费用	2 699 445.25	1 628 948.74	942 239.57
资产减值损失	19 503.00	19 503.00	−350 968.32
加:投资收益	140 000.00	——	149 700.00
三、营业利润	35 051 004.07	21 982 898.47	14 281 754.89
加:营业外收入	7 147 266.49	4 730 456.01	2 824 492.74
减:营业外支出	101 650.00	158 660.92	160 500.00
四、利润总额	42 096 620.56	26 554 693.56	16 945 747.63
减:所得税费用	6 262 594.14	3 969 433.53	2 592 270.46
五、净利润	35 834 026.42	22 585 260.03	14 353 477.17
归属于母企业股东净利润	35 834 026.42	22 585 260.03	14 353 477.17
少数股东损益	——	——	——
六、每股收益			
基本每股收益	0.94	0.59	0.38
稀释每股收益	0.94	0.59	0.38
七、其他综合收益	——	——	——
八、综合收益总额	35 834 026.42	22 585 260.03	14 353 477.17
归属于母企业股东综合收益总额	35 834 026.42	22 585 260.03	14 353 477.17
归属于少数股东综合收益总额	——	——	——

3.母企业资产负债表

表 12—4　　　　　　　　　　　　　　　　　　　　　　　　　　单位:元

资　　产	2011.12.31	2010.12.31	2009.12.31
货币资金	27 489 432.73	5 347 161.53	3 310 351.41
应收账款	13 753 095.39	8 314 617.82	5 154 058.00
预付款项	21 199 334.25	32 058 699.56	18 943 880.97
应收股利	——	——	129 850.00
其他应收款	——	——	4 417.80
存货	35 154 488.49	24 478 028.04	15 980 395.10

续表

流动资产合计	97 596 350.86	70 198 506.95	43 522 953.28
非流动资产：			
长期股权投资	21 000 000.00	18 000 000.00	18 000 000.00
固定资产	66 314 400.36	60 337 482.76	38 027 110.62
在建工程	220 761.20	745 651.20	8 554 841.70
生产性生物资产	4 490 226.70	1 548 107.54	——
无形资产	14 275 733.18	6 611 050.37	6 781 604.02
开发支出	2 080 594.52	1 646 540.05	547 012.08
长期待摊费用	297 111.90	463 258.38	131 811.76
递延所得税资产	7 801.20	4 875.75	1 950.30
非流动资产合计	108 686 629.06	89 356 966.05	72 044 330.48
资产总计	206 282 979.92	159 555 473.00	115 567 283.76
负债和所有者权益			
流动负债：			
短期借款	13 800 000.00	17 100 000.00	3 800 000.00
应付账款	2 270 003.13	758 296.32	304 769.46
预收款项	178 200.00	280 160.00	——
应付职工薪酬	345 230.39	159 706.80	116 446.58
应交税费	477 932.94	1 169 707.42	904 828.34
应付利息	95 581.59	41 402.41	——
其他应付款	5 035 090.78	4 009 099.36	8 000 000.00
一年内到期的非流动负债	1 000 000.00	10 270 911.23	2 301 600.00
非流动负债：			
长期借款	23 583 400.00	14 579 305.06	13 782 711.23
其他非流动负债	29 919 549.76	14 815 289.00	12 232 928.21

续表

非流动负债合计	53 502 949.76	29 394 594.06	26 015 639.44
流动负债合计	76 704 988.59	63 183 877.60	41 443 283.82
所有者权益:			
实收资本(或股本)	38 000 000.00	38 000 000.00	38 000 000.00
资本公积	16 186 396.18	16 186 396.18	16 186 396.18
盈余公积	7 545 598.14	4 224 958.55	2 000 199.00
未分配利润	67 845 997.01	37 960 240.67	17 937 404.76
所有者权益合计	129 577 991.33	96 371 595.40	74 123 999.94

4.母企业利润表

表 12－5　　　　　　　　　　　　　　　　　　　　　　　　　　　单位:元

项　目	2011 年度	2010 年度	2009 年度
一、营业收入	106 154 753.30	76 637 637.69	42 838 934.19
减:营业成本	64 028 878.78	47 385 518.26	24 360 585.70
营业税金及附加	413 751.04	265 444.64	116 106.63
销售费用	2 029 658.93	1 638 658.89	1 090 702.96
管理费用	5 571 423.06	4 172 217.29	2 922 377.66
财务费用	2 699 526.94	1 626 283.45	941 386.57
资产减值损失	19 503.00	19 503.00	－350 968.32
加:投资收益	140 000.00	——	149 700.00
二、营业利润	31 532 011.55	21 530 012.16	13 908 442.99
加:营业外收入	7 147 266.49	4 730 456.01	2 824 492.74
减:营业外支出	101 550.00	158 660.92	160 500.00
三、利润总额	38 577 728.04	26 101 807.25	16 572 435.73
减:所得税费用	5 371 332.11	3 854 211.79	2 488 427.96

续表

四、净利润	33 206 395.93	22 247 595.46	14 084 007.77
五、每股收益			
基本每股收益	0.87	0.59	0.37
稀释每股收益	——	——	——
六、其他综合收益	——	——	——
七、综合收益总额	33 206 395.93	22 247 595.46	14 084 007.77

(三)相关财务指标

表 12—6

财务指标/时间	2011 年	2010 年	2009 年
总资产(亿元)	2.085	1.584	1.164
净资产(亿元)	1.329	0.971	0.745
少数股东权益(亿元)			
营业收入(亿元)	1.2334	0.8757	0.4796
净利润(亿元)	0.3583	0.2259	0.1435
资本公积(亿元)	0.1619	0.1619	0.1619
未分配利润(亿元)	0.7119	0.3868	0.1832
基本每股收益(元)	0.94	0.59	0.38
稀释每股收益(元)	0.94	0.59	0.38
每股现金流(元)	0.75	0.14	0.12
净资产收益率(%)	31.16	26.32	21.32

(四)发行人产品的产能、产量和销量情况

1.报告期内,公司产品的产能、产量和销量情况如下:

表 12-7   单位:元

2011 年度					
产品	产能	产量	产能利用率	销量	产销率
精炼茶油	1,250.00	1,164.04	93.12%	1,178.99	101.28%
茶粕	26,700	22,315.13	83.58%	20,185.59	90.46%
洗涤品	600	616.68	102.78%	619.17	100.40%
茶粕有机肥	9,000	9,254.16	102.82%	619.17	100.40%
茶皂素	300	—	—	—	—
油茶苗(万株)	1,000	206.80	20.68%	185.52	88.26%
2010 年度					
产品	产能	产量	产能利用率	销量	产销率
精炼茶油	1,000	1,036.06	103.61%	1,211.08	116.89%
茶粕	26,700	19,185.52	71.86%	16,782.61	87.48%
洗涤品	600	396.09	66.02%	397.28	100.30%
茶粕有机肥	3,600	2,555.34	70.98%	2,440.90	95.52%
茶皂素	300	14.21	4.74%	7.17	50.46%
油茶苗(万株)	800	209.28	26.16%	183.62	87.74%
2009 年度					
产品	产能	产量	产能利用率	销量	产销率
精炼茶油	1,000	807.35	80.74%	735.86	91.12%
茶粕	18,600	18,466.62	99.28%	19,476.50	105.47%
洗涤品	300	119.11	39.70%	115.75	97.18%
茶皂素	300	29.20	9.73%	24.81	84.97%
油茶苗(万株)	800	225.52	28.19%	60.94	27.02%

注:由于公司精炼茶油产品市场销售良好,而其产能趋于饱和,公司于 2011 年 7 月完成了对精炼茶油生产线的技改,产能扩大到 1,500 吨/年,根据实际投产的月份加权计算,2011 年精炼茶油产能为 1,250 吨。

2.发行人产品销售单价、销售收入及其变动情况

报告期内,公司产品销售单价、销售收入及其变动情况如下:

表 12－8　　　　　　　　　　　　　　　　　　　　金额单位:元;价格单位:元/吨

产品名称	2011 年度							
	数量单位	销售量	增幅	平均单价	增幅	销售收入	增幅	收入占比
茶油	吨	1 178.99	－2.65%	52 683.80	37.07%	62 113 677.75	33.44%	50.36%
茶粕	吨	20 185.59	20.28%	1 552.94	8.75%	31 347 027.38	30.81%	25.41%
洗涤口	吨	619.17	55.85%	26 702.04	－10.41%	16 533 101.73	39.63%	13.40%
有机肥	吨	9 312.49	281.52%	1 102.63	5.08%	10 268 269.83	300.91%	8.33%
油茶苗	株	1 825.214	－0.60%	1.69	26.12%	3 080 219.02	25.01%	2.50%
茶皂素	吨	—	－100%	—	—	—	－100%	—
合计	—	—	—	—	—	123 342 295.71	40.85%	100%
产品名称	2010 年度							
	数量单位	销售量	增幅	平均单价	增幅	销售收入	增幅	收入占比
茶油	吨	1 211.08	64.62%	38 434.80	2.66%	46 547 541.74	68.82%	53.16%
茶粕	吨	16 782.61	－13.83%	1 427.94	88.26%	23 964 512.16	62.22%	27.37%
洗涤口	吨	397.28	243.23%	29 804.01	－21.70%	11 840 535.16	168.74%	13.52%
有机肥	吨	2 440.90	—	1 049.29	—	2 561 212.41	—	2.92%
油茶苗	株	1 836 245	201.33%	1.34	42.29%	2 463 985.43	328.77%	2.81%

报告期内,公司主营产品为茶油、茶粕、洗涤品和茶粕有机肥,其收入占主营业务收入的比例合计达到 90% 以上,其他产品收入占主营业务收入的比例较小。

3.报告期内向主要客户的销售情况

2011 年度,公司向前十大客户销售情况如下:

表 12－9　　　　　　　　　　　　　　　　　　　　　　　　　　单位:万元

排名	客户名称	销售产品	销售金额	占比	出资人	关联关系
1	林昭青	茶油、茶粕	807.22	6.35%	—	不存在
2	长沙仙山源农业科技有限公司	茶粕	650.53	5.26%	黄刚、章万珊	不存在
3	北京和风大地商贸有限责任公司	茶油、洗涤品	405.24	3.28%	谭浩、孙刚	不存在
4	长沙伍和鸿景进出口有限责任公司	茶粕	382.76	3.10%	尹雷、任甫明	不存在

续表

5	梅州市曼陀神露山茶油专卖店	茶油、洗涤品	331.31	2.68%	邹琼	不存在
6	梅州市维顺农工贸发展有限公司	茶油、洗涤品	307.63	2.49%	马绍桥、马扬增	不存在
7	梅州市康之基农业科技发展有限公司	茶粕、茶苗、有机肥	239.73	1.94%	马维任、马绍桥	不存在
8	梅州志联实业有限公司	茶油、洗涤品	210.37	1.70%	黄娴娴、马扬辉	不存在
9	平远县林业局	茶油、洗涤品、有机肥	199.75	1.62%	行政事业单位	不存在
10	萍乡市恒农农业科技有限公司	茶粕	156.30	1.26%	黄刚	不存在
合计		—	3 690.84	29.87%		—

2010 年度,公司向前十大客户销售情况如下:

表 12—10
单位:万元

排名	客户名称	销售产品	销售金额	占比	出资人	关联关系
1	林昭青	茶粕	501.77	5.72%	—	不存在
2	陈喜加	茶粕	463.27	5.28%	—	不存在
3	四川蜀酿酒业有限公司北京分公司	茶油	247.16	2.82%	四川蜀酿酒业有限公司(出资人:张友昕、尹红、柳林)	不存在
4	北京世都餐饮有限公司	茶油	225.59	2.57%	德宝房地产开发有限公司(出资人:德宝实业总公司【全民所有制】、财政部机关服务中心)、北京德宝鑫贸易有限公司(出资人:林霖、上海承康投资管理有限公司【出资人:刘林根、刘炜、刘珏】)	不存在

续表

5	梅州市维顺农工贸发展有限公司	茶油、洗涤品	221.69	2.53%	马绍桥、马扬增	不存在
6	梅州市曼陀神露山茶油专卖店	茶油、洗涤品	201.32	2.29%	邹琼	不存在
7	梅州市康之基农业科技发展有限公司	有机肥、茶苗	123.69	1.41%	马维任、马绍桥	不存在
8	熊道清	茶粕	115.65	1.32%	—	不存在
9	彭水平	茶粕	115.65	1.32%	—	不存在
10	梅县程江家盛食品加工厂	茶油	106.90	1.22%	古秀琴	不存在
合计		—	2 328.04	26.35%	—	—

2009年度,公司向前十大客户销售情况如下:

表12—11 单位:万元

排名	客户名称	销售产品	销售金额	占比	出资人	关联关系
1	梅州市曼陀神露山茶油专卖店	茶油、洗涤品	295.07	6.15%	邹琼	不存在
2	林昭青	茶粕	165.01	3.44%	—	不存在
3	陈喜加	茶粕	109.17	2.28%	—	不存在
4	丁有明	茶粕	80.29	1.67%	—	不存在
5	熊道清	茶粕	79.04	1.65%	—	不存在
6	黄刚	茶粕	65.32	1.36%	—	不存在
7	平远县丰泰堂农特产开发有限公司	茶油、洗涤品	62.36	1.30%	范杏祥、赖远潜	不存在
8	梅州市绿康农副产品经营部	茶油、洗涤品	59.59	1.24%	陈萍	不存在
9	梅州市喜多多超市连锁有限公司	茶油	57.48	1.20%	章礼民章航	不存在
10	梅州市华福商行	茶油、洗涤品	54.80	1.14%	钟素霞	不存在
合计		—	1 028.13	21.44%	—	—

（五）公司原材料和能源价格变动情况

报告期内,公司原材料采购价格和能源价格变动情况如下:

表 12—12

类别	名称	计价单位	2011 年度	2010 年度	2009 年度
原材料（含辅助材料）	茶籽	元/吨	8 573.08	7 956.25	5 528.99
	茶饼	元/吨	2 044.14	2 309.18	1 528.72
	溶剂油	元/吨	8 850.63	7 479.50	5 947.27
	活性白土	元/吨	1 371.99	1 222.22	1 094.02
	活性炭	元/吨	4 900.28	4 786.31	——
	氢氧化钠	元/吨	3 917.38	4 145.30	4 415.74
能源	电力	元/吨	0.84	0.79	0.77
	煤炭	元/吨	741.63	588.21	434.88

报告期内,公司原材料采购价格整体处于上涨趋势,但公司主要产品精炼茶油和茶粕的市场价格与其原材料的市场价格具有较强的联动性,基本抵消了原材料价格上涨对公司经营业绩的不利影响。

报告期内,公司能源采购价格总体也呈上涨趋势,但其在公司生产成本中所占比重较小,价格的上涨对公司经营业绩不会产生重大影响。

三、对新大地 IPO 财务报表等资料的分析

（一）分析毛利率并与同行业平均水平比较

通过查看新大地招股说明书中的财务报表和其他资料,发现新大地企业最近3 年的茶油毛利率,分别高达 60.66％、43.50％和 36.19％。公开资料显示,目前从事食用油加工业务的主要有东凌粮油（000893,SZ）、西王食品（000639,SZ）、金健米业（600127,SH）等企业,最近 3 年对应的食用油加工业务毛利率普遍在 6％上下波动,除了以加工玉米油为主营业务、毛利率相对较高的西王食品最近两年的毛利率分别为 20.86％、18.57％,其他几家基本上维持在 5％～7％。显然,同属于粮油食品加工行业的新大地企业,最近 3 年毛利率指标均远超精炼食用油行业平均水平。

尽管新大地企业解释称,茶油加工企业的平均毛利率高于食用植物油加工业的平均毛利率,但是其毛利率还是远高于全国规模以上茶油加工企业的平均水平。根据招股说明书披露,近几年全国规模以上茶油加工企业的平均毛利率在 20％～25％,而新大地企业的毛利率最高却达 60％。由此可见,新大地企业的毛利率水平不仅远远高出了食用油加工行业的企业,甚至还超出全国规模以上茶油加工企业 80％～142％。对此,招股说明书未给出任何合理的解释。

按照常理,高毛利率意味着高售价和低成本,那么,是否新大地企业的茶油产品拥有远超同行的定价权,从而获得远超同行的高毛利呢?

（二）分析产能及生产销售数据

招股说明书显示,截至 2011 年年底,新大地企业的精炼茶油、茶粕有机肥产能

分别为 1500 吨/年、9000 吨/年。此外,新大地企业还具备茶粕 2.67 万吨/年、洗涤品 600 吨/年、茶皂素 300 吨/年和油茶苗 1000 万株/年的产能。但值得一提的是,新大地企业拟通过本次发行 1268 万股,募集资金将全部投向年产 2000 吨精炼茶油项目、年产 6 万吨的茶粕有机肥项目以及营销渠道建设项目等几个项目。

通过公开信息显示,早在 2008 年 3 月,湖南金浩就实现了年预榨茶籽 15 万吨、精炼茶油 4.2 万吨的产能。江西青龙高科几年前也已建成年产 1.8 万吨精炼茶油生产线。这两家企业的精炼茶油产能,分别为新大地企业现有产能的 28 倍、12 倍。实际上,在紧邻新大地企业所在地——广东梅州的江西赣南地区,仅江西赣州就有至少 6 家茶油加工企业的精炼油产能超过新大地企业。在江西宜春等周边地区,产能超过新大地企业的企业也不在少数。

不过,即便在上述募投项目全部达产后,较之于湖南金浩、江西青龙高科等行业龙头,新大地企业在全国几百家规模以上的油茶企业中,仍然只算是中等水平,江西等周边地区精炼茶油产能规模与之相当的企业,比比皆是。可见新大地企业在 200 公里原材料采购半径范围内的知名度并不高。

再检索新大地企业的招股说明书,通篇没有看到对竞争对手的产能和经营情况的介绍。更有意思的是,湖南金浩等国内行业龙头和赣州等周边地区同行至今不曾涉足的产业链下游产品,如茶粕有机肥、洗涤用品和差皂素等,新大地企业却已做得风生水起,并撑起其主营收入的半壁江山。

(三)比较产品售价与原材料价格

通过相关部门调查了解到,在新大地企业所在的广东梅州、平远等地发现,该企业标注为"一级压榨"的精炼茶油,市场零售价并没有想象中的那么高。在走访了多家大型连锁超市以及客家土特产店后,新大地企业在当地零售市场的"曼陀神露"系列压榨精炼高山茶油,零售价格每 500ml 普遍在 27～42 元之间。具体从包装规格来看,1.5L×4、980ml×4 和 2L×1 等礼盒,对应的市场统一零售价格分别为 328 元、238 元和 148 元。折算后,每 500ml 的零售价最低为 27.33 元、最高仅为 37 元。

与此同时,相关部门以经销合作的身份前往梅州市新大地销售企业了解到,目前该企业所有产品均实行厂家统一零售价的定价模式,经销商可享受 40% 的利润空间(即按统一零售价的六折提货)。那么,经销商的提货价格,分别可低至 16.40 元/500ml、22.20 元/500ml。这一出厂价格,已接近当地市场上的花生油价格。在梅州兴宁、平远榨油作坊生产出来的花生油,出厂价分别为 15 元/500ml、16 元/500ml。因为茶油的成本较高,其市场价格一般要比目前主流草本类食用油(菜籽油、花生油、大豆油等)高出 2～3 倍。

让人不解的是,根据招股说明书所披露的销售单价,新大地企业的经销商根本就没有办法提货——以 2011 年度销售单价 52683.80 元/吨为例,按照 0.915g/ml 的密度折算,每吨茶油约为 1 092.90L,对应的销售单价约为 24.10 元/500ml,这比上述 16.40 元/500ml、22.20 元/500ml 的经销商提货价格分别高出近 50%、8%。

（四）复算新大地成本数据

新大地企业的上述销售单价严重脱离了原材料成本。经过实地调查和咨询资深业内专家获得的数据显示，油茶籽压榨、茶粕浸出的出油率分别为 20%、5%；照此推算，经过压榨、浸出两道工序后，理论上的油茶籽出油率为 24%。那么，以 2011 年度为例，新大地企业的油茶籽采购价格为 8 573 元/吨，按照油茶籽的两道工序 24% 的出油率保守估算，当年油茶籽提取毛油的直接材料成本高达 3 5721 元/吨；如采用茶饼浸出毛油的方法，当年的茶饼采购价格为 2044 元/吨，按照茶饼浸出 5% 的出油率测算，当年茶饼提取毛油的直接材料成本也高达 40 883 元/吨。将毛油提纯为精炼油，还要经过脱水、脱酸、去除杂质等工艺，还有损耗，所以精炼油的直接材料成本将超过 35 721 元/吨。

根据新大地企业的招股说明书，其精炼茶油去年的销售单价为 52 684 元/吨，按照去年 36.19% 的毛利率计算，营业成本为 33618 元/吨，这其中包含了三大部分，即直接材料、直接人工和制造费用，但离奇的是，即便是这三项之和（33618 元/吨），也大幅低于直接材料（35 721 元/吨）一个单项的数值。

进一步核算，还有更离奇的结果。既然新大地去年的直接成本为 35 721 元/吨（油茶籽压榨）和 40 883 元/吨（茶饼浸出），按照茶油 0.915g/ml 的密度折算，1 吨精炼油约 1 093 升，那么用油茶籽、茶饼生产精炼油的原料成本就分别高达16.34 元/500ml 和 18.70 元/500ml。

疑问产生了：经销商的提货价竟低于生产一桶油的直接原料成本。那么，人工成本、包装成本、房租、设备折旧、销售费用、管理费用、财务费用、各种税费又到哪里去了呢？新大地企业的这份招股说明书揭示的财报奇迹，令人叹为观止。

（五）探究利润金额的虚实

如果新大地企业有机肥的实际销售数据属实，那么按照茶粕最低占比 45% 推算，2010 年度、2011 年度分别高达 2 441 吨、9 312 吨的有机肥销量，对应的茶粕使用量分别为 1 098 吨、4 191 吨，较招股说明书披露的数据多出 1 033.59 吨、4 072.48吨。

这意味着，茶粕的成本被少计了，同期茶粕的均价分别为 1 427.94 元/吨、1 552.94元/吨，根据差额计算，仅茶粕方面就将少计成本 147.59 万元和 632.43 万元，短短两年累计少计成本 807.63 万元。

另一方面，若使用的茶粕量属实，那么有机肥的产量和售量就存在大量虚增。按有机肥中茶粕最低占比 45% 推算，在分别仅耗用 64.82 吨和 118.14 吨茶粕的情况下，2010 年度、2011 年度能生产出的有机肥仅为 144.04 吨、262.53 吨，对应虚增有机肥产量和销量分别为 2 296.86 吨、9 049.96 吨。

考虑到同期有机肥的销售均价分别为 1 049.29 元/吨、1 102.63 元/吨，仅在茶粗有机肥方面,2010 年度、2011 年度就分别虚增收入 241.01 万元、997.88 万元,短短两年累计虚增收入 1 238.89 万元。

值得一提的是,自 2010 年开始生产和销售有机肥,新大地企业当年实现销售收入 256.12 万元,销量为 2 440.90 吨;随后的 2011 年,新大地企业有机肥销售收入同比大幅增长 300.91%,达到 1 026.83 万元,销量为 9 312.49 吨。

对于有机肥方面利润的大幅提高,招股说明书给出的解释称,2011 年企业有机肥销售收入同比大幅增长 300.91%,主要是由于其产量同比大幅上升 262.15%,销量同比大幅上涨 281.52%。但是,在主要原材料——茶粕消耗量同比增长 82.26%,且远远低于工艺标准的情况下,有机肥产量和销量同比大幅上涨,的确奇特。

(六)关注巨额关联交易的披露

根据招股说明书披露,梅州市曼陀神露山茶油专卖店(以下简称茶油专卖店)为个体工商户,出资人为邹琼,企业对该专卖店的销售模式是经销。而在最近三年的前十大客户名单中,上述专卖店的出资人始终是自然人邹琼,并且"不存在关联关系"。然而通过调查发现,2010 年 6 月 2 日之前,邹琼并非茶油专卖店的"出资人"。茶油专卖店此前的出资人为黄双燕,注册号为 441 402 600 087 288,发照日期为 2010 年 5 月 19 日,目前状态为"已注销"。此后,茶油专卖店于 2010 年 6 月 2 日摇身一变,注册号变为 441 402 600 188 354,出资人也由黄双燕变成了邹琼,经营场所未变。

由此,招股书所披露的 2009 年该店出资人即为邹琼,实为虚假记载,刻意隐瞒了该专卖店原为黄双燕所有的事实。由此看来,这至少足以说明与专卖店曾存在关联关系,新大地企业此前与该专卖店之间的巨额交易实为关联交易。

实际上,从招股书披露的房屋租赁信息也能发现些端倪,新大地企业向黄运江及其实际控制的企业梅州三鑫分别租赁两处房产,恰恰存在较为明显的"特殊"关系。新大地销售企业办公地正是租赁的梅州市文化路聚文苑 A 栋 203 房,与之相邻的正是黄运江实际控制的梅州三鑫有限企业办公地;而茶油专卖店注册地恰好与租赁的 5 至 9 号店紧密相连。

同时,招股书所披露的该专卖店销售额与实际存在出入。据邹琼透露,由于新开门店增多导致分流,最近两年销量不断下降,2011 年的销售额仅有 200 万元左右。招股书却显示,该专卖店销售金额不降反升,2010 年、2011 年的销售金额分别为 201.32 万元和 331.31 万元。对此,招股说明书特别解释称,2011 年销售金额同比上升 64.57%,主要原因则是 2011 年该专卖店采取了积极的促销方式进行销售,扩大了销售额。隐瞒关联关系,隐藏关联交易,这样的招股书,已构成严重的虚假陈述。

第三节　案例分析

一、新大地 IPO 中存在的问题

通过有关部门进一步深入了解,发现了新大地公司存在大量与招股书不符的事实,其涉嫌虚增利润、隐瞒关联交易、财报数据打架等现象触目惊心。总的来说,包括以下七大方面:

第一,作为主营业务收入的"半壁江山",招股书披露新大地的茶油业务最近 3 年毛利率分别高达 60.66％、43.50％ 和 36.19％,但据此计算得出的生产成本严重不足,甚至不够买油茶籽、茶饼等主要原料的成本。

第二,招股书显示,2010 年度、2011 年度新大地有机肥耗用的茶粕分别只有 64.82 吨和 118.14 吨,而同期有机肥产量分别高达 2555.34 吨、9254.16 吨,对应用于生产有机肥的茶粕占比分别仅为 2.54％ 和 1.28％,远远低于 45％ 的技术工艺最低标准。

第三,新大地最近 3 年前十大客户涉及的 22 家客户中,居然有近十家客户被查出包括关联交易、可能存在虚假交易等问题,甚至还指向了新大地董秘赵罡、验资签字注册会计师赵合宇,以及实际控制人黄运江的多位亲属。

第四,作为连续 3 年贡献突出的北京市场主力军,北京和风大地商贸有限责任企业等 3 家重要客户,则离奇地指向了赵罡和赵合宇。

第五,作为连续 3 年贡献最为突出的核心客户和最大的茶油客户,梅州市曼陀神露山茶油专卖店 2010 年曾为黄运江的侄女黄双燕所持有,招股说明书却虚假记载。同时,这家专卖店的出资人邹琼,原来不过是没有决策权的新大地企业员工,看似毫无关联的背后,巨额销售暗藏"自买自卖"的嫌疑。

第六,作为连续 3 年贡献最为突出的一批核心客户,梅州志联实业有限企业、梅州市维顺农工贸发展有限企业和梅州市康之基农业科技发展有限企业等 3 家企业,则指向了另一起蓄意隐瞒的关联方——黄运江的亲戚黄娴娴及其背后的"马家军"。

第七,赵合宇作为新大地的验资签字注册会计师,同时担任新大地第三大股东——大昂集团的总裁。大昂集团持股 633.46 万股,将因新大地上市获得数千万甚至上亿元的财富增值,存在重大利益冲突;而赵合宇在挂靠立信会计师事务所执业的同时,竟兼任北京中兴新世纪会计师事务所负责人,这已涉嫌违反《会计法》禁止兼职执业和持股等相关条款的规定。

二、企业 IPO 中应关注的财务节点

企业首次公开发行股票并上市是一项复杂的系统工程,财务问题往往直接关系功败垂成。企业应结合证监会审核关注点,梳理好这些财务问题,以便成功上

市。而作为投资者,对企业 IPO 报表进行分析时,也应该关注这些财务节点。

(一)持续盈利能力

能够持续盈利是企业发行上市的一项基本要求,可从以下几个方面来判断企业的持续盈利能力。

从财务会计信息来看,盈利能力主要体现在收入的结构组成及增减变动、毛利率的构成及各期增减、利润来源的连续性和稳定性等三个方面。

从公司自身经营来看,决定企业持续盈利能力的内部因素——核心业务、核心技术、主要产品及其主要产品的用途和原料供应等方面。

从公司经营所处环境来看,决定企业持续盈利能力的外部因素——所处行业环境、行业中所处地位、市场空间、公司的竞争特点及产品的销售情况、主要消费群体等方面。

公司的商业模式是否适应市场环境,是否具有可复制性,这些决定了企业的扩张能力和快速成长的空间。

公司的盈利质量,包括营业收入或净利润对关联方是否存在重大依赖,盈利是否主要依赖税收优惠、政府补助等非经常性损益,客户和供应商的集中度如何,是否对重大客户和供应商存在重大依赖性。

(二)收入

营业收入是利润表的重要科目,反映了公司创造利润和现金流量的能力。在主板及创业板上市管理办法规定的发行条件中,均有营业收入的指标要求。

公司的销售模式、渠道和收款方式。按照会计准则的规定,判断公司能否确认收入的一个核心原则是商品所有权上的主要风险和报酬是否转移给购货方,这就需要结合公司的销售模式、渠道以及收款方式进行确定。

销售循环的内控制度是否健全,流程是否规范,单据流、资金流、货物流是否清晰可验证。这些是确认收入真实性、完整性的重要依据,也是上市审计中对收入的关注重点。

销售合同的验收标准、付款条件、退货、后续服务及附加条款。同时还须关注商品运输方式。

收入的完整性,即所有收入是否均开票入账,对大量现金收入的情况是否有专门内部控制进行管理。对于零售企业等大量收入现金的企业,更须引起重点关注。

现金折扣、商业折扣、销售折让等政策。根据会计准则规定,发生的现金折扣,应当按照扣除现金折扣前的金额确定销售商品收入金额,现金折扣在实际发生时计入财务费用;发生的商业折扣,应当按照扣除商业折扣后的金额确定销售商品收入金额;发生的销售折让,企业应分别不同情况进行处理。

关注销售的季节性,产品的销售区域和对象,企业的行业地位及竞争对手,结合行业变化、新客户开发、新产品研发等情况,确定各期收入波动趋势是否与行业淡旺季一致,收入的变动与行业发展趋势是否一致,是否符合市场同期的变化情况。

企业的销售网络情况及主要经销商的资金实力,所经销产品对外销售和回款等情况,企业的营业收入与应收账款及销售商品、提供劳务收到的现金的增长关系。

(三)成本费用

成本费用直接影响企业的毛利率和利润,影响企业的规范、合规性和盈利能力,其主要关注点如下:

首先应关注企业的成本核算方法是否规范,核算政策是否一致。拟改制上市的企业,往往成本核算较为混乱。对历史遗留问题,一般可采取如下方法处理:对存货采用实地盘点核实数量,用最近购进存货的单价或市场价作为原材料、低值易耗品和包装物等的单价,参考企业的历史成本,结合技术人员的测算作为产成品、在产品、半成品的估计单价。问题解决之后,应立即着手建立健全存货与成本内部控制体系以及成本核算体系。

费用方面,应关注企业的费用报销流程是否规范,相关管理制度是否健全,票据取得是否合法,有无税务风险。

对于成本费用的结构和趋势的波动,应有合理的解释。

在材料采购方面,应关注原材料采购模式、供应商管理制度等相关内部控制制度是否健全、是否规范,采购发票是否规范。

(四)税务

税务问题是企业改制上市过程中的重点问题。在税务方面,中国证监会颁布的主板和创业板发行上市管理办法均规定:发行人依法纳税,各项税收优惠符合相关法律法规的规定,发行人的经营成果对税收优惠不存在重大依赖。

企业执行的税种、税率应合法合规。对于税收优惠,应首先关注其合法性,税收优惠是否属于地方性政策且与国家规定不符,税收优惠有没有正式的批准文件。对于税收优惠属于地方性政策且与国家规定不一致的情况,根据证监会保荐代表人培训提供的审核政策说明,寻找不同解决办法。

纳税申报是否及时,是否完整纳税,避税行为是否规范,是否因纳税问题受到税收征管部门的处罚。

(五)资产质量

企业资产质量良好,资产负债结构合理是企业上市的一项要求。其主要关注点如下:

应收账款余额、账龄时长、同期收入相比增长是否过大。

存货余额是否过大、是否有残次冷背、周转率是否过低、账实是否相符。

是否存在停工在建工程,固定资产产证是否齐全,是否有闲置、残损固定资产。

无形资产的产权是否存在瑕疵,作价依据是否充分。

其他应收款与其他应付款的核算内容,这两个科目常被戏称为"垃圾桶"和"聚宝盆"。关注大额其他应收款是否存在以下情况:关联方占用资金、变相的资金拆借、隐性投资、费用挂账、或有损失、误用会计科目。关注大额"其他应付款"是否用于隐瞒收入,低估利润。

财务性投资资产,包括交易性金融资产、可供出售的金融资产等占总资产的比重,比重过高,表明企业现金充裕,上市融资的必要性不足。

（六）现金流量

现金流量反映了一个企业真实的盈利能力、偿债和支付能力,现金流量表提供了资产负债表、利润表无法提供的更加真实有用的财务信息,更为清晰地揭示了企业资产的流动性和财务状况。现金流量主要关注点有以下几个方面:

经营活动产生的现金流量净额直接关系到收入的质量及公司的核心竞争力。应结合企业的行业特点和经营模式,将经营活动现金流量与主营业务收入、净利润进行比较。经营活动产生的现金流量净额为负数的要有合理解释。

关注投资、筹资活动现金流量与公司经营战略的关系。例如,公司投资和筹资活动现金流量净额增加,表明企业实行的是扩张的战略,处于发展阶段。此时需要关注其偿债风险。

（七）重大财务风险

在企业财务风险控制方面,中国证监会颁布的主板和创业板发行上市管理办法均作了禁止性规定,包括不存在重大偿债风险,不存在影响持续经营的担保、诉讼以及仲裁等重大或有事项;不存在为控股股东、实际控制人及其控制的其他企业进行违规担保的情形;不得有资金被控股股东、实际控制人及其控制的其他企业以借款、代偿债务、代垫款项或者其他方式占用的情形。

（八）会计基础工作

会计基础工作规范,是企业上市的一条基本原则。

拟改制上市企业,特别是民营企业,由于存在融资、税务等多方面需求,普遍存在几套账情况,需要及时对其进行处理,将所有经济业务事项纳入统一的一套报账体系内。

会计政策要保持一贯性,会计估计要合理并不得随意变更。如不随意变更固定资产折旧年限,不随意变更坏账准备计提比例,不随意变更收入确认方法,不随意变更存货成本结转方法。

（九）独立性与关联交易

企业要上市,其应当具有完整的业务体系和管理结构,具有和直接面向市场独立经营的能力,具体为资产完整、人员独立、财务独立、机构独立和业务独立五大独立。尤其是业务独立方面,证监会对关联交易的审核非常严格,要求报告期内关联交易总体呈现下降的趋势。因此对关联交易要有完整业务流程的规范,还要证明其必要性及公允性。

（十）业绩连续计算

在IPO过程中,经常有公司整体改制,这就涉及业绩连续计算的问题。主板上市管理办法规定最近三年内主营业务和董事、高级管理人员没有发生重大变化，实际控制人没有发生变更。即使创业板也规定最近两年内上述内容没有变化。

对同一公司控制权人下相同、类似或相关业务的重组，在符合一定条件下不视为主营业务发生重大变化，但需掌握规模和时机，不同规模的重组则有运行年限及信息披露的要求。

（十一）内部控制

不可否认的是，政府相关机构对企业的内部控制越来越严格。主板及创业板上市管理办法均对发行人的内部控制制度进行了明确规定。值得一提的是 2010年 4 月《企业内部控制应用指引第 1 号——组织架构》等 18 项应用指引以及《企业内部控制评价指引》和《企业内部控制审计指引》颁布，自 2011 年 1 月 1 日起在境内外同时上市的公司施行，自 2012 年 1 月 1 日起在上海证券交易所、深圳证券交易所主板上市公司施行，择机在中小板和创业板上市公司施行。因此企业应按照相关要求，建立健全内部控制并严格执行。

【思考题】

1.根据新大地虚假上市资料，简要分析一下财务报表数据造假呈现出哪些特点？

2.利用新大地财务报表，对其财务状况进行简要分析。

3.请根据财务报表中的相关数据，分析如何有效地防止企业利用报表进行财务造假。

主要参考文献

[1]会计基础工作规范.财会字[1996]19号.

[2]中国人民银行支付结算办法.银发[1997]393号.

[3]中华人民共和国会计法.中华人民共和国主席令第24号.

[4]企业内部控制基本规范.财会[2008]7.

[5]行政事业单位内部控制规范(试行).财会[2012]21号.

[6]京城贪污社保金第一案开审,巨贪获死刑[N].

http://probity. gdcct. gov. cn/aj/201112/t20111221 _ 637419. html, 2011 -12－21.

[7]王斌.财务管理[M].北京:中央电大出版社.2002,6.

[8]马维涛.沃尔玛新一套IT武装:无线标签贴上沃尔玛.互联网周刊.2003 -7－9

[9]饶菲.供应链管理——沃尔玛的核心竞争力.商场现代化.2001,2.

[10]对美国沃尔玛公司的考察报告[OL].世纪易网.2002－6－3.

[11]沃尔玛供应链管理的启示[OL].三禧网.2002－5－15.

[12]巫师.介绍沃尔玛的成功经验——优化供应链,无缝链接造就零售神奇[OL].西夏资讯网.2002－4－4.

[13]朱鼎臣.沃尔玛供应链管理案例分析[J].现代商业.2008(35)

[14]程昔武.财务会计审计教学案例[M].南京:南京大学出版社,2012.

[15]林万龙.投资项目财务分析实务(第2版)[M].北京:中国农业出版社,2011.

[16]裴益政、竺素娥.财务管理案例[M].大连:东北财经大学出版社,2011.

[17]葛家澍.关于公允价值会计的研究——面向财务会计的本质特征[J].会计研究,2009(5).

[18]邓传洲.公允价值的价值相关性:B股公司的证据[J].会计研究,2005

(10).

[19]王建成,胡振国.我国公允价值计量研究的现状及相关问题探析[J].会计研究,2007(5).

[20]张奇峰,张鸣,戴佳君.投资性房地产公允价值计量的财务影响与决定因素:以北辰实业为例[J].会计研究,2011(8).

[21]中国会计学会.联合概念框架与公允价值研究[M].大连:大连出版社,2010.

[22]曲晓辉等.中国会计准则的国际趋同效果研究[M].上海:立信会计出版社,2011.

[23]赵彦锋,汤湘希,王昌锐.公允价值会计研究[M].北京:经济科学出版社,2010.

[24]史燕平.融资租赁原理与实务[M].北京:对外经济贸易大学出版社,2005.

[25]李中华.融资租赁运作实务与法律风险防范[M].北京:法律出版社,2012.

[26]周静.融资租赁在 Z 市供水公司中的应用研究[D].华中科技大学,2011.

[27]赵成国,黄寿昌.融资租赁承租人财务风险管理探讨[J].财会月刊(理论),2007(6).

[28]房友军.融资替代的有效途径——莱芜融资租赁案例[J].金融发展研究,2011(4).

[29]容少华.融资租赁下承租人的风险管理策略[J].交通财会,2009(7).

[30]王景涛.新编风险投资学[M].大连:东北财经大学出版社,2005.

[31]孔淑红.风险投资与融资[M].北京:对外经济贸易大学出版社,2010.

[32]成思危.风险投资在中国[M].上海:上海交通大学出版社,2007.

[33]唐化军.阿里巴巴:"导演"风投退出[J].商界(中国商业评论),2006(8).

[34]荆林波.阿里巴巴集团考察:阿里巴巴业务模式分析[M].经济管理出版社,2009.

[35]张维宾.财务会计案例分析[M].上海:立信会计出版社,2006.

[36]刘立强.高级会计实务案例分析大全[M].企业管理出版社,2006.

[37]汤谷良.财务案例研究[M].北京:中央广播电视大学出版社,2002.

[38]张文贤.中国会计案例选[M].上海:复旦大学出版社,1998.

[39]中国注册会计师协会.会计[M].北京:中国财政经济出版社,2013.

[40]紫夜樱飞.长虹公司财务造假案例分析[EB/OL].http://wenku.baidu.com/view/934ff3196bd97f192279e94c.html

[41]万东敏.上市公司财务舞弊识别及治理策略研究[D].江苏:江苏科技大学,2012.

[42]中华人民共和国财政部.企业会计准则 2006[M].北京:经济科学出版社,2007.

[43]大族激光(002008)2007年年度报告[EB/OL].中财网.http://www.cfi.net.cn.

[44]会计准则研究组编.最新会计准则重点难点解析[M].大连:大连出版社,2010.

[45]荆新,周凤.公司财务[M].北京:中央广播电视大学出版社,2004.

[46]中国证券监督管理委员会.中国证监会行政处罚决定书,2005-8-30.

[47]高云涛.企业常见利润操纵方法的会计分析[J].职大学报,2004(4).

[48]胡文婷,周媛.会计估计——操纵利润的新手段[J].特区经济,2004(12).

[49]张卫平,张一群.上市公司利润操纵背景及动机研究[J].市场周刊,2005(4).

[50]吴军来.IPO的11个财务节点[J].首席财务官,2011(1).

图书在版编目(ＣＩＰ)数据

会计案例分析/黄彩虹,史锐,邓先友主编.—合肥:安徽人民出版社,2014.2

ISBN 978－7－212－07207－0

Ⅰ.①会…　Ⅱ.①黄…②史…③邓…　Ⅲ.①会计—案例—电视大学—教材

Ⅳ.①F23

中国版本图书馆 CIP 数据核字(2014)第 028607 号

会计案例分析

黄彩虹　史　锐　邓先友　主编

出　版　人:杨迎会　　　　　　　　　　责任印制:董　亮

责任编辑:张　旻　　　　　　　　　　装帧设计:汪　耘

出版发行:安徽人民出版社 http://www.ahpeople.com

　　　合肥市政务文化新区翡翠路 1118 号出版传媒广场八楼

　　　邮编:230071

　　　营销部电话:0551－63533258　0551－63533292(传真)

印　　刷:合肥创新印务有限公司

　　　　　(如发现印装质量问题,影响阅读,请与印刷厂商联系调换)

开本:710 mm×1010 mm　　1/16　　印张:17.25　　字数:350 千

版次:2014 年 2 月第 1 版　2023 年 8 月第 6 次印刷

ISBN 978－7－212－07207－0　　　　定价:36.00 元

版权所有,侵权必究